KB146331

교통약자&시니어 안전운전 실천론

사람과 자동차

- 자동차 운전에 관한 인간 특성
- 이동과 건강
- 이동과 심리적 웰빙
- 모빌리티의 철학적 문제

(주)교통환경신문 감수
GB기획센터 편성

이 책은 "사람을 살리자"는 뜻이다!

"인생 4계절에서 봄은 소년이라 허약하고, 여름은 청년이라 저돌적이라면, 가을은 장년이라 위엄을 표출하고, 겨울은 노년이라 원숙하기 그지없다.
결국 퇴행의 여정은 제철에 거둘 수 있는 자연의 섭리이다."   -키케로-

교통약자나 고령자는 해마다 증가일로에 있다. 이들이 피치 못할 사정으로 핸들을 잡고 복잡한 도로에서 확률적 '교통사고'라는 직면성은 결국 사회문제로 대두되고 있다.
흔히들 육체적 활력은 관리만 잘하면 교통약자나 노년에도 크게 떨어지지 않는다고 말한다.
물론 차량에 신체적, 인지적 기능이 다소 떨어져도 교통약자나 고령자들에게 운전지원시스템(ADAS)이나 자동운전 기술들을 빠르게 도입하곤 한다.
하지만 안전을 담보로 하는 면허반납 촉진이나 규제 강화를 통해 '운전'을 제한하려는 움직임도 있다.
인구감소와 도시화로 인해 도시권 이외의 공공 교통수단은 점점 줄어들고 있다. 따라서 어떤 식으로든 모빌리티를 확보해 스스로의 의지에 따라 외출해 사회와의 연계를 유지하는 것이 고령에 이르러서도 삶의 질(QOL)을 유지하는데 있어서도 매우 중요하다. 즉 교통약자나 고령 운전자 문제는 교통사고만이 아니라 건강 리스크를 고려할 필요가 있는 것이다.

교통약자나 고령사회의 모빌리티 문제를 해결하는 수단으로 자율주행에 대한 기대가 크지만, 기술적으로나 법규적, 윤리적, 사회적 수용으로 해결해야 할 문제가 많아서 완전한 자율주행에 이르기까지 아직도 상당한 시간이 요구된다.

따라서 교통약자나 고령 운전자 문제는 점점 중요도가 높아질 것이다.

이 책 전반에는 자동차 운전에서 교통약자나 노화에 따른 인간특성 변화나 개인차에 관한 지금까지의 연구동향과 최신 견해를 정리한 것이므로 관련 언론 매체로서 강권하리만큼 가치가 높다고 본다.

교통환경신문

편집 발행인 은정표

머리말

자동차 산업은 100년 만에 찾아온 변혁기를 맞이하고 있다.

모빌리티는 단순히 자동차가 사람이나 물건을 운반하는 실제 세계(피지컬)의 이동뿐만 아니라, 네트워크를 통해 현실에 가까운 가상세계(사이버)에서 이동하는 것까지도 포함한다. 이처럼 이동에 대한 가치가 변하고 있기 때문에 이 책에서는 이동에 대해 건강이나 심리적 웰빙 그리고 철학적 측면에서도 바라보았다.

1장에서는 최신 견해를 포함해서 자동차의 운전에 관한 인간특성에 대해 소개한다. 고령자 특성에 관해 시각기능이나 노화에 따른 인지기능 변화가 자동차 운전에 끼치는 영향을 해설하는 동시에, 그 대처방법으로 인터페이스나 지원 시스템의 디자인, 운전특성의 평가·교육에 대한 최신 견해를 소개한다.

2장에서는 자동차 운전과 건강과의 관계에 대해 소개한다. 자동차의 이동으로 인해 생활공간이 넓어지면서 건강에 미치는 효과, 이동제한이 건강에 미치는 영향, 노화 및 각종 질환, 약 복용이 건강에 미치는 영향, 운전 중 건강상태 변화와 그것이 운전에 끼치는 영향에 대해 살펴본다.

3장에서는 자동차를 운전하는 일 자체의 가치에 대해서 운전자 심리에 관한 논의나 운전 능력과 태스크(task)의 관련성, 나아가 운전에 대한 반응이나 즐거움에 대한 인지심리학적 견해에 대해 살펴본다. 또 자율주행 기술의 발전에 따른 생활방식 변화를 고찰해 보는 동시에, 사람들의 행복이나 웰빙에 끼치는 영향에 대해 소개한다.

4장에서는 모빌리티에 대해 철학적 시점에서 바라본 문제를 살펴본다. 이동의 역사를 개략적으로 살펴보는 한편, 인간에게서 이동이 갖는 의미란 무엇인지 또 이동에 따른 인간끼리의 의사소통 변천에 대해 기술발전을 감안해 가면서 논의한다.

이 책에서는 지금까지의 자동차 운전에 관한 휴먼팩터(human factor)의 틀을 넘어서서 폭넓은 분야를 망라해 보는데 주력했다. 여기에 관여해 주신 모든 분들께 감사드린다.

2023년

GB기획센터

차 례

제 1 장 자동차 운전에 관한 인간 특성

1. 사람과 운전 2

1.1 자동차의 사회적 자리매김 ·· 2
1.2 운전약자의 특성 ·· 3

2. 시각기능과 운전 6

2.1 시각의 중요성 ·· 6
2.2 시각 계통의 구조 ·· 6
2.3 시각기능과 운전의 관계 ·· 9

3. 인지기능과 운전 14

3.1 운전을 뒷받침하는 인지기능과 평가 ·· 14
3.2 인지증, 경도 인지장애와 운전 ·· 17

4. 운전특성 평가·교육 18

4.1 시작하며 ·· 18
4.2 운전자의 정보처리 프로세스 ·· 19
4.3 사고를 일으키기 쉬운 운전자 ·· 24
4.4 훈련이나 교육을 통한 개선 ·· 28
4.5 실제 차량을 통한 운전특성 평가 ·· 34
4.6 드라이빙 시뮬레이터를 통한 운전특성 평가 ·························· 42
4.7 운전적성·검사 ·· 60

5. **모빌리티의 인터랙션**   **63**

5.1 개요 ··· 63

5.2 사람과 시스템과의 소통 ·· 73

5.3 선진운전지원 시스템과 운전자의 상호작용 ····························· 84

제 2 장   이동과 건강

1. **이동과 건강**   **100**

1.1 초시니어 사회로 진입하는 한국 ·· 101

1.2 건강수명과 기대수명의 비교 ·· 101

1.3 건강수명 연장과 노쇠 ··· 102

1.4 이동 ··· 104

1.5 이동과 생활공간 ·· 105

1.6 이동과 관련된 인자(표 2-2) ··· 106

1.7 이동과 건강(표 2-3) ··· 108

1.8 이동과 사회성 ··· 110

1.9 이동과 인지기능 ·· 110

1.10 생활공간 이동과 의료 및 돌봄시설 이용 ·································· 111

1.11 걷기와 건강 ··· 112

1.12 프레일의 영향 ·· 113

1.13 주거환경 및 시니어의 이동과 건강 ·· 114

2. **시니어의 운전 필요성과 과제**   **115**

2.1 시니어를 둘러싼 운전환경 ··· 115

2.2 운전중지에 따른 폐해 ·· 116

2.3 인지증 예방과 운전과의 관련성 ··· 117

2.4 운전사명 연장의 과제 ·· 119

2.5 운전사명 연장 프로젝트 ·· 121

2.6 운전자를 위한 운동 트레이닝 ·· 122

2.7 맺음 ··· 123

3. 운전과 건강   **124**

3.1 자동차의 보급 ·· 124

3.2 자동차 보급에 따른 건강피해와 대책 ···················· 124

3.3 노년화되는 자동차 사회의 새로운 과제 ·················· 125

3.4 시니어는 운전을 그만두어야 할까 ······················· 126

3.5 운전 중지가 건강에 끼치는 영향 : 면역연구 증거 ······ 129

3.6 다양한 모빌리티 지원의 확충 ····························· 133

4. 향정신성 의약과 운전   **135**

4.1 향정신성 의약과 운전자 특성 ····························· 135

4.2 정신장애와 운전 ··· 141

5. 운전 중의 컨디션 급변   **146**

5.1 심질환(부정맥), 뇌졸중, 간질 ······························ 146

5.2 저혈당 ··· 151

5.3 수면장애 ·· 153

제 3 장   이동과 심리적 웰빙

1. 자동차 운전의 즐거움 : Driving Pleasure   **162**

1.1 자동차가 가진 기능과 가치 ································· 162

1.2 몰입 이론 ··· 164

1.3 능력과 어려운 태스크와의 균형 ·························· 166

1.4 운전 반응 ··· 168

1.5 상황을 지배하고 있는 느낌 ································ 171

1.6 운전하는 재미에 대한 조사 ································· 173

1.7 몰입이론과 자동차 운전 ····································· 176

2. 심리적 웰빙 개념과 측정방법   **178**

     2.1 웰빙 개념에 관한 사고   179

     2.2 웰빙을 측정하기 위한 지표   181

     2.3 선진적인 기술과 웰빙   184

3. 이동의 즐거움   **188**

     3.1 자율주행으로 가는 과도기   189

     3.2 자율주행에 따른 안전향상   189

     3.3 자율주행으로 인해 바뀌는 생활방식   190

     3.4 모빌리티와 웰빙   192

     3.5 인간 운전의 자율성   192

     3.6 이동의 웰빙   194

     3.7 전체로서의 이동하는 즐거움을 향해   198

제 4 장   모빌리티의 철학적 문제

1. 날개 없는 이족보행 동물   **204**

2. 상상이라는 흡인력   **211**

3. 이동과 커뮤니케이션   **216**

4. 모빌리티와 모더니티   **223**

5. 다음은 무엇이?   **232**

6. 지속가능한 발전과 끝없는 불만족   **241**

■ **참고문헌**   **245**

제 1 장

자동차 운전에 관한 인간 특성

1. 사람과 운전
2. 시각기능과 운전
3. 인지기능과 운전
4. 운전특성 평가 · 교육
5. 모빌리티의 인터랙션

자동차 운전에 관한 인간 특성

자동차를 운전한다는 것은 고속으로 움직이는 무게 1톤 이상의 이동 물체를 조종하는 일이다. 그것은 당연히 인간이 원래부터 갖고 있던 능력이 아니기 때문에 그 기능을 훈련하고 획득하는 과정이 필요하다.
 그런 속에서 자동차 기술이나 운전교육의 발전, 운전환경 정비를 바탕으로 많은 사람이 자동차 운전을 향유할 수 있게 되었다. 하지만 그 이면에는 교통사고라고 하는 인적·물적으로 심대한 손실을 주는 사태도 벌어지고 있다. 이러한 원인은 내적으로는 운전자가, 외적으로는 자동차와 도로 환경 요인들이 연결되어 있기 때문이다.

이런 배경을 감안해 1장에서는 자동차 운전에 관한 인간 특성을 개관해 보겠다. 운전에 필요한 각종 기능과 운전면허 요건 평가방법에 대해 살펴보겠다.

실제 차량이나 드라이빙 시뮬레이터를 이용함으로써 운전자를 비롯한 다양한 속성의 운전 특성을 조사하고 더 효율적으로 대처할 수 있도록 하였다. 여기서 얻어진 데이터는 사람과 모빌리티의 상호작용에 중요한 시사점을 던져준다.

자동차의 전동화, 자동차가 진화하는 현재, 첨단운전 지원시스템과 운전자의 상호작용이 어떠해야 하는지, 효과검증 실험결과까지 바탕으로 해서 그 존재방식을 제시해볼까 한다.

1. 사람과 운전

1.1 자동차의 사회적 자리매김

20세기는 그야말로 자동차의 세기라고 해도 과언이 아니다. 현재의 자동차 원형인 가솔린 자동차가 19세기 말에 발명되고, 20세기 초에는 컨베이어 작업의 대량생산 방식을 채택한 포드 T형이 판매되었다. 그때까지는 한정된 부유층의 소유물이었던 자동차가 점점 일반 서민도 탈 수 있는 존재가 되면서 자동차는 급속히 보급되었다.

자동차가 보급됨에 따라 사람들은 이동의 자유와 편리 그리고 질주의 쾌감을 가질 수 있었을 뿐만 아니라, 자동차는 가장 중요한 기간산업으로 세계 경제발전에 기여한다. 하지만 선진국 경제성장이 한계에 다다르고 교통사고나 정체, 화석연료의 대량소비로 인한 에너지 고갈 및 대기오염, 온실효과 가스 배출 등 자동차의 부정적인 측면도 부각되어 그에 대한 대책이 기술 측면뿐만 아니라 규제 측면까지 진행 되고 있다.

이런 자동차 산업을 둘러싸고 다시 한번 패러다임 변화가 일어나고 있다. 바로 EV의 확산과 자율주행 자동차의 등장이다. 다만 자율주행에는 변화가 일어나고 기술의 진보와 사회적 인프라나 정비, 심지어 사람들의 수용성을 감안하면 일반도로를 포함한 레벨4 이상의 자율주행 보급까지는 아직도 더 많은 시간이 필요할 것으로 보인다. 그때까지는 자동차 운전에 인간이 관여하는 상황이 지속될 것이므로, 자동차 운전에 관한 인간 특성의 중요성은 지속적으로 요구되고 있다.

1.2 운전약자의 특성

자동차 운전자는 인지 → 판단 → 조작 순으로 정보를 처리한다. 가장 먼저 차량 밖의 상황을 인지(외부 정보를 입수)해 어떤 행동을 취할 것인지의 판단에 따라 자동차를 제어한다. 인지에는 시각과 청각, 촉각, 후각에 의한 지각과 상황인식이나 이해가 포함된다.

운전자는 생물학적 피로에 따라 인지 및 판단, 조작 등 각각의 기능이 떨어진다. 지각의 하나인 시각기능 같은 경우만 해도 시력이나 동체시력, 거리 감각(띄어쓰기), 콘트라스트 감도, 시야, 눈부심 감도, 초점 조절, 머리·안구 협조운동 등이 구성요소이지만, 피로나 노화로 인해 대부분의 기능들이 둔화된다.

지각기능이나 주의기능, 워킹 메모리, 정보처리 속도 같은 인지기능이 노화로 인해 어떻게 바뀌는지에 대해 실험 결과를 바탕으로 여러 문헌으로 발표되었고, 또 인터넷 상에 공개된 데이터도 있다.

이상과 같이 자동차 운전에 필요한 심신기능은 집중 불능 상태나 노화로 인해 둔화될 수밖에 없다. 이런 심신기능의 저하는 자동차 운전에만 국한된 것이 아니라, 일상생활에 있어서도 산만한 행동으로 인해 감각기능이나 신체기능이 일시적으로는쇠퇴하지만 생활하는 데는 별다른 문제가 없다. 예를 들면 기억에 대한 보상행동으로 무언가를 기억해 두고 싶을 때, 메모나 수첩 등과 같이 비망록을 사용하거나 누군가(배우자나 친구)에게 기억해 달라는 대책을 세운다.

자동차 운전에서도 운전 동기부여 모델 가운데 하나인 작업 역량 인터페이스 모델(Task-Capability Interface Model)로 설명할 수 있다. TCIM 모델이란, 운전 태스크를 성공할지 실패할지는 운전자가 발휘할 수 있는 운전 퍼포먼스로 결정된다는 것으로, 운전 퍼포먼스가 작업 요구(Task Demand)보다 높으면 운전 태스크를 성공하지만, 작업 요구 쪽이 운전 퍼포먼스보다 높을 경우에는 운전 태스크를 실패한다는 자동차 운전 인식방법이다.

발휘할 수 있는 운전 퍼포먼스는 운전자의 인지·판단·조작기능이나 운전 스타일, 심지어는 그때그때 변화하는 심신상태(피로, 각성도의 저하 등)에 따라 바뀐다고 생각할 수 있다. 작업 요구는 운전하는 차량의 성능이나 도로교통 환경 같은 외적 요인에 의해서도 바뀐다.

성능이 높은 차를 운전하는 것은 성능이 낮은 차를 운전하는 것보다 조작 횟수가 낮다고 할 수 있다. 또한 차량이 적은 직선도로를 달리는 것은 커브가 연속된 길을 달리는 것보다 조작 횟수가 낮다.

나아가 운전자가 취하는 운전 행동에 따라 조작 횟수를 바꿀 수 있는데, 빠른 속도로 앞차와의 거리가 짧은 상태로 달리는 상황에서는 느린 속도로 앞차와의 차간거리를 두고 달리는 상황보다 조작 횟수가 많다고 할 수 있다. 특히 시니어 운전자는 노화로 인한 심신기능 저하 때문에 젊은 운전자보다 인지·판단·조작기능이 낮아서 발휘할 수 있는 운전 퍼포먼스도 낮다.

하지만 운전 퍼포먼스가 업무 요구를 밑돌지 않도록 업무 요구를 낮추는 운전행동을 취함으로써, 이런 운전행동이 사고를 일으키지 않고 운전하는 보상행동이라고 할 수 있다.

운전자가 익숙한 길이나 잘 모르는 길을 어떻게 운전하는지 계측원이 운전약자가 운전하는 자가용차에 동승한 상태에서 얻어진 운전 특징을 질문지 형식으로 삼아 젊은 운전자는 취하지 않지만 시니어 운전자는 취하는 운전행동을 검토한 결과, 조작 요구를 낮추는 방법들로 다음과 같은 것들이 드러났다.

판단하기 어렵지 않는 길을 달린다.
  → 사전에 목적지까지의 경로를 결정하는 경우 운전에 익숙한 도로나 넓은 도로를 우선할 것.
- 악조건(상황지각이 곤란한 상황)을 피한다.
  → 주위를 보기 어렵기 때문에 야간에는 운전하지 않을 것.
  → 비나 안개 때문에 시야가 나쁠 때는 운전하지 않을 것.
- 상황에 대한 적응을 가볍게 한다.
  → 운전 중에 현재 위치를 모를 때는 목적지까지의 경로를 표지보다도 주변 경치를 알고 있는지 여부로 결정할 것.
  → 신호가 적은 도로를 선택할 것.

근래에 운전약자의 운전을 지원하는 시스템이 개발되어 실용화되고 있다. 운전약자가 충분히 발휘할 수 있는 운전 퍼포먼스를 보조하거나, 서툰 운전자한테 너무 많은 조작 횟수를 줄여주거나 하는 지원 시스템은 유용하다고 할 수 있다.

그러나 스스로 조작 횟수를 낮추려는 운전보상 행동까지 지원 시스템이 커버하게 되면, 스스로 할 수 있거나 하려고 하는데 시스템에 의한 자동제어가 작동하면서 과도한 지원이 될 수도 있다.

즉, 운전보상 행동에 대한 지원은 운전약자에게 필요 없는 지원으로, 시스템에 대한 수용성 저하로 이어질 것으로 추측된다. 때문에 운전보상 행동을 해명하는 연구는 운전지원 시스템 개발에도 도움이 될 것으로 생각된다.

2. 시각기능과 운전

2.1 시각의 중요성

운전이라고 하는 행위는 인지·판단·조작의 반복으로, 가장 먼저 하는 행위인 인지 과정에 있어서 시각은 청각이나 후각보다 가장 중요한 역할을 담당한다.

운전 중 시각의 대상을 도로환경과 관련된 것(도로의 형상이나 신호 등), 교통상황과 관련된 것(다른 차량이나 보행자 등), 자기 차량의 주행상태와 관련된 것(속도나 진행방향 등)으로 나눌 수 있다.

이렇게 다양한 대상이 시시각각 변화하기 때문에 시각을 통해 인지되는 정보는 운전에 필요한 정보의 90%나 차지한다. 그 비율의 근거는 명확하지 않지만, 시각이 다른 감각보다 크게 기여한다는 사실은 의심의 여지가 없다.

2.2 시각 계통의 구조

시각을 통한 정보취득을 가능하게 하는 것은 환경으로부터 눈으로 들어오는 빛 에너지이다. 특히 인간의 눈은 파장이 약 380~780nm인 범위를 이용할 수 있는 빛으로, 이 빛을 가시광(visible light)이라고 한다.

파장 차이는 빛의 차이로 지각(知覺)되며, 파장이 길어짐에 따라 보라·초록·파랑·노랑·주황·빨강이 연속적으로 변화한다. 하지만 우리 일상생활에서는 단일한 파장의 빛은 드물다. 예를 들면 낮 동안의 태양광에는 다양한 파장의 성분이 포함되어 있어서 색을 느끼지 못하거나 또는 하얗게 느낀다.

이런 태양광에 비친 물체를 보고 있으면 일부 빛은 물체 표면에 흡수되고 나머지 빛이 반사되어 우리 눈으로 들어온다. 그 결과로 반사된 빛의 파장 성분을 바탕으로 물체 표면의 색이 지각되는 것이다.

인간의 눈은 직경 약 24mm의 거의 구형으로, [그림 1-1]과 같은 구조이다. 바깥쪽은 공막(鞏膜, sclera)이라고 하는 백색 투명한 막으로 감싸여 있지만, 전면으로는 각막(角膜, cornea)이라고 하는 투명한 막이 있다. 각막으로 들어온 빛은 홍채(虹彩, iris)라고 하는 도너츠 모양의 막인 개구부를 통과한다.

이 개구부는 동공(瞳孔, pupil)이라고 하는데, 빛의 강도에 맞춰서 지름을 변화시킴으로써 통과하는 빛의 양을 조절한다. 이어서 빛은 수정체(crystalline lens)와 유리체(vitreous)라고 하는 투명한 매개 물질을 통과해 그 안에 펼쳐진 망막(retina)에 도달한다. 안구를 카메라에 비유하면 홍채는 조리개, 수정체는 렌즈, 망막은 필름에 해당한다.

수정체의 기능은 통과하는 빛을 굴절시켜 보고 있는 대상을 망막 상에 명료하

그림 1-1 ▶ 눈의 구조

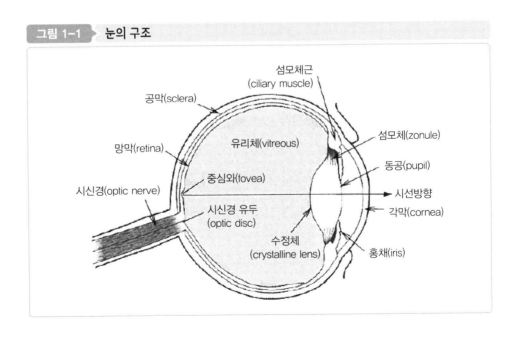

게 결상(結像)시키는 것이다. 이 초점 맞추기 기능을 조절(accommodation)이라고 부른다. 수정체 끝은 섬모체(纖毛體, zonule)라고 하는 띠 모양의 조직을 매개로 섬모체근(ciliary muscle)이라고 하는 고리 모양의 근육으로 이어진다.

섬모체근이 수축하면 섬모체가 느슨해지면서 수정체는 스스로의 탄성에 의해 두터워진다. 그 결과 곡률이 커지게 되고 굴절력이 증가하기 때문에 가까운 대상에 초점이 맞춰진다.

반대로 섬모체근이 이완되어 있을 때는 수정체가 섬모체에 의해 당겨져서 얇아지고 굴절력이 떨어지기 때문에 먼 대상에 초점이 맞춰진다.

망막의 기능은 빛을 받아들여 전기신호로 바꾸는 것으로, 그 역할을 담당하는 것이 모자이크 형태로 배치된 시세포이다. 망막 가운데에는 중심와(中心窩, fovea)라고 하는 오목한 부분이 있는데, 그곳으로 시야의 중심 상이 투영된다.

망막에서 출력된 신호는 시신경(optic nerve)에 의해 뇌로 전달되는데, 시신경은 한 다발로 모아져서 시신경 유두(optic disc)라고 하는 장소를 통해 안구에서 나간다. 이 부분에는 시세포가 존재하지 않아서 빛을 수용하지 못한다. 그 때문에 시야 속에는 맹점이 있는데, 중심에서 귀 쪽으로 약 15° 방향에 위치한다. 하지만 그 주변의 정보를 바탕으로 충전처리가 이루어지기 때문에 시야가 결여된 것처럼 느끼지는 않는다.

시세포에는 추체(錐體, cone)와 간체(桿體, rod) 2종류가 있으며, 빛에 대한 감도가 다르다. 추체에는 L추체와 M추체, S추체 3종류가 있어서, 분광감도(각각의 파장에 대한 감도)가 다르다. 그 때문에 추체들의 응답 차이를 바탕으로 색을 식별할 수 있다.

한편 간체는 한 종류밖에 없기 때문에, 빛의 강도만 식별할 수 있다. 따라서 추체가 기능하지 않는 어두운 환경에서는 물체의 존재는 인식할 수 있어도 그 색을 알 수는 없다.

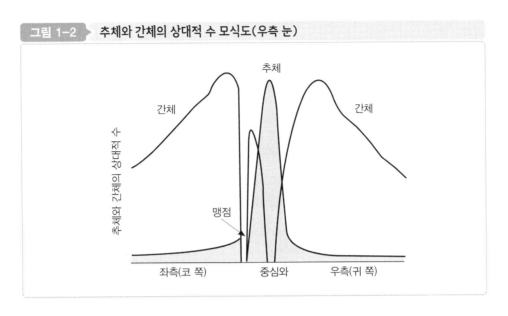

그림 1-2 추체와 간체의 상대적 수 모식도(우측 눈)

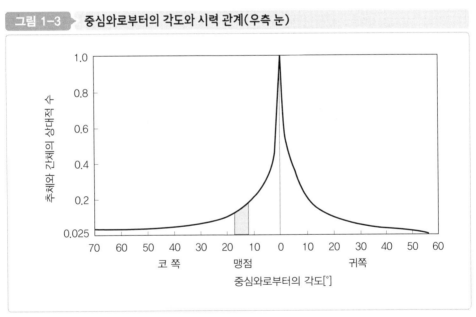

그림 1-3 중심와로부터의 각도와 시력 관계(우측 눈)

2.3 시각기능과 운전의 관계

한국의 운전면허 시각기능의 조건은 다음과 같다.

운전에 필요한 시력 기준 (도로교통법시행령 제 45조) -2021.5.11.-
음 각 목의 구분에 따라 시력(교정시력을 포함)을 갖춰야 한다.

1. 제1종 운전면허 대상자
- 두 눈을 동시에 뜨고 잰 시력이 0.8 이상이고 두 눈의 시력이 각각 0.5 이상일 것
- 한쪽 눈으로만 볼 수 있는 사람이 보통면허를 취득할 경우, 그 눈의 시력이 0.8 이상 이어야 한다. 단, 수평시야가 120도 이상, 수직시야가 20도 이상, 중심시야가 20도 내 암점(暗点) 또는 반맹(半盲)이 없어야 한다.

2. 제2종 운전면허 대상자
두 눈을 동시에 뜨고 잰 시력이 0.5 이상일 것. 다만, 한쪽 눈으로만 볼 수 있는 사람은 눈의 시력이 0.6 이상이어야 한다.

3. 색채 식별 능력 기준
붉은색, 녹색, 노란색을 구별할 수 있을 것

4. 청각 능력 기준
55 데시벨(보청기를 사용하는 사람은 40dB)의 소리를 들을 수 있을 것.

(1) 시력

시력은 눈으로 확인할 수 있는 최소 형상이나 문자 크기의 척도로서, 운전적성을 판단하기 위해 널리 이용된다. 시력은 도로표지 등을 정확하게 읽어내고 원활하게 운전하기 위해서 필요한 능력인 것이다.

예를 들면 미국에서는 도로표지가 운전자의 양쪽 눈 시력이 적어도 약 0.7(20/30)이라고 가정하고 설계된다. 이보다 시력이 나쁜 운전자는 차선변경이나 좌우회전 등, 운전 시 의사결정이 필요한 상황에서 도로표지를 정확하게 파악하기 어려울 가능성이 있다. 하지만 시력요건은 나라에 따라서 다르다. 안경이나 콘택트렌즈로 보정해서 시력을 충족시켜도 된다.

(2) 시야

시야(視野)는 「눈에 보이는 범위」를 말한다. 예전에는 시선을 한 곳에 고정했을 때 보이는 범위를 가리켰는데, 일반적으로 골드맨 시야계로 계측되는 동적시야를 의미했다. 하지만 근래에는 컴퓨터를 이용한 자동시야 계측장치가 발달하면서 험프리 시야계처럼 시야 내의 각 측정점에 대해 시감도(視感度)를 정량적으로 계측(정적시야)하는 것이 가능해졌다.

시야가 좁아지는 장애를 일으킬 대표적 질환으로 녹내장과 망막색소 변성이 있다. 녹내장 환자 가운데 시력이 낮은 쪽 눈에 시야장애가 있는 사람에 대해서는 통계상으로 유의미하지는 않았지만, 그 이외의 경우에는 자동차 충돌사고가 5배나 많다고 보고되고 있다.

또 어느 연구에서는 녹내장이 있는 운전자와 비녹내장 운전자를 비교해 녹내장 운전자 쪽이 자동차 사고의 위험성 또는 사고율이 높다는 것을 발견했지만 이런 데이터가 보편적인 것은 아니고, 다른 연구에서는 녹내장으로 진단받았다고 해서 사고 위험성이 증가했다는 사실은 인정되지 않는다.

시야장애와 자동차 사고에 관한 연구에서는 주행거리를 보정한 상태에서 사고율과 위반율이 유의미하게 높다는 보고가 있는가 하면, 사고율 상승을 볼 수 없다는 보고도 있어서 결론을 내지 못하고 있다. 그런 이유 가운데 하나로 시야장애의 정의가 연구기관마다 다르다는 사실이 있다.

심지어 녹내장 환자가 비녹내장 환자보다 시야장애 영향을 조정한 뒤의 자동차 사고율이 높아서, 이것은 다른 요인이 사고율에 영향을 끼친다는 사실을 시사한다. 왜냐면 녹내장은 불가역적으로 진행되는 질환으로, 운전에 지장을 초래하는 시야장애에 도달한 것은 시니어가 많으면서 노화로 인한 다른 요인이 관여하는 것도 고려할 필요가 있다. 따라서 시야장애 진단을 운전에 관한 시각기능 저하의 대용으로 이용하는 것이 반드시 적절한 것만은 아니라는 것을 시사한다.

일반적으로 시야장애를 가진 운전자는 운전능력 저하를 볼 수 있는 연구결과가 많지만, 개인차이가 크고 시야장애가 없는 운전자보다 사고 위험성이 적은 경우도 있다. 그 이유로는 적응과 보상행동을 생각할 수 있다.

시야결손을 가진 운전자는 눈이나 머리의 움직임, 속도나 운전 상황의 선택과 제한을 통해 시야결손을 어느 정도 커버할 수 있다. 안구 운동과 머리 운동을 고려한 소수의 연구에서는 시야결손이 있어도 안전한 운전자는 불안전한 운전자보다 더 많은 주위를 확인하는 경향이 있다고 보고하고 있다. 또 시야장애 부위나 정도, 사고를 일으키기 쉬운 운전 상황을 검토한 연구도 있다.

이런 연구 사례로 볼 때, 시야장애가 있다고 해서 전면적으로 금지하는 것보다는 운전기능을 개별적으로 평가하는 것이 바람직하다.

(3) 콘트라스트 감도

콘트라스트 감도란 농담(濃淡, contrast) 정도가 낮은 지표를 어디까지 판별할 수 있느냐는 능력이다. 조사에 따르면 콘트라스트 감도가 면허취득 요건은 아니지만, 콘트라스트 감도의 저하는 시력검사 성적에 영향을 끼친다.

콘트라스트 감도와 운전능력이나 교통사고를 다룬 연구는 적은 편이지만, 시니어 운전자를 대상으로 한 연구에서는 콘트라스트 감도와 최근 사고이력 사이의 상관성을 볼 수 있다.

백내장은 수정체가 노화변화로 탁해지고, 콘트라스트 감도가 떨어진다. 백내장을 갖고 있는 시니어 운전자에 관한 연구에서는 콘트라스트 감도와 최근의 사고이력에 강한 상관성이 있다고 보고되고 있다. 또 백내장 수술로 인해 육안렌즈를 끼우고 콘트라스트 감도가 개선되면서 백내장 수술을 하지 않은 경우보다 미래의 사고 위험성이 50%나 감소한다고 보고되고 있다.

콘트라스트 감도와 운전능력에 관한 연구에서는 콘트라스트 감도가 높은 경우가 낮은 경우보다 종합적 운전성적이 좋다고 밝히고 있다.

(4) 시각적 주의

자동차 운전의 시각적 정보는 매우 복잡하고 동적으로 변화할 뿐만 아니라, 중심시야와 주변시야를 동시에 사용할 필요가 있다. 따라서 운전능력과 시각적 주의 관계를 검토할 필요가 있다.

운전시야의 시각적 주의에 대해서는 1990년대 이후, 시니어 운전자 사고가 주목 받으면서 활발히 연구되어 왔다. 주의력 배분이 노화와 함께 힘들어진다는 것이 밝혀졌는데, 그것이 시니어 운전자에게 문제가 된다는 사실을 알게 되었다.

유효시야(UFOV)라고 불리는, 중심과 주변으로 동시에 표시해 시각자극을 정확하게 대답하는 문제의 연구에서는 시니어 운전자의 UFOV 과제 정답률 저하와 몇 년 동안의 자동차 사고 증가가 관계가 있다는 사실이 밝혀졌다.

나아가 정면 연구에서는 시각자극에 대한 응답시간이 길고, 즉 시각처리 속도가 떨어지는 시니어 운전자는 시각처리 속도가 떨어지지 않는 시니어 운전자보다 그 뒤 2년 동안에 충돌사고에 직면할 가능성이 2배 높다는 것이 밝혀졌다. 이 연구에서는 다른 시각기능 검사(시력, 콘트라스트 감도, 시야 등)의 연관성을 볼 수 없었다.

또 인지증이나 뇌손상·뇌졸중 때문에 운전재활 진단을 받은 운전자에 관한 연구에서는, 유효시야 검사 성적이 나빠서 도로운전 시험에서 불합격될 가능성이 높다는 사실도 밝혀졌다. 그밖에 다수의 연구를 통해 유효시야와 운전능력 관계를 찾아내 안전운전 기능평가에 효과적이라는 사실이 드러나면서, 사고를 일으키기 쉬운 시니어 운전자를 판별하기 위한 좋은 선별시험(screening test)일 가능성이 있다.

휴대전화나 스마트폰이 보급되고 그것들을 운전 중에 사용하면서 발생하는 이중조작 운전사고가 사회적인 문제가 되고 있다. 운전 중에 휴대전화를 사용하는 일은 기본적으로 이중 태스크이기 때문에, 첫 번째 태스크인 운전기능이 제2의 태스크(전화 상 대화나 조작)로 인해 어느 정도 영향을 받는지 연구되었다.

연구에 따르면 휴대전화를 사용해 운전기능 저하를 초래함으로써 사고 가능성이 높아진다는 것이 명확해졌다. 휴대전화로 통화하는 운전자는 전화를 사용하지 않는 운전자보다 자동차 사고가 일어날 위험성이 약 4배나 높은데, 이것은 핸즈프리를 사용하는 경우에도 적용된다.

운전 시뮬레이터 및 실제 차량(테스트 코스, 실제 도로) 연구에 있어서 휴대전화로 통화하는 운전자는 운전환경의 시야나 상황대처에 대한 반응에 시간이 걸리고, 추종할 때의 차간거리가 길어지고, 전체적인 속도가 떨어지고, 신호기를 못보면서 사고를 일으키는 경향이 있다는 결과가 나왔다.

많은 연구에서는 핸즈프리를 사용한 경우라도 이런 경향이 있다고 나타났는데, 휴대전화 쪽이 더 영향이 크다는 사실을 알려주는 연구도 있다. 통화가 아니라 채팅 등과 같은 텍스트 조작이 더 악영향을 끼친다는 보고도 있다.

이중조작 운전으로 인해 운전에 관한 정보(신호, 보행자, 다른 차량 등)를 검출하지 못하는 이유 가운데 하나가 주의자원의 배분부족으로 나타난다. 이중조작 운전 시 뇌파를 계측한 연구에서는 정보검출 문제보다 시각정보에서 그 내용을 충분히 해석하지 못했다는 점이 문제라고 나타났다.

옆 사람과 대화하는 경우는 이중조작 운전 때 나타났던 운전능력 저하가 발견되지 않았다는 점이 흥미롭다. 그 이유로는 주위 교통 환경에 관한 사실을 운전자와 동승자가 대화 속에서 화제로 삼으면서 그것이 운전자의 교통 환경 인식에 도움이 될 가능성이 있다는 점 그리고 교통 환경의 복잡성에 맞춰서 운전자와 동승자의 대화량이 바뀐다는 점을 생각해 볼 수 있다.

3. 인지기능과 운전

3.1 운전을 뒷받침하는 인지기능과 평가

자동차 운전에 관한 인간 특성은 폭넓고 다양하다. 신체 조건이나 형태뿐만 아니라 그 운동기능을 포함하는 동태특성이나 시각기능을 중심으로 한 감각·지각특성이 기본운동 과제(Task)와 관련되어 있는 것으로 알려져 있다. 또 차량 실내·외의 환경에 관련해 시각기능과 청각기능, 체성(體性)감각 등이 검토되고 있다.

한편 운전 중인 차량과 운전자 간, 차량 외부환경과 운전자 간 상호작용에 중요한 역할을 담당하며, 사고 위험성이나 시니어기의 운전행동 변화 관련 요인으로 거론되는 인간특성으로 「인지기능」이 있다.

인지기능은 위에서 언급한 기본운전 과제와 관련된 여러 요인의 정보를 집약하고 분석, 판단하기 위해서 빼놓을 수 없는 기능으로, 표출되는 운전자의 행동 차이와 직접적으로 결부된다. 그 때문에 운전자 상태 평가에 있어서도 종종 인지기능이 변화지표로서 다루어진다.

실제로 사람을 대상으로 한 연구에서는 평가과제로서 위의 여러 가지 특성과 인지기능을 완전히 분리할 수 있는 실험조건을 설정하기 어렵기 때문에, 인지기능의 개인특성을 포함한 형태로 많은 운전자 특성이 평가된다고 할 수 있다. 이 장에서는 운전기능에 초점을 맞춰서 시니어 운전자 연구에 대한 현재 상태에 대해 살펴보겠다.

인지기능은 매우 폭넓은 개념이다. 그리고 인지기능을 장기적, 만성적으로 또 단기적으로 변화시키는 요인은 무수히 많다. 일반적으로 인지기능을 비롯해서 여러 가지 심리적 활동은 한 덩어리의 하위요소로 분할할 수 있다고 거론되어 왔다.

대뇌 국재론(局在論)은 그런 요소별 심적 과정이나 행동을 더욱 뇌의 국재적 구조로 대응시켜서 이해하려는 시도로서, 지금까지 신경심리학의 대세를 이룬다. 분할 방법은 개념 정의나 구조에 관한 가설에 따라서 무수히 많다.

예를 들면 DSM-5의 신경인지 장애군에서 언급되는 인지영역(cognitive domain)에는 「복잡성 주의, 실행기능, 학습과 기억, 언어, 지각-운동, 사회적 인지」가 있다. DSM-5에서는 이들 인지영역별 장애와 질환과의 관련성이 의식적으로 정리되어 있는데, 시니어 운전자의 운전행동이나 운전능력에 대해서도 이런 인지영역별 논의가 가능하다. 또 실제로도 리뷰되어 왔다.

다른 방법인 Eby에서는 운전기능과 관련된 인지측면의 여러 능력을 정신운동에 관한 여러 능력이나 시각에 관한 여러 능력과 구별해 「주어진 환경의 시각적 계기를 찾아낸 다음, 거기서부터 적절한 정보를 선택해 적절한 운전조작으로 바꿔야할 것을 판단하는 일련의 과정(European Road Safety Observatory, 2016)」과 약간 범위를 한정한 상태에서 주의와 기억, 문제해결, 시공간을 인지하는 인지영역에 대해 자동차 운전과의 관련성을 리뷰하고 있다.

그에 따르면 각 인지영역과 운전능력과의 관련성을 나타낸 각종 연구가 존재하지만, 운전약자의 실제 사고발생이나 도로 위 운전성적 저하와의 관련성까지 검토한 연구는 충분히 축적되지 않은 것이 현재 상태이다. 또 「이런 기능저하를 개별적으로 논의해 왔지만 대개는 동시에 발생할 가능성이 있어서, 그것이 운전능력 저하 가능성을 증대시키게 된다」는 것에도 주의가 필요하다. 단독 실험적 경험에서만 시니어기 영역별 인지기능 저하와 운전능력과의 관련성을 논의하려면(어쨌든 한 개인의 운전적성을 판단하려면) 신중해야 한다.

마지막으로 지각-운동 요소에 대해 살펴보겠다. 시각·운동 능력은 인지기능과 함께 운전약자의 자동차 운전을 뒷받침하는 주요 3요소이다. 시니어기에는 눈이나 뼈 관절 등의 질환으로 인해 그 기능이 손상되기 쉽다. 심지어 손발이 떨리거나 부드럽게 움직이는 것을 어려워하는 루이소체 치매 등과 같은 신경변성 질환에 의해 영향을 받는 경우가 있다.

지각-운동 요소에 대해서는 인지와 다른 기능으로 논의할 수도 있다. 예를 들면 유효시야(UFOV) 과제처럼 선택적 주의력 등 더 고차원적 정보처리 과정을 포함하는 조건에서 평가될 경우, 인지기능의 고저가 UFOV 성적에 영향을 주기 쉽다는 것을 나타낸다.

그리고 UFOV 성적이 시니어에 있어서 충돌사고와 연관된다는 것이 밝혀져 왔다. 과제의 반응시간으로 파악되는 경우가 많은 정신운동 속도는 운동의 정확도나 가동영역·근력 등의 신체조건과 하나가 되어 운동능력을 좌우한다.

반응시간은 크게 단순·간단 반응시간(Simple Reaction Time, SRT)과 선택

반응시간(Choice Reaction Time, CRT)으로 나뉘어 논의된다. 양쪽 모두 노화로 인해 연장되기는 하지만, 노화의 영향은 CRT 쪽이 크다.

운전약자의 CRT가 연장될수록 교통사고가 많아진다는 보고가 있는 반면, CRT 연장이 운전기능과 관련되기는 하지만 사고이력과의 관계가 약하다는 연구도 있어서, 위험운전과의 관련성에 대해서는 더 검토가 필요하다.

3.2 인지증, 경도 인지장애와 운전

시니어기에 인지기능을 장기적이고 만성적으로 변화시키는 요인으로 특히 주목받는 것이 인지증(dementia)이다. 많은 연구자가 사고 위험성이 높은 운전약자는 어떤 속성을 가진 운전자들인지, 질환과 운전능력 관계에 대해 조사해 왔다.

그 중에서도 인지증을 일으키는 각종 질환에서, 인지증 수준의 인지기능 저하가 있을 때는 주행거리 당 사고빈도가 대조군과 비교해 높다는 점, 도로 시험 성적이 떨어진다는 점 등이 보고되고 있다.

Cooper 보고에 따르면 인지증 운전자는 나이·성을 일치시켜 일반운전 인구와 동등한 사고율을 갖는 대조군보다 2배의 사고 위험성이 있었다고 한다. 또 인지증이 발증하고 나서 3년 정도 뒤에는 절반 정도의 운전자가 운전을 중지한다고 보고하고 있으며, 그 후에도 계속 운전하는 운전자들은 특히 위험성이 높다는 지적도 있다.

인지증이 진행된 사람은 조사자들 전체적으로 정상 시니어들과 비교했을 경우 사고 위험성이 높고, 도로 시험 성적도 낮다. 따라서 명백한 인지증으로 진단받은 시점에서 운전 중지를 위해 개입하는 것에 대해서는 국제적으로도 동의가 이루어져 있다.

인지증의 원인 질환 병으로 알츠하이머병에 관해 다양하게 연구되었고, 연구 결과도 파킨슨병·루이소체 치매(Lewy, 小體癡呆病)에 관한 검토 등과 비교해 비교적 일관되게 나타났다. 알츠하이머병에서는 인지증 진행에 따라 운전능력의 저하나 생물지표(biomarker) 양성 샘플에서 음성 샘플보다 빨리 도로시험 성적이 떨어지는 것으로 이미 보고되었으며, 통계적으로 유의미하게 나타났다. Ott 연구는 알츠하이머병 운전자를 대상으로 해서 경증 단계부터 도로시험 성적경과를 추적한 대표적 종단연구 가운데 한 가지이다.

84명의 최경증 단계부터 경증 알츠하이머병의 사람과 44명의 건강대조 샘플을 6개월마다 도로시험을 통해 추적·비교했는데, 연구시작 시점에서는 많은 사람들이 시험을 통과해 미통과 비율이 경증 샘플에서도 30% 정도였다. 그러나 양쪽 샘플 모두 운전능력은 시간과 함께 떨어져 평균 11개월 후에 사고나 도로시험 미통과같은 사태가 발생했다고 보고하고 있다.

알츠하이머병을 비롯한 인지증은 원인 질환마다 진행 속도나 두드러진 증상에 차이는 있지만 대개가 만성·진행성이다. 따라서 증상의 진행을 염두에 둔 대체수단 검토 등, 조기부터 본인의 요구에 맞는 생활조정이 바람직하다. 다만 인지증 수준보다 가벼운 MCI라고 불리는 단계에서는, 아직도 샘플로서 운전중지를 권고하기에는 충분한 인지기능 저하와 위험운전 관련성이 완벽하게 보고되지 않고 있다.

도로시험을 통과하는 사람도 다수 포함되는 것에 유의미한 대응이 필요하다. 식견이 축적된 알츠하이머병과 그 이외의 인지증 원인질환, 즉 전두측두엽 변성증이나 루이소체 치매 같은 개별 질환의 특징이나 차이를 감안한 대응도 필요하다. 질환별 위험운전 패턴 검출이나 사고위험성 시간경과 변화에 관한 검토는 아직 충분히 이루어지지 않은 상태로서, 앞으로의 연구과제로 남아 있다.

4. 운전특성 평가·교육

4.1 시작하며

사고는 우연성에 좌우되는 사태이다. 개인의 사고비율에도 큰 차이가 있어서,

우연 확률 이상으로 사고를 잘 일으키는 사람 또는 그렇지 않는 사람이 있는 것도 사실이다. 사고를 잘 일으키는 사람이나 그렇지 않는 사람은 사고비율에 영향을 끼치는 어떤 특징을 갖고 있을 것으로 생각할 수 있다.

자동차가 만들어진 초창기 때는 사고를 잘 일으키는 특징을 가진 사람은 교통 시스템으로부터 배제시켜야 한다고 생각했던 것 같다. 이것은 그들의 특징이 쉽게 바뀌지 않는다고 생각했다는 점, 자동차 보급률이 낮아 운전하는 사람도 극히 일부였기 때문에 모두가 운전하는 상황 등을 생각할 필요가 없었다는 점이 이유이다.

그 후 자동차가 보급되면서 자동차는 우리 생활에 필수적인 도구가 되었다. 따라서 면허를 가진 인구가 증가하여 많은 사람들이 보유하고 있다. 이렇게 되자 사고를 잘 일으키지 않는 우수한 운전자만 운전시킴으로써 안전을 실현하는 것이 아니라, 운전을 잘하지 못하는 운전자도 안전하게 운전할 수 있도록 하는 상황이 요구되고 있다.

사고 위험성과 관련이 있는 인간의 특징 가운데는 바꿀 수 없는 또는 바꾸기 곤란한 특징도 있다. 한편 훈련이나 교육을 통해 개선할 수 있는 부분도 있고, 개선하지 못하는 부분에 대해서도 내용에 따라서는 적절한 보상행동으로 사고 위험성을 억제할 수 있다.

따라서 여기서는 사고를 잘 일으키는 사람의 특징에 대해서 다루지만, 어떻게 개선해서 안전하게 운전할 수 있도록 할 것인지를 의도적으로 논의해 보기로 하겠다.

4.2 운전자의 정보처리 프로세스

사고를 잘 일으키는 사람의 특징을 논하기 전에, 운전 중인 사람은 어떤 인지적·심적 과정을 거쳐 운전행동을 결정하는지를 정리해 둘 필요가 있다.

(1) 시각정보 처리와 주의

운전 중에 운전자가 이용 가능한 정보는 시각정보와 소리, 가속도, 진동 등 다양하게 있지만, 운전에 필요한 정보 전체 가운데 90% 정도는 시각정보로부터 입력되는 것들이다.

시각정보는 청각 등과 비교해 정보량이 많은데, 예를 들면 소리가 360° 어떤 방향에서 오더라도 알 수 있는데 반해 시각은 눈이 향해 있는 방향의 정보밖에 취득하지 못 한다.

기기에 인간의 눈은 시야 중심부근에서는 선명하고 색도 감지할 수 있지만 시야 주변으로 갈수록 선명하지 않게 되고 색에 대한 감도도 낮아진다. 그 때문에 운전에 필요 충분한 시각정보를 얻기 위해서는 적절한 방향으로 적절한 타이밍에 시야의 중심부근을 향할 필요가 있다.

그렇다면 운전자는 무엇에 의해 시선이 향하는 방향을 정할까. 시각탐색은 강제적이다.

의식적으로 대상을 보려면 그쪽을 향해 시선을 돌릴 수 있지만, 우리는 대부분 의식하지 않고 환경 속 다양한 대상에 순차적으로 시선을 보낸다. 시각탐색은 환경 위주의 상향식(bottom up) 프로세스와 지식·경험·의도 등에 기초한 하향식(top down) 프로세스로 나눌 수 있다.

시야 주변은 선명하지 않고 색에 대한 감도도 낮다는 사실은 앞서도 언급했지만, 배경에 대해서도 움직이는 것이나 명도, 채도가 높은 것, 점멸하는 것 등에는 비교적 잘 반응하는 것으로 알려져 있다. 이런 특징들을 전문적으로는 「투명성(透明性)이 높다」고 표현하는데, 이런 특징이 있는 것이 시야에 들어오면 우리는 자연스럽게 그쪽으로 시선이 향한다.

교통 환경 속에는 배경을 바탕으로 움직이는 차나 자전거, 보행자 등과 같은 교통 상대방 및 경고표지, 황색이나 적색 신호등 등은 투명성이 높아 이들 대상이 시야에 들어오면 대개의 경우는 자연스럽게 그쪽으로 시선이 돌아간다고 예상할 수 있다. 이런 환경 속 대상물들이 우리 감각기관에 작용하고 그로 인해 시선이 그쪽으로 향하기 때문에 상향식 프로세스라고 할 수 있다.

한편 우리는 봐야할 것이 있을만한 장소를 예측해 그쪽 방향으로 시선을 주는 경우도 있다. 예를 들면 우리나라는 우측통행이기 때문에 교통차량 확인은 좌측에서 많이 이루어진다. 이것은 인간이 만들어낸 도로교통 시스템의 규칙에서 도출된 예측적인 시선의 분배 습관이다.

또 사각(死角)을 만드는 장애물이나 주차차량의 끝을 보는 것도 사각에서 뭔가가 튀어나올 것을 예측하는하는 주시로서, 자동차처럼 급히 멈출 수 없는 탈것을 운전할 때에 충돌을 피하기 위해서 습득된 관찰 습관이라고 할 수 있다.

이런 주시는 운전을 처음 시작했을 무렵에는 의식적으로 하지만 점차 익숙해지면 습관화된다. 하지만 의식을 하거나 그렇지 않던 우리 뇌의 중앙실행 계통의 지시에 따라 그 방향으로 시선을 향하기 때문에 하향식 프로세스라고 할 수 있다.

여기까지 시선이라고 하는 「눈의 움직임」에 초점을 맞춰서 살펴보았는데, 그 이면에는 주의라는 구조가 작용한다. 주의에 관한 연구는 매우 많아서 현재도 다양한 논의가 전개 중이지만, 인지적인 정보처리 자원(주의의 총량)에는 상한이 있어서 복잡한 처리가 될수록 주의 범위가 좁아진다는 점, 뭔가에 주의를 줄수록 다른 대상에는 주의를 기울이는 것이 어렵다는 점 등은 주의에 관한 공통 인식이라고 할 수 있다.

운전처럼 시간적 절박성이 높은 태스크를 확실히 실행하기 위해서는 주의를 적절한 대상에 적절히 분배해 선택적으로 줄 필요가 있다.

주의와 주시가 반드시 일치하는 것은 아니지만, 운전 중의 주시행동은 운전자의 교통 환경에 대한 주의 분배와 거의 대응한다. 또 주행속도는 요구되는 정보처리 양과 정보처리 자원의 균형을 통해 조절된다고 생각할 수 있다.

(2) 해저드 지각과 리스크 지각

교통심리학에서는 교통 환경에 있는 장애물이나 교통 상대방 등과 같이 충돌 가능성이 있는 대상, 사각, 노면이 젖어 있거나 안개로 시야가 나쁘거나 하는 등의 리스크가 높은 상황, 즉 「위험한 것」을 통틀어 「해저드(hazard)」라고 하고, 운전자가 이 해저드를 발견한 다음, 해저드라고 인식하는 과정을 「해저드 지각」이라고 한다.

운전자는 지각된 해저드에 기초해 교통상황 리스크를 평가해 리스크가 허용 수준보다 높다고 느끼면 감속하거나 확인을 늘리는 등 리스크를 낮추려는 행동을 취함으로써 리스크가 충분히 낮아졌다고 느끼면 가속하거나 확인을 생략하는 등 효율을 우선시하는 행동을 취한다.

이런 일련의 프로세스 속에서 해저드 지각은 가장 상류에 있기 때문에 해저드가 간과되면 그 다음의 리스크 평가나 운전행동은 부적절한 것이 된다. 해저드를 간과하지 않기 위해서는 적절한 시각 탐색이 필수적이다. 어디를 어떻게 보고 있을지, 해저드를 빠짐없이 발견할 수 있는지는 운전자의 사고 리스크를 검토하는데 있어서 중요한 팩트라고 할 수 있다.

교통상황 리스크평가가 해저드 지각에 기초한다는 사실은 앞서 언급했지만, 리스크평가에는 해저드 지각 외에도 또 한 가지 큰 영향이 있다. 우리는 일반적으로 운전이 서툰 사람보다 잘하는 사람이 사고를 잘 안 일으킨다고 생각하는데, 그런 평가를 운전자는 자신한테도 내린다.

즉 자신의 운전능력이 높다고 생각하면 교통상황이 비교적 복잡해도 사고 리스크는 그다지 높지 않다고 평가하며, 크게 위기가 아닌데도 자신의 운전에 자신이 없으면 사고 리스크를 높이 평가한다.

한편 능력평가는 자신의 운전뿐만 아니라 자동차의 주행성능이나 운전지원 장치의 성능 등에 대해서도 이루어진다. 어쨌든 요즘은 자동 브레이크나 차선유지 장치 등이 안전을 위해 운전에 개입하는 지원 장치들이 많이 보급되어서, 이런 장치들이 「또 한 명의 운전자」라고 생각할 수도 있다. 따라서 앞으로 지원 장치가 더 많이 보급되면 운전자가 상황 리스크를 평가할 때 사용되는 운전자의 운전능력 평가 가운데 이 지원 장치들에 대한 평가가 큰 몫을 차지할 것이다.

(3) 효용 평가

지각된 해저드나 운동능력의 자기평가에 기초해 상황 리스크가 평가되지만, 운전행동은 리스크평가만으로는 결정되지 않는다. 평가된 리스크는 항상 효용과 같이 저울에 올려서 양쪽의 균형을 통해 리스크를 낮추는 행동이나 효율을 높이는 행동이 선택된다.

우리는 목적지까지 빨리 도착할 수 있을까, 쾌적하고 즐겁게 이동할 수 있을까, 편한 시간에 출발할 수 있을까 등등 다양한 결과를 파악하고 나서 리스크가 수반되는 자동차 이동을 선택한다. 즉 자동차를 이용하는 시점에서 이미 효용과 리스크를 저울에 매다는 셈인데, 이 비교는 차의 이용 시작 시점뿐만 아니라 주행 중에도 상황변화에 맞춰서 항상 다이내믹하게 이루어진다.

게다가 효용 평가는 운전 중일 때뿐만 아니라 주행 전후의 일에까지 범위가 미친다. 예를 들면 눈앞의 황색신호를 통과할지 안 할지를 판단하는 경우, 황색신호 통과에 따른 리스크평가가 똑같더라도 약속시간에 늦을 것 같으면 통과를 선택하게 되고, 충분히 여유가 있으면 정지를 선택할 것이다. 그때 약속이 늦어서 상대방의 기분을 상하게 할지 어떨지는 운전종료 후에 일어날 예상이고, 애초부터 약속시간에 늦을 것 같은 일정으로 운전할지 어떨지는 운전시작까지의 행동선택에 영향을 받는다. 따라서 효용평가 문제는 운전 중일 때뿐만 아니라 운전자의 태도나 생활전체와도 관련이 깊은 문제라고 할 수 있다.

그 밖에 효용 평가는 운전에 필요한 비용 평가와도 관련성이 있다. 예를 들면 신호 때문에 자주 멈추거나, 일시정지 교차로에서의 좌우확인 등은 운전자에게 있어서 번거로운 일로 지각될 가능성이 있고, 이에 대한 비용(행동 비용, 연료소비 비용, 시간 비용 등을 포함)을 피하는 것도 이득이라고 생각할 수 있다.

(4) 메타 인지와 플래닝

메타 인지(Meta Cognition)란 자신의 인지상태를 인지하는 것을 가리키는 심리학 용어이다. 「메타」란 「상위의」란 의미로, 현재 자신의 상태와 감정, 능력,

인식, 하려고 하는 것에 대한 방법의 적절성 등을 한 단계 위에 서서 객관적인 시점으로 평가해 모니터링하는 것을 메타인지라고 한다.

운전자는 도로의 교통 환경뿐만 아니라 자신의 상태에 대해서도 항상 모니터링하면서 운전한다고 볼 수 있다. 예를 들면 갑자기 끼어들기를 당해서 짜증이 났거나, 약속에 늦을 것 같아 초조해 있다든지, 장시간 운전으로 졸음이 오는 등 자신의 상태를 모니터링 한다.

그러므로 자기 자신을 진정시키거나, 약속한 상대에게 정체 상황을 알린다거나, 졸음운전을 하지 않기 위해서 휴식을 취한다는 것이다.

또 전방 차량을 따라갈 때 등은 별도로 하고, 교통 환경에 능동적으로 관여하려면 적절한 플래닝 능력도 필요하다. 플래닝(Planning)에는 예정대로 목적지까지 닿기 위해서 몇 시에 출발해 어떤 길을 지나가는 것이 안전하고 효율적인지 이런 식으로 이동 전체를 조망하는 플래닝이 필요하다.

1km 앞에서 좌회전하는데 좌회전 차선에 있는 어떤 차에 어느 시점에서 합류할지, 주차장 안쪽 공간만 비어있을 때 어떤 순서로 어떤 방향으로 차체를 넣을지 등, 운전 중에 요구되는 단편적 태스크에 대한 플래닝도 포함된다.

어떤 식이든 적절한 플래닝을 하기 위해서는 주어진 상황에 대해 자신의 능력이나 앞으로 실행하려고 하는 방법이 올바른지 등을 적절히 인지할 필요가 있다. 즉 메타인지 능력이 요구된다고 할 수 있다.

4.3 사고를 일으키기 쉬운 운전자

사고를 일으키기 쉬운 운전자는 어떤 운전자일까. 사고는 운전 행동의 결과로 발생하기 때문에 운행 행동 결정에 영향을 주는 요인은 어떤 것이든 사고율에 영향을 끼친다고 봐야 한다. 정보 입력 측면에서 순서대로 정리해 보겠다.

대부분의 정보는 시각을 통해 입력되기 때문에 먼저 시각기능이 극단적으로 나빠지지 않아야 한다는 것이 전제이다. 시력이 일정 수준에 못 미친다든가, 질환 등으로 인한 시야 결손이 일정 이상 범위에 도달한 경우 등에도 해저드를 간과할 가능성이 높다.

또 시각기능은 정상이라 하더라도 시각탐색 방법이나 주의 배분이 부적절하면 해저드를 간과할 가능성이 높다. 또 운전 중에 요구되는 정보처리 양에 대해 정보처리 자원이 부족할 때도 사고 리스크는 높아진다. 이 점에 대해서는 정보처리 자원 절대량의 많고 적음이 문제일 뿐만 아니라, 자신의 정보처리 자원 양에 맞는 적절한 보상 행동을 취할 수 있느냐 없느냐도 사고 리스크에 영향을 끼친다.

주시 행동과 사고율 관계에 대해서 필자들은 연간 주행거리가 거의 변함이 없는 택시 운전자 가운데서 사고를 반복하는 운전자와 장기간에 걸쳐 무사고인 운전자를 선발해 주시행동을 비교하는 연구를 했다.

주성분 분석에 따라 주시 대상을 「교통 상대방 등 충돌 가능성이 있는 대상」, 「차선이나 가드레일 등 주행위치 결정에 필요한 대상」, 「인도교나 원거리 건물 등 운전과 관계없는 대상」 3개 그룹으로 나눈 다음, 2개 운전자 샘플의 주시 배분을 비교했다. 그 결과 다른 2개 그룹에 대한 주시 시간에는 유의미한 차이는 볼 수 없었지만, 운전과 관계없는 대상에 대한 주시 시간은 사고를 반복하는 운전자가 유의미하게 길었다.

여기에 따른 연구에서 사고를 반복하는 운전자는 해저드 출현부터 최초의 주시까지 유의미하게 길어서, 리스크를 느끼는 타이밍이 늦다는 것이 명백해졌다. 이 연구 결과들은 사고를 반복하는 운전자가 상대적으로 상향식 우위에서 교통 환경을 보는데 반해, 사고를 일으키지 않는 운전자는 지식이나 경험 등을 구사해 해저드가 나타날 것 같은 장소를 선택적으로, 즉 상대적으로 하향식 우위로 주시한다는 것을 시사한다.

그러므로 사고를 일으키지 않는 운전자는 시각탐색 효율이 좋고, 해저드 발견이나 리스크 지각이 빠르기 때문에 여유를 갖고 대처할 가능성이 있다.

해저드 지각(知覺)에 이은 리스크평가 문제는, 젊은 남성 운전자가 다른 연배의 운전자나 젊은 여성 운전자보다 사고율이 높은 이유를 설명하기 위해서 연구되어 왔다. 이 연구들 대부분이 젊은 남성 운전자의 높은 사고율은 그들의 운전능력 자기평가가 과도하게 높다는 것이 원인으로 지목되었다.

이것을 개인에게 적용해 생각해보면, 본인의 진짜 운전능력에 대해 자기평가가 너무 높은 운전자는 리스크평가가 느슨하고 사고율이 높다는 것을 예측할 수 있다. 또 차량 성능이나 지원 장치에 대한 평가도 마찬가지로서, 그 차량이나 장치가 갖고 있는 성능이나 기능 이상으로 할 수 있다고 과신 또는 오해하는 경우에는 리스크평가가 느슨해지고 사고율이 높아질 가능성이 있다.

지각되는 리스크가 비슷했다 하더라도 리스크나 효용 또는 다른 사람의 행동을 어떻게 평가하고 의미를 부여하는지에 따라서도 운전행동은 바뀐다. 이런 것들에 영향을 주는 요소로는 성격에 따라 개인적으로 비교적 일관된 부분과 그 장소에 한정된 상황의존 부분이 있다.

일관된 부분에 대해서는 리스크가 높아도 이익 위주로 선택하는 사람이나 다소 비용이 들더라도 안전을 중시하는 사람 등의 행동선택 경향도 있다. 예를 들면 5분 빨리 목적지에 도달하는 것에 대해 「5분밖에 차이가 안 난다」고 생각하거나 「5분이나 차이난다」고 생각하는 등, 가치평가 경향도 있을 것이다.

성격과 교통사고에 관한 연구는 많이 있었다. 예를 들면 젊은 운전자를 대상으로 한 설문조사를 통해, 인간관계의 심리학 이론 가운데 하나인 「교류분석」에 널리 이용되는 「에고그램(egogram)」이라고 하는 성격진단법은 측정된 성격특성과 운전행동, 사고경험 관계를 밝히고 있다.

이와 같이 사고경험자는 「양육적(부양)인 부모」의 특징을 가진 자아특성을 나타내는 「NP(Nurturing Parent)」가 무사고자보다 유의미하게 낮다는 점, 협조성이 없고 공격적인 데다가 자기 과시적인 운전행동을 한다는 점 등이 밝혀졌다.

상황의존 부분에 대해서는 본인보다 주변 사람의 문제인 부분과 본인의 행동경향이나 인식방법에 영향을 받는 부분이 있을 것이다. 주변 사람의 문제는, 예를 들면 약속상대나 소속 조직이 시간에 늦었을 경우 어느 정도의 부정적 반응을 보일지 등에 영향을 받는다고 할 수 있다.

한편 애초부터 늦을 만한 일정으로 운전하는 것이 운전자 본인 탓인 경우도 있고, 상대의 부정적 반응을 걱정하느냐 받아넘기느냐는 운전자의 인식방법에 의존한다는 점도 클 것이다.

개인 특성에 초점을 맞추면, 여유를 갖고 행동 계획을 세우지 못하는 사람이나 상대 반응에 과도하게 신경 쓰는 사람은 사고율이 높을 가능성이 있을 것이다. 앞선 연구사례에서도 사고 경험자에게는 자기비판 의식이 너무 강한 운전자(에고그램의 그래프 형상이 W형인 사람)가 많다는 것이 명확히 드러난다.

그밖에 운전자 본인의 특성 외에 운전자가 놓인 입장이나 인간관계, 소속된 조직의 안전문화, 심지어는 사회전체의 안전에 대한 분위기 등도 운전행동에 영향을 미쳐 사고 리스크를 변화시킨다는 점에도 주의가 필요하다.

이것은 운전자가 아무리 노력해도 본인만으로는 개선하지 못하는 부분이 있다는 것을 나타내는 동시에, 운전자가 아무것도 하지 않아도 주변 사람의 행위에 의해 사고 리스크가 억제될 가능성이 있다는 것도 나타내는 것이다.

안전문화(safety culture)는 1986년에 체르노빌 원자력 발전소 사고를 계기로 국제원자력기구(IAEA)가 사용하기 시작한 개념이다. 지금은 원자력 업계뿐만 아니라 다양한 업계에서 조직환경이 개인의 행동에 영향을 준다는 인식이 일반적으로 자리하고 있다. 한편 자동차 운전은 면허를 가진 운전자 개인이 하는 것이라는 인식이 강해서 다른 분야보다 조직 환경의 영향을 검토한 연구가 부족하다. 따라서 앞으로는 이런 문제들에 대해서도 검토가 진행될 것으로 기대된다.

운전자는 메타 인지를 통해 자신의 상태를 모니터링하고, 그것이 적절한 운전 플래닝에도 영향을 끼친다는 점은 이미 언급했지만, 메타 인지 능력에는 개인차이가 있다고 알려져 있다. 메타 인지가 제대로 기능하면 자신의 피곤함이나 초조함 등과 같은 일시적 상태변화나 노화로 인한 능력저하 등의 약점도 자각할 수 있기 때문에, 거기에 맞춘 보상행동을 취할 수 있다.

한편 자신을 객관시하는 정도가 충분하지 않을 때는 필요한 보상행동을 취하지 못할 뿐만 아니라, 경우에 따라서는 자각 없이 공격적 운전 등을 할 가능성이 있다. 따라서 메타 인지 능력이 낮은 운전자는 높은 운전자보다 사고 리스크가 많다고 할 수 있다.

4.4 훈련이나 교육을 통한 개선

지금까지 사고를 일으키기 쉬운 운전자의 특징에 대해 살펴보았지만, 앞에서도 언급했듯이 자동차가 필수적 사회 인프라가 된 현대사회에서는 사고를 일으키기 쉬운 운전자를 배제하는 것이 아니라 어떻게 하면 안전한 운전자가 되도록 할지를 생각할 필요가 있다. 그래서 마지막으로 사고를 일으키기 쉬운 운전자의 특징을 개선할 몇 가지 훈련이나 교육방법을 살펴보도록 하겠다.

(1) 해저드를 발견하는 능력향상 훈련

운전은 차가 앞으로 나아가면서 계속해서 나타나는 다양한 해저드나 상황변화에 대해 몇 초 정도의 짧은 시간에 대응이 요구되는 연속적 태스크이다. 따라서 눈앞의 상황에 대해서 세세한 것까지 차분히 관찰한 상태에서 숙고하고 결론을 내릴 수는 없다.

오히려 직감적, 반사적 행동이 요구되는 태스크라고 할 수 있을 것이다. 한편으로 어떤 메커니즘에서 사고가 발생하는지 모르고 직감적이고 반사적인 반응만 해서는 중대한 실수를 범할 수 있다.

예를 들면 전형적인 좌회전 양보사고에 있어서 운전석 시점만으로 그 메커니즘이나 위험성을 직감적으로 파악하기는 쉽지 않다. 이런 종류의 사고를 이해하기 위해서는 상공에서 조망하듯이 보고, 맞은편 직진 차량의 뒤에 큰 사각이 있고 그 사각에 숨어 있는 차폭이 좁은 이륜차가 맞은편 차량 옆을 지나쳐 직진하려는 것을 상상할 필요가 있다.

따라서 이런 종류의 사고를 피하기 위해서는 차분히 시간을 갖고 사고 메커니즘을 조망하고 이해하는 단계 및 이해한 사고 메커니즘을 운전석 시점과 접목해, 맞은편 차량으로부터 좌회전을 양보 받더라도 급하게 액셀러레이터를 밟지 않고 반사적으로 맞은편 차량의 사각을 확인할 수 있는 단계가 필요하다.

후자는 능력화가 필요한 단계로서, 학교 교육에 비유한다면 반복적 계산 문제를 되풀이해서 풀어봄으로써 손가락을 접어서 세지 않아도 반사적으로 계산할 수 있는 단계이다. 따라서 반복훈련이 필요하다고 할 수 있을 것이다.

해저드 지각능력 향상 훈련을 반복하는 방법으로 필자들은 해저드터치 (HazardTouch)라고 하는 교육 시스템을 제안한다(그림 1-4). 해저드터치는 태블릿에 설치한 전용 앱과 앱에 있는 「시나리오」라고 하는 훈련자극 파일로 이루어진다. 시나리오는 다양한 타입이 있지만, 대표적인 것은 드라이브 리코더로 촬영된 사고영상을 바탕으로 작성되어 있다. 해저드터치 시나리오 사고영상은 충돌대상이 판명되기 직전에 2개로 분할되어 있어서, 훈련자는 우선 영상의 전반을 본다. 전반의 최종 프레임에서 영상은 7초 동안 정지하고, 훈련자는 그 사이에 정지화면의 위험으로 생각되는 위치나 봐야할 포인트를 손으로 터치한다. 7초가 지나면 해저드터치는 자동적으로 영상 후반을 재생한다.

후반 영상에는 충돌장면(또는 아찔한 상황)이 포함되어 있기 때문에 훈련자가 직전에 무엇을 봐야했는지를 언어적 설명 없이 되돌려준다. 더 나아가 후반영상 재생 후에는 훈련자가 충돌대상이나 그 이외의 봐야할 포인트 몇 개를 터치했는

그림 1-4 해저드터치

지가 피드백된다. 훈련 특성 상, 훈련자가 영상을 암기해 버리면 매번 정답을 터치하게 되면서 훈련효과가 약해질 수 있다. 그래서 새로운 시나리오를 무선으로 다운받는 기능도 있다.

한편 해저드터치는 iPad 전용 앱이라 일반 유저도 이용 가능하지만 연구용 성격이 강하다. 그래서 인터리스크 연구소가 해저드터치와 같은 기능의 일반유저용 앱을 세이프티트레이너(SafetyTrainer)라는 이름으로 내놓았다.

해저드터치는 몇 가지 연구를 통해 훈련효과가 검증되었다. 최초 연구는 같은 사고유형을 포함한 A와 B 두 가지 시나리오를 준비해 한 쪽 시나리오(훈련 시나리오)에서 3회 훈련한 다음, 다른 쪽 시나리오(테스트 시나리오)에서 측정했다. 훈련 시나리오와 테스트 시나리오는 훈련자마다 교체해, A에서 훈련하고 B에서 테스트하는 사람과 A와 B에서 훈련하고 A에서 테스트하는 사람을 같은 수로 했다. 그런 상태에서 훈련 시나리오 첫 회와 테스트 시나리오에서의 충돌대상 발견비율이나 발견할 때까지의 속도를 비교했다.

그 결과 3회 훈련 후, 처음 본 테스트 시나리오에서도 훈련 시나리오 첫 회보다 유의미하게 충돌대상 발견비율이 향상되어 발견까지의 시간이 짧아졌다.

해저드터치를 통한 운전훈련 접근법은 안전한 상황에서 반복 위험을 체험시킴으로써 교통 환경 속에서 봐야할 포인트를 선택적으로, 즉 하향식 우위로 보이도록 하기 위한 것이다. 달리 표현하면 자극-반응이라고 하는 운전자의 비교적 소박한 능력을 도로교통 시스템에 맞춰서 강화하기 위한 것이다. 한편으로 안전태도나 메타 인지 등과 같이 더 수준 높은 부분에 접근한 교육을 실시함으로써 사고 리스크를 낮추려는 대처도 있다.

(2) 코칭을 통한 메타인지 능력의 향상

교통심리학자 에스코 케스키넨(Esco Keskinen)은 운전행동에 영향을 주는 다양한 요인을 운전행동 4계층 모델(그림 1-5 가운데 부분)로 제시했다.

최하층은 운전조작 기술이나 차량·도로특성 계층으로, 부드러운 조작이나 차

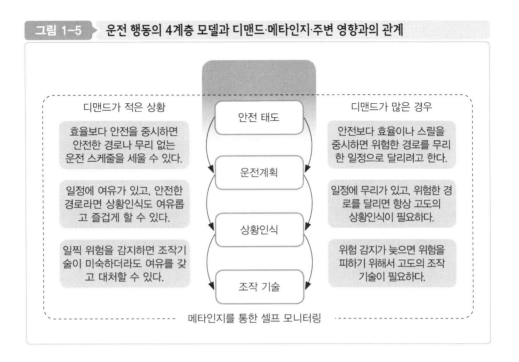

그림 1-5 운전 행동의 4계층 모델과 디맨드·메타인지·주변 영향과의 관계

디맨드가 적은 상황

효율보다 안전을 중시하면 안전한 경로나 무리 없는 운전 스케줄을 세울 수 있다.

일정에 여유가 있고, 안전한 경로라면 상황인식도 여유롭고 즐겁게 할 수 있다.

일찍 위험을 감지하면 조작기술이 미숙하더라도 여유를 갖고 대처할 수 있다.

디맨드가 많은 경우

안전보다 효율이나 스릴을 중시하면 위험한 경로를 무리한 일정으로 달리려고 한다.

일정에 무리가 있고, 위험한 경로를 달리면 항상 고도의 상황인식이 필요하다.

위험 감지가 늦으면 위험을 피하기 위해서 고도의 조작기술이 필요하다.

안전 태도

운전계획

상황인식

조작 기술

메타인지를 통한 셀프 모니터링

량감각 등 차량을 움직이기 위한 기초적 기술이 이 계층에 포함된다. 밑에서 2번째 층은 도로상황 파악이나 대응능력 계층으로, 해저드·리스크 지각이나 위험예측, 다른 대상에 대한 대응 등은 이 계층에 포함된다. 3번째 층은 운전계획이나 스트레스 대응 계층이다.

언제 출발해 어떤 길로 갈 것인지, 차선변경 때 어떤 차 앞으로 들어갈까 등, 운전을 조망하면서 보는 매니지먼트는 이 층에 포함된다. 최상위 층은 태도나 적응능력 계층으로, 안전을 어떻게 생각할지 등과 같은 가치관, 습관, 셀프컨트롤 등이 포함되어 있다.

이 모델이 흥미로운 것은 어느 계층의 능력에 대한 요구 레벨이 한 계층 위의 방식에 의해 결정된다는 점이다. 예를 들면 계층2의 위험예측 등이 적절하다면 여유 있는 대처가 가능해서, 계층1의 운전기능에 대한 요구 수준이 적어도 된다. 또 계층3의 운전계획에 여유가 있다면 안전한 경로를 천천히 가도 되기 때문에, 위험한 지름길을 빨리 달릴 때와 비교해 계층2의 위험예측에 대한 요구수준이 낮아진다. 계층4에서 안전을 중시하는 가치관을 갖고 있다면, 다른 일을 다소 희생하더라도 계층3에서 무리한 계획은 세우지 않을 것이다.

이렇게 생각하면 운전자가 안전하게 운전할 수 있느냐 아니냐는, 운전조작의 능숙함 같은 개별 수준의 능력으로 결정되지 않는다는 것을 알 수 있다. 예를 들면 레이싱 드라이버 같이 높은 조작기술을 갖고 있는 사람이 무계획적인 일정으로 위험한 길을 날아가듯이 달릴 때의 사고 리스크는 초보자가 여유를 갖고 운전할 때의 사고 리스크보다 높다는 것이다.

심리학 교수인 오타 히로오(太田 博雄)는 케스키넨의 계층 모델에 입각한 상태에서, 메타인지 능력 향상을 중시한 코칭(Coaching)을 통한 운전자교육을 추천하고 있다.

코칭은 종종 티칭(Teaching)과 대비해 설명되는 개념이다. 지식이나 기술이 있는 사람이 그렇지 않은 사람에게 일방적으로 가르치는 티칭과 달리 학습자와 대등한 입장에서 대화하고 학습자의 능력을 촉진시킨다. 그래서 최종적으로는 학습자 스스로가 자신의 교사가 되어 과제를 찾아내 해결해 나갈 수 있도록 하는 기법이다.

코칭은 임상심리학에서 이용하는 카운슬링과 유사한 점이 많다. 바로 라포르(상대와의 신뢰관계)를 전제로 해서 경청(적극적으로 듣는 것)과 미러링(상대의 발언을 반복하는 것), 적절한 질문·피드백 등을 조합해 상대의 능력을 촉진시킴으로써, 학습자가 학습내용을 스스로의 문제로 파악하고 스스로 답을 낸 다음 행동으로 옮기도록 지도자가 반려자로서 지원하는 것에 초점이 맞춰져 있다.

코칭은 교육하는 쪽이 교육내용을 정하는 티칭과 달리, 학습자의 역량이나 과제에 맞춰서 학습자가 스스로 목표를 세우고 그것을 실현하기 위한 수순을 실행해 나가는 과정이기도 하다. 즉 학습하는 내용이나 학습방법을 학습자가 다양한 형태로 정할 수 있지만, 한편으로 무계획적으로 학습을 진행하면 충분한 효과를 얻지 못하는 경우가 있다.

그래서 학습의 진행이나 구조를 나타내는 몇 가지 모델을 제안하고 있는데, 여기서는 목표설정(G : Goal), 사실·상황분석(R : Reality), 선택지와 행동방안의 선출(O : Option), 의지 확인(W : Will) 단계를 거치는 GROW모델을 소개해 보겠다.

목표설정 단계에서는 학습을 통해 최종적으로 어떻게 되고 싶은지, 무엇을 할 수 있는지 구체적으로 측정 가능한 목표를 설정한다. 이어서 자신이 처한 상황이나 능력 등 현재 상태를 분석하게 된다. 메타인지 시점에서 보면, 이미 G나 R단계부터 자신이 무엇을 할 수 있고 무엇을 못하는지 등, 자신의 능력을 의식하게 된다.

즉 메타인지 능력의 향상을 기대할 수 있는 것이다. 계속해서 G나 R의 갭을 어떻게 메꿀 것인가, 가능한 한 많은 선택지를 내놓은 상태에서 무엇을 할지 계획을 세운다. 나아가 O를 더 구체화해 학습자의 의지를 확인함으로써 동기부여를 높인다. 이런 과정들은 학습자와 지도자의 공통인식을 만드는데 유효한 방법으로, 실제로 효과적으로 기술을 습득했는지 등을 확인하는 데도 도움이 된다.

또 이 과정은 1회로 끝내는 것이 아니라 필요에 따라서 수정 등을 해가면서 다음 GROW로 이어지도록 학습을 진행해 나간다. 지도자는 각 단계에서 학습자가 이들 프로세스를 스스로 원활히 진행할 수 있도록 자신은 답을 알고 있어도 일부러 말하지 않고 질문한다거나, 필요한 피드백을 주거나 한다.

이런 프로세스를 반복함으로써 학습자는 스스로의 문제가 어디에 있고, 그것을 보완하기 위해서 어떻게 행동하면 좋은지를 생각하는 능력이 몸에 붙게 된다.

학습자와 지도자에게 상당한 지식이나 기술 차이가 있는 초보운전자 교육에서는, 티칭이 효과적일 때도 있다. 반면에 양쪽의 지식이나 기술 차이가 적거나 역전될 가능성이 있는 취업 운전자나 시니어 운전자 등에 대한 교육에서는, 티칭보다 코칭이 유효한 때도 많을 것이다. 한편으로 티칭을 통해 일방적으로 주입된 지식은 시간과 함께 감퇴할 가능성이 높지만, 코칭처럼 스스로 학습하는 자세를 습득할 수 있는 방법은 더 개입하지 않아도 각자가 안전한 운전자로 성장애갈 가능성도 있다. 나아가 메타 인지 능력 향상은 적절한 보상행동으로 연결된다고 생각되기 때문에, 운전자가 사고 리스크를 높일만한 약점을 갖고 있다

하더라도 그것을 보완해 나갈 가능성이 있다.

4.5 실제 차량을 통한 운전특성 평가

자동차의 운전이 어떤 행동인가를 보면 핸들을 돌리거나, 액셀러레이터나 브레이크 페달을 밟는 행동의 연속이다. 동작이라는 관점에서는 핸들 조작이나 페달 조작이라고 할 수 있지만, 차 운전은 그것만으로는 안 된다.

도로를 달릴 때 운전자는 낼 수 있는 범위의 속도로 달린다. 또 앞에서 달리는 차가 있으면 그 차 뒤로 차간거리를 유지하고 달린다. 속도나 차간거리를 유지하는 행동은 어느 차속이나 어느 차간거리를 유지한다고 표현된다. 어느 정도의 속도를 내느냐는 그 도로의 제한속도나 주변 차량의 속도에 맞춰서 운전자가 결정한다.

직선 구간과 달리 커브 구간에서는 도로를 벗어나지 않고 커브를 돌 수 있는 속도로 돈다. 차간거리도 달리는 도로의 흐름에 맞춰서 또 운전자 입장에서 너무 가깝지도 멀지도 않는 감각으로 차간거리를 유지한다. 교차로에서는 직진하느냐, 좌회전하느냐, 우회전하느냐를 결정한다.

여기서 교차로에서의 직진·좌회전·우회전 선택은 목적지까지 어떤 길을 이용해 달리느냐로 결정되는데, 목적지까지의 경로선택 행동도 운전행동 가운데 한 가지라고 할 수 있다. 이상과 같이 (1) 핸들이나 페달의 조작, (2) 속도·차간거리 유지나 교차로에서의 좌우회전, (3) 경로선택은 자동차 운전에 있어서 계층이 다른 행동으로, 각각 (1) 조작레벨(Operation Level), (2) 기동레벨(Maneuver Level), (3) 전략레벨(Strategy Level)이라고 불린다.

실험 차량을 이용해 운전행동을 평가하는 방법은 다음 3종류로 나뉜다.

① 테스트 코스 평가

② 일반도로에서 주행 코스를 사전에 설정해 평가

③ 일반도로에서 주행 코스를 설정하지 않고 평가

운전의 3계층에서 운전자가 취하는 행동이나 동작은 다르기 때문에, 평가하고 싶은 행동 계층에 맞춰서 평가방법을 선택하는 것이 중요하다. 테스트 코스는 일주도로나 넓은 아스팔트 포장의 시험도로, 특수한 노면(젖은 노면 등)을 갖춘 시험도로 등으로 구성되며, 테스트 코스 안에 넓은 구역의 도로는 존재하지 않는다. 또 넓은 시험도로에 백색 차선 등으로 도로를 구분하거나 횡단보도를 그려서 교차로를 재현하는 일은 비용 상 어렵다.

그러므로 테스트 코스에서는 전략 레벨의 운전행동은 평가할 수 없고, 기동 레벨 행동의 일부(일주도로에서 속도를 내는 방법이나 선행차량과의 차간거리를 유지하는 법 등)나 조작 레벨 행동 평가에 적합하다고 할 수 있다. 테스트 코스 실험에 적합한 운전행동 평가는 지시 받은 속도를 내기 위한 액셀러레이터 조작, 지시 받은 구간에서 감속·정지하기 위한 브레이크 조작, 일정 곡률의 커브나 원 선회 때의 스티어링 조작, 일정 속도를 유지하면서 커브와 원 선회를 하는 스티어링 조작과 페달 조작의 연동성, 지그재그 주행 때의 스티어링 조작과 페달 조작의 연동성 등을 들 수 있다.

일반도로에서의 평가는 사전에 주행코스를 지정하는 방법과 지정하지 않는 방법으로 나뉜다. 사전에 주행코스를 지정하는 방법에서는 출발 전에 목적지와 목적지까지의 경로를 미리 정해놓고 그 경로를 기억해서 주행하는 방법, 주행 중에는 동승자나 내비게이션의 지시를 받으면서 주행하는 방법이 있다. 일상적인 운전 측면에서 보면, 전자(前者)는 통근이나 정기적으로 다니는 장소(항상 이용하는 마켓이나 병원 등)에 갈 때의 운전 상황이고, 후자는 별로 간 적이 없는 장소에 그 곳까지의 경로를 잘 아는 사람과 함께 차로 가는 상황에 가깝다.

어느 쪽 방법이든 목적지까지의 경로 선택은 사전에 정해져 있기 때문에, 전략 레벨의 경로선택 행동을 평가한다고는 할 수 없다. 그러므로 사전에 주행코스를 지정한 방법을 통한 일반도로 실험은 기동 레벨과 조작 레벨의 운전행동 평가에 적합하다.

일반도로에서 조작 레벨 운전행동 평가는 주의해야 할 것이 있다. 조작 레벨

행동평가에 적합했던 테스트 코스는 통제되었던 환경이다. 하지만 일반도로의 도로교통 환경은 시시각각 변화한다. 예를 들면 일반도로에서 브레이크 조작에 따른 감속·정지행동을 평가하는 경우, 교차로가 다르면 교차로의 형상이나 전망, 신호 유무, 횡단보도 유무 등도 달라지기 때문에 교차로 진입 속도가 다르게 되고, 감속 시작 타이밍이나 감속을 위해 필요한 감속도도 다르게 된다.

또한 같은 교차로라 하더라도 내차 앞에 다른 차가 있거나 내차 뒤에 다른 차가 있을 때, 교차로에 통과차량이 있거나, 심지어 날씨로 인한 노면의 건조 상태가 다를 때 등, 환경의 다양한 변화 속에서 감속·정지 행동을 취하게 된다.

그러므로 일반도로에서 조작 레벨인 스티어링 조작이나 페달 조작을 평가하는 경우, 주행 후에 주변 상황을 기록한 영상에서 해당하는 주행사례만 추출하는(예 : 선행차량이 없는 주행만 추출하는) 식으로 데이터를 정리해서 환경을 통제한 상태의 행동과 비교할 필요가 있다. 또는 다양한 환경 변화가 포함된다는 전제로, 많은 주행 사례를 모아서 환경에 따른 영향을 포함한 감속·정지행동을 평가한다.

전략 레벨의 운전행동은 경로선택 행동뿐만 아니라 그 날의 운전에서 무엇을 의식하는지도 운전을 위한 전략이라고 할 수 있다. 예를 들면 교통사고를 일으키지 않는 안전운전은 기본적으로 항상 의식한 채, 동승자가 있어서 가감속이 적은 쾌적성을 유지하고 운전을 할지, 피곤한 상태에서 운전하기 때문에 달리는 도중에 부담을 줄이는 것을 의식하고 운전을 할지, 연료가 줄어들었기 때문에 연비 절약을 의식한 운전을 할지 등을 생각할 수 있다.

앞선 사례에서는, 통상적인 운전과 피곤하지 않도록 의식하는 운전(=여유 운전)과의 비교를 "일반도로에 주행코스를 사전에 설정한 실험"으로 평가해 이런 의식 하에 기동 레벨이나 조작 레벨의 운전행동 차이가 어떤 상황에 나타나고, 여유 운전과 보통 운전에서 어떤 행동이 다른지를 분석한다.

[그림 1-6]는 선행차량에 이어 적신호 교차로에서 감속·정지하는 장면(보통운전과 여유운전으로 동일한 교차로)이다. 이 장면의 차량속도와 액셀러레이터 답

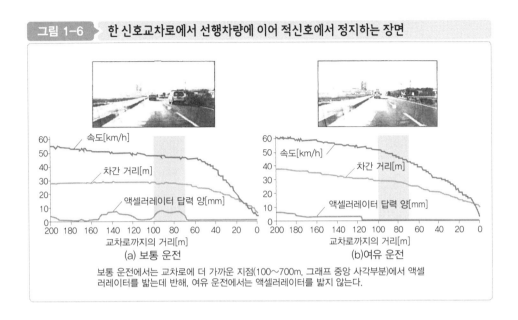

그림 1-6 한 신호교차로에서 선행차량에 이어 적신호에서 정지하는 장면

보통 운전에서는 교차로에 더 가까운 지점(100~700m, 그래프 중앙 사각부분)에서 액셀러레이터를 밟는데 반해, 여유 운전에서는 액셀러레이터를 밟지 않는다.

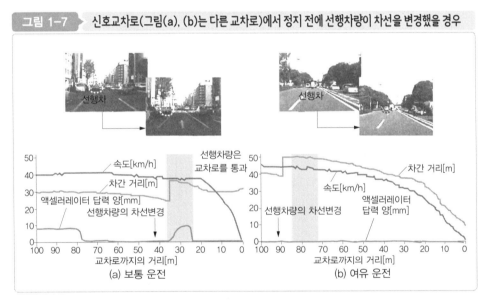

그림 1-7 신호교차로(그림(a), (b)는 다른 교차로)에서 정지 전에 선행차량이 차선을 변경했을 경우

력 양, 선행 차량과의 차간거리 추이를 보통 운전과 여유 운전으로 비교하면, 보통 운전에서는 교차로까지의 거리 100~70m 지점에서 액셀러레이터를 밟는데 반해, 여유운전에서는 교차로까지의 거리 120m를 지난 지점 이후에는 액셀러레이터를 밟지 않는 것으로 나타났다.

[그림 1-7]는 신호교차로(보통 운전과 여유 운전에서는 다른 교차로)로 접근

하는 중에 선행차량이 차선을 변경하고, 또 그 앞에 차량이 달리고 있는 상황에서의 액셀러레이터 페달 조작을 보통 운전과 선행 운전으로 비교한 결과이다.

선행 차량을 따라가는 상황은 운전자 자신이 달리고 싶은 속도가 아니라 선행차량 속도에 맞춰서 행동하기 때문에, 선행 차량이 차선을 변경해 전방 공간이 열렸을 경우에 운전자는 액셀러레이터 페달을 밟아 가속하는(=자신이 원하는 속도를 내려고 하는) 경우가 많다. 보통 운전에서는 그런 행동이 나타난다.

선행차량이 차선을 변경한 시점에서 40m 앞에 신호교차로가 있고, 신호가 바뀌었기 때문에 결과적으로 그 신호교차로에서 정지한 사례가 있지만, 그 경우에도 선행차량의 차선변경 후에 운전자는 액셀러레이터 페달을 밟는다. 하지만 여유 운전에서는 선행차량의 차선변경 시점에서 신호교차로 90m 직전이고, 선행차량 앞에 있는 차량과의 차간거리가 보통운전 상황보다 길었지만 액셀러레이터 페달을 밟지 않았다. 이와 같이 동일 교차로에서의 비교나 교차로는 다르지만 유사한 주변 환경에 초점을 맞춘 비교를 통해 여유운전의 액셀러레이터 페달 조작의 특징을 명확히 할 수 있었다. 신호교차로 전에 앞에 차가 있는 상황에서 감속·정지할 때, 교차로의 어느 정도 직전부터 액셀러레이터 페달을 밟지 않는다는 것이 밝혀졌다.

일반도로에서 사전에 주행코스를 지정하지 않는 방법은 실험 참가자가 일상생활에서 차를 이용할 때 운전행동 데이터를 수집하는 방법이다. 그런 경우 뒤에서 다룰 실험 차량을 빌리는 방법이나 실험 참가자의 자가용차에 드라이브 레코더를 장착해 운행행동 데이터를 수집하는 방법이 있다.

어떤 방법이든 실험 참가자의 자택이 출발지가 되고, 실험 참가자가 매일 다니는 곳들이 목적지가 된다.

테스트 코스 실험이나 사전에 주행코스를 지정하는 일반도로 실험보다 운전자의 생생한 보통운전 행동 "실태"에 가장 비슷한 데이터를 수집할 수 있어서 전략행동의 경로선택 행동도 계측가능하다.

이 방법에서 어떤 길을 달릴지는 시험참가자에 의해 달라지므로 실험 참가자전원이 같은 길을 달릴 가능성은 희박하다. 때문에 같은 도로교통 환경에서 기동 레벨이나 조작 레벨의 운전행동을 평가하려고 해도 주행 후의 데이터 정리 작업에서 시간적 비용이 매우 비쌀 뿐만 아니라, 그를 위한 충분한 데이터양을 확보할 보증도 없다는 사실에 주의해야 한다.

실험 참가자의 자가용차에 드라이브 레코더를 설치해 데이터를 수집하는 방법에서는 실험 참가자의 차를 이용해 매일 주행거리를 계측할 수 있어서, 차를 사용해 보통 어느 정도로 이동하는지에 대해 공간적·시간적인 파악이 가능하다.

근래의 시니어사회 진전으로 인해 시니어 생활의 질(Quality Of Life, QOL) 평가가 중요한 과제로 떠오르고 있는데, 이동범위나 이동시간은 생활의 질을 측정하는 지표 가운데 하나라 할 수 있다. 선행연구에서는 시니어 운전자의 자가용차에 드라이브 레코더를 설치해 일상생활에서 차를 통한 주행거리를 조사했다(그림 1-8).

그림 1-8 실험참가자의 자가용차에 드라이브 레코더를 설치해 매일의 이동거리를 분석한 사례

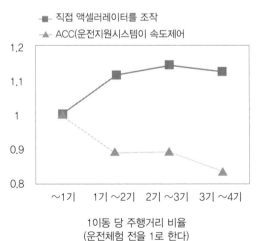

방법

- 시니어 운전자가 테스트코스의 일주도로를 매달 1회, 합계 4개월에 거쳐 주행하는 운전체험을 했다

- 테스트코스에서의 운전체험은 직접 액셀러레이터를 조작하는 시니어 운전자 샘플(20명)과 ACC를 사용해 주행하는 시니어 운전자 샘플(10명)로 나누었다.

- 시니어 운전자의 자가용차에 드라이브 레코더를 설치해 4개월 동안 일상생활에서의 차를 통한 주행거리를 계측했다.

결과

- ■ 직접 액셀러레이터를 조작
- ▲ ACC(운전지원시스템이 속도제어

1이동 당 주행거리 비율
(운전체험 전을 1로 한다)

액셀러레이터 페달을 조작하는 시니어 운전자 샘플은 운전체험을 하기 전보다 운전체험을 계속하는 가운데, 일상생활에서의 차를 통한 이동거리가 더 길어졌다.

여기서는 테스트 코스에서 직접 차를 조작하는 시니어 운전자 샘플과 자신의 조작이 아니라 운전지원 시스템을 통한 자동조작으로 주행체험을 하는 시니어 운전자 샘플로 분류한 뒤, 각 샘플마다 시니어 운전자의 일상생활 속 이동거리를 비교했다. 구체적으로는 테스트 코스 일주도로에서 속도 60~90km/h 달리는 운전체험을 했다.

직접 차를 조작한 시니어 운전자들은 액셀러레이터(+스티어링)를 스스로 조작해 지시 받은 속도를 유지하면서 일주도로를 달렸다. 한편 운전지원 시스템을 통한 자동조작으로 주행체험을 한 시니어 운전자들은 일정한 차속을 유지하는 자동운전 유지기능인 ACC(Adaptive Curise Control)를 사용해 일주도로를 주행했다.

이 샘플의 시니어 운전자들은 속도제어를 시스템이 자동으로 해주기 때문에 일주도로 코스를 따라 스티어링만 조작했다. 이런 운전체험을 매달 1회, 4개월에 걸쳐(합계 4회) 실시했는데, 병행해서 시니어 운전자의 자가용차에 드라이브 레코더를 설치한 다음 매일 차를 통한 이동 데이터(속도, GPS를 통한 위치, 주행거리 등)를 기록했다.

그 결과를 [그림 1-9]에서 보듯이, 운전체험 전 1이동 당 주행거리(어느 1회 주행의 출발지부터 목적지까지의 주행거리)에 대해 직접 액셀러레이터 페달을 조작한 시니어 운전자들은 주행거리가 증가했지만, ACC를 통한 주행체험을 한 시니어 운전자들은 주행거리가 감소했다.

또 주행체험 후 청취에서 ACC를 체험한 많은 시니어 운전자들은 ACC에 대해 호의적(자신 차에도 장착하고 싶다는 기능)이었다. 설정한 속도 90km/h나 80km/h는 시니어 운전자가 보통운전에서는 내지 않는 빠른 속도였다.

직접 액셀러레이터 페달을 조작한 시니어 운전자들은 본인이 이 정도의 빠른 속도를 낼 수 있었다는 사실을 실감했다고 주행체험 후 청취로 밝혀졌다. 한편 ACC로 자동주행한 시니어 운전자들은 이런 실감을 얻지 못했다. 자신도 할 수 있다는 감각을 갖는 것이 매일매일 운전을 함에 따라 차로 조금 더 멀리까지 이동하겠다는 의욕이 생길 가능성이 예상된다. 이상과 같이 실험 참가자의 자가용차에 드라이브 레코더를 설치하는 일반도로 실험에서, 자동기능을 사용함으로써 시니어의 일상생활 속 이동행동에 어떤 영향을 끼치는지를 평가할 수 있는 가능성이 제시되었다고 생각된다.

실제 환경의 실험에서는 CAN(Controller Area Network) 등의 차량용 네트워크를 통해 차량정보나 조작정보를 기록하는 장치, 선행차량/후속차량과의 거리·상대속도 등의 감지센서, 나아가 주변상황을 녹화하기 위한 카메라가 탑재된 실험차량(instrumented vehicle)이 사용된다. 실험에서는 데이터가 기록되는 것을 운전자가 너무 의식하지 않도록 센서나 카메라, 데이터 수집용 PC를 운전자에게 안 보이는 위치에 장착하는 것이 중요하다.

또 평소 사용하는 자가용차와는 다른 차량을 운전하기 때문에 새로운 차량 조작에 익숙하려면 1주일 정도는 필요하다. 따라서 실험을 시작하고 나서 첫 1주일 이후의 데이터만 분석에 이용하는 궁리도 필요하다. 실험 참가자의 자가용차를 이용하는 경우, 많은 센서나 카메라를 탑재하는 것들이 사전 장착작업이나 실험 종료 후의 원상복귀 작업을 감안하면 현실적이지 않다.

실험 차량과 비교해 계측할 수 있는 데이터 항목이 적긴 하지만 속도와 가속도, GPS의 위도·경도, 전방(+후방) 영상 등의 기록이 가능한 간편한 드라이브 레코더가 자가용차에 설치된다. 실험차량으로 사전에 주행코스를 설정하는 실험은 목적지에서 수집 데이터를 회수할 수 있지만, 자가용차에 드라이브 레코더를 장착하는 경우에는 어떤 타이밍(며칠 동안 데이터를 보존해 회수할지 : 데이터 보존가능 용량에 따른다)과 수단(오프라인에서 데이터 기록매체를 회수할지, 온라인에서 네트워크 경유로 회수할지)으로 데이터를 회수할지 검토할 필요가 있다.

수집한 데이터로부터 운전행동 특성을 평가하기 위한 퍼포먼스 지표로 전후방향 지표는 속도와 가속도, 약도(jerk) 액셀러레이터 또는 브레이크 반응시간, 차간거리·차간시간 등을 들 수 있다. 좌우방향 지표로는 스티어링 조작 반응시간이나 작동시간, 수정조향, 스티어링 엔트로피, 도로 내 차량의 횡 위치 편차(Standard Deviation of Lane Position, SDLP) 등이 있다. 운전 행동지표를 사용하는데 있어서 현재 상태에서는 표준화된 지표가 거의 없기 때문에, 평가자가 이용한 지표 정의(특히 어디서부터 어디까지의 값·시간으로 했는지 그 기준에 대해)를 명확하게 기입할 필요가 있다. 명확한 정의를 제시함으로써 다른 실험 결과와 비교할 수 있기 때문이다.

4.6 드라이빙 시뮬레이터를 통한 운전특성 평가

(1) 드라이빙 시뮬레이터를 통한 운전행동 계측

일반적으로 드라이빙 시뮬레이터(Driving Simulator, DS)는 자동차 주행을 영상이나 가감속도 발생장치 등을 활용해 모의하는 장치이다. 자동차 연구개발에 있어서 테스트 코스나 실제 차량으로 위험이 따르는 실험, 특정 주행환경 조건 하에서 피험자에 대해 같은 주행환경에서 자동차를 달리게 하는 실험 등에 유효하다.

교통사고에 이르는 운전특성을 정확하게 파악하려면 사고에 이르는 위험상황에서 운전자의 사고회피 행동을 조사할 필요가 있다. 그를 위해서는 운전자에게 모의 운전을 최대로 느끼지 않게 하면서도, 최대한 실제 주행에 가까운 시험 환경에서 시뮬레이터 영향이 적은 DS로 운전특성을 평가하는 것이 바람직하다.

자동차 사고요인 가운데 운전자의 인지판단 실수 등에 기인하는 위반 사고 비율이 가장 높은 편이다. 따라서 운전자가, 예를 들면 교차로에서 어떻게 인지판단 실수를 일으켜 사고에 이르는지를 밝힘으로써 사고방지 기술을 개발할 필요가 있다.

사고가 날 만한 상황이나 복잡한 교통 환경에서의 실험, 운전자 의식저하 시 경보 효과실험 등은 테스트 코스에서는 위험하기 때문에, 가상현실 세계에서 사고발생 환경을 모의할 수 있는 DS가 예방안전 성능 평가에 매우 적합하다. 그래서 DS를 이용한 운전행동 계측 방법에 대해 DS의 기본적 장치와 평가, 실험 사례에 대해 살펴보겠다.

(2) DS의 기본 구성

DS는 체감 가속도를 발생시키는 차량운동 모의장치와 교통 환경을 모의하는 영상 모의장치, 차량 운전석을 모의하는 운전 모의장치로 구성된다.

[그림 1-9]은 이 구성요소들의 관계를 나타낸 것으로, 운전 모의장치를 통한 운전자의 운전조작(스티어링, 액셀러레이터, 브레이크) 입력을 이용해 차량운동 시뮬레이션에서 차량 움직임을 산출하고, 도로환경 데이터베이스 상의 주행위치로부터 운전 중 시야를 프로젝터 등과 같은 영상표시 장치에 컴퓨터 그래픽으로 표시한다.

나아가 차량운동 모의장치를 갖춘 DS에서는 차량의 움직임을 가속도 수준으로 체감해 모의한다. DS에서 운전하는 차량 외에 주변에서 달리는 차량이나 2륜차, 자전거, 보행자 등은 운전 시나리오로 해서, 도로환경 데이터베이스 상에서 영상이 움직이도록 한다.

그림 1-9 ▶ **DS 구성도**

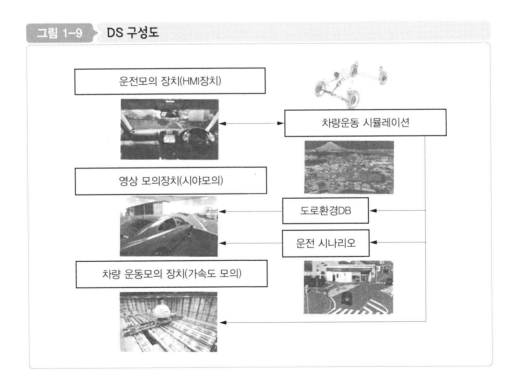

(3) DS 종류

[그림 1-10]에서 보듯이, DS는 영상모의 장치와 차량운동모의 장치 규모에 따라 용도나 성능이 다르다. 시스템의 기획개발 등에 사용되는 컴퓨터에 자동차 게임 핸들과 액셀러레이터와 브레이크 페달을 추가한 DS나 운전교육용 고정화 면의 소형 제품부터 360° 영상과 헥사 포드(6자유도 동요장치)에 XY병진 장치 를 갖추고 실제 차량을 탑재한 DS까지 많은 종류가 있다.

DS 규모와 용도의 관계는 시스템 개발이나 운전 교육훈련, 전시 등과 같은 시 연에는 소형 디스플레이와 핸들, 액셀러레이터, 브레이크 페달을 가진 DS로도 가능하지만, 일반 운전자의 운전 행동을 평가하려면 용도에 맞는 규모의 DS가 필요하다.

예를 들면 일반 운전자를 대상으로 한 운전조작 장치인 HMI(Human Machine Interface) 성능평가나 HMI를 통한 주행 중 운전시야 디스트럭션 (destruction) 평가 때는 실제 차량에 가까운 운전시야를 갖기 위해서 120° 이 상의 좌우시야를 가질 필요가 있지만, 시야 각도 크기에 따른 몰입감 때문에 뒤

그림 1-10 ▶ DS 종류와 용도

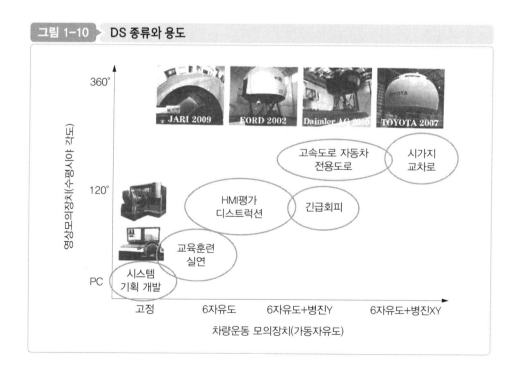

에서 다룰 시뮬레이터 영향이 발생하기 쉽다.

영향에 대한 대책으로 6자유도의 동요장치를 통해 화면에 맞춘 과도적 가속도를 발생시키는 DS가 많다. 또 미국이나 유럽 등에서는 고속도로 사고 등이 많기 때문에 120° 이상의 시야각도 외에, 고속도로에서 차선을 변경할 때 발생하는 횡가속도를 6자유도의 동요장치와 차량의 좌우방향 병진장치를 조합함으로써 차선변경에 따른 긴급회피 가속도를 모의하는 DS도 있다.

국내의 사고발생 환경을 감안하면 사고가 많은 교차로 주행을 모의할 필요가 있다. 교차로에서의 감속정지나 가속, 좌우회전을 거의 동시에 하기 위해서는 6자유도의 동요장치 외에 횡과 전후방향 병진장치를 갖춘 DS가 필요한데, 이처럼 DS를 이용한 운전행동 계획에는 어떤 상황의 운전행동을 계측하느냐에 따라 사용하는 DS를 선택할 필요가 있다.

(4) DS 성능평가

사고에 이르는 위험상황에서의 운전자 사고회피 행동을 조사하기 위해서는 운전자에게 모의운전인 것을 느끼지 않도록 최대한 실제 주행에 가까운 시험환

그림 1-11 ▶ 대규모 DS

경에서 시뮬레이터 영향이 적은 DS로 운전특성을 평가하는 것이 바람직하다.

하지만 몰입감이나 현실감을 높이면 시뮬레이터 영향이 일어나기 쉽기 때문에, 현실감과 시뮬레이터 영향의 균형이 중요하다. 그래서 [그림 1-11]의 대규모 DS를 이용하여 현실감과 시뮬레이터 영향에 대해 검토한 사례를 살펴보겠다.

1) 시뮬레이터의 현실감 평가

운전자의 사고회피 행동을 계획하려면 제동행동이 실제차량으로 주행할 때의 제동과 가까워야 한다. 또 운전자는 제동력을 체감 감속도로 제어하기 때문에 차량운동 모의장치를 통한 가속도 모의 크기가 중요하다.

[그림 1-12]은 제동모의 가속도의 스케일 팩터(SF : DS의 재현 목표 가속도/차량운동 가속도) 크기를 변화시켰을 때의 속도 60km/h에서 정지위치까지 제동했을 경우, 감속도의 시간순 파형(그림 (a))과 그 제동 때의 최대 가속도와 평균 가속도 비율(그림 (b))을 나타낸 것이다.

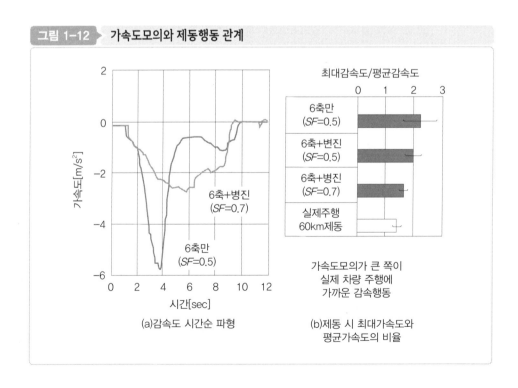

그림 1-12 가속도모의와 제동행동 관계

(a)감속도 시간순 파형

(b)제동 시 최대가속도와 평균가속도의 비율

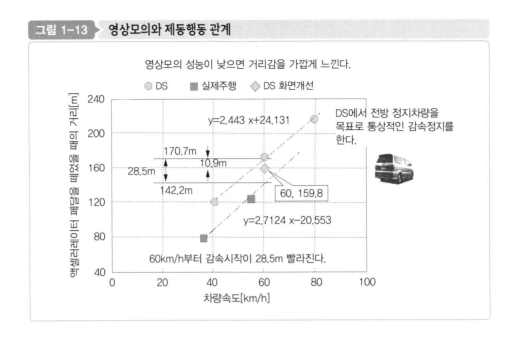

그림 1-13 영상모의와 제동행동 관계

SF가 커서 모의 가속도가 큰 경우(*SF*=0.7)는 실제 주행에 가까운 평균적 감속을 하지만, SF가 작아서 모의 가속도가 작은 경우(*SF*=0.5)는 감속도를 제어하지 못하고 큰 감속도로 감속한 뒤, 정지위치를 제어하는 것으로 생각할 수 있다.

또 DS의 제동시작 판단은 영상정보의 거리판단을 통해 감속을 시작하기 때문에 영상 해상도나 모의정확도에 따라 거리감이 달라진다. [그림 1-13]은 DS와 실제 차량의 제동시작 위치를 비교한 것으로, 실제 차량은 142m에서 감속을 시작하지만 DS에서는 약 28m가 더 먼 170m에서 감속을 시작한다.

DS의 영상 해상도가 부족하면 대상을 가깝게 느끼게 되는데, 영상의 모의정확도가 높으면 그것이 개선된다. 이상과 같이 DS 특성의 이해를 바탕으로 어떤 상황에서 DS를 이용하는 운전행동 계측을 할지 고려할 필요가 있다.

2) 시뮬레이터 영향 평가

시뮬레이터 영향은 탈 것의 멀미처럼 시각이나 전정(前庭)기관, 체성(體性)감각 계통까지 3가지 감각이 일치하지 않으면서 발생하는 것으로 알려져 있다.

자동차 운전 같은 경우는 [그림 1-14]에서 보듯이, 운전자는 액셀러레이터나

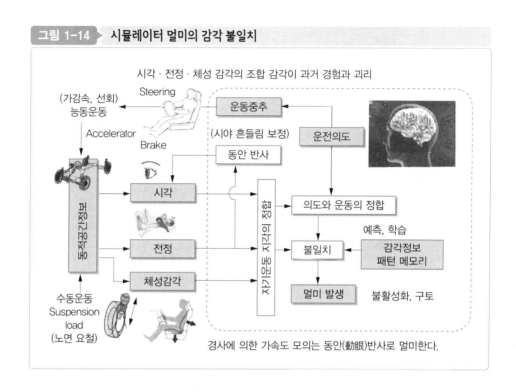

그림 1-14 시뮬레이터 멀미의 감각 불일치

브레이크, 스티어링을 조작해 운전한다. 그러면서 자동차의 운동을 시각이나 체감을 바탕으로 느끼면서 운전하다. 따라서 운전조작과 차량 운동감각의 부정합이 문제가 된다. 시뮬레이터 탑승자는 차량운동에 대한 시각이나 체감 감각에 매우 민감해져 구토를 수반하는 심한 멀미가 일어나기도 하므로, 실험 중지나 그때의 컨디션 회복에 주의가 필요하다.

일반적으로 멀미하기 쉬운 운전 상황으로는 ① 제동·정지·발진 시 전후 가속도가 없는 경우나 적은 경우, ② 교차로 좌우회전 시 요 레이트(수평회전각 속도)가 없는 경우나 적은 경우, ③ 출발이나 정지 시 피치 레이트가 없는 경우나 적은 경우, ④ 선회 시 롤 레이트가 없는 경우나 적은 경우 등이 있다.

전후가속도는 브레이크나 액셀러레이터 조작에 대한 제어 피드백의 전후가속도 체감이 일치하지 않는데 영향을 주는 것으로 알려져 있으며, 요와 피치 및 롤 등과 같은 선회각 속도는 체감의 전정 지각에 따른 동안 반사와 시각 영상의 불일치에 영향을 주는 것으로 알려져 있다. 그밖에 운전자의 조작입력이나 체감과 영상표시 지체 등, 시뮬레이터 시스템의 응답성에 기인하는 영향이 있다.

그림 1-13 시뮬레이터 멀미에 대한 평가지표(SSSQ)

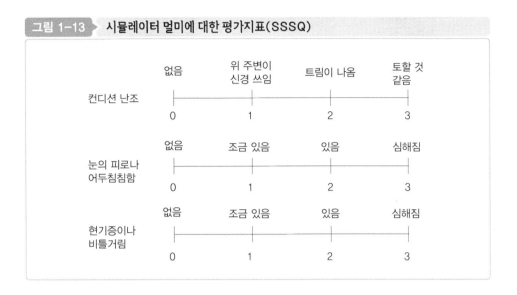

시뮬레이터 영향이 발생했을 경우, 피험자는 계측 중에 컨디션이 나빠져 실험이 중지되는 경우가 있다. 따라서 시뮬레이터를 통한 실험에서는 시뮬레이터 영향을 고려해 피험자 수를 늘리고 그 실험에서의 시뮬레이터 영향을 평가해 둘 필요가 있다.

시뮬레이터 영향을 평가하는 방법으로 「컨디션 저하」, 「눈의 피로나 어두침침함」, 「현기증이나 비틀거림」 3개 항목을 [그림 1-13]의 SSSQ(Simplified Simulator Sickness Questionnaire) 평가시트를 이용하면 된다.

[그림 1-14]는 앞의 대규모 DS에서 평가한 사례로서, 영향 정도는 운전코스나 주행시간에 따라 다르기는 하지만, 30분 동안의 주행으로 가감속이나 정지 및 좌우회전을 포함해 영향이 잘 나는 시내주행의 시뮬레이터 영향을 평가한 것이다.

[그림 1-13]의 완주율은 실험 중에 시뮬레이터 영향 때문에 주행을 중지하지 않은 피험자 비율(완주율)이다. 일반적인 가속도 모의의 스케일 팩터가 작은 DS에서는 SSSQ가 5점일 때의 완주율이 50% 이하라는 데이터도 있지만, 대규모 DS 경우는 SSSQ가 3점의 완주율이 75%로, 일반적인 DS보다 영향이 적었다.

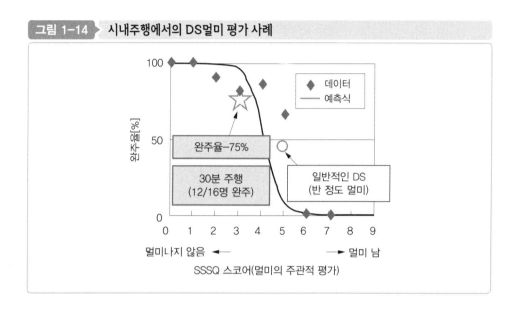

그림 1-14 시내주행에서의 DS멀미 평가 사례

(5) 예방안전기술 개발의 DS 역할

DS는 자동차의 충돌사고를 방지하는 예방안전기술 개발에 빼놓을 수 없는 실험도구이다. 일반 운전자의 사고를 사전에 막기 위한 지원기술을 개발하려면, 일반 운전자가 사고에 이르는 운전행동을 파악하고 사고를 방지하는 시스템이 일반 운전자에게 받아들여진 뒤, 어느 정도로 사고를 줄일 수 있는지를 예측할 필요가 있다.

일반 운전자는 새로운 운전지원 시스템에 익숙하지 않기 때문에 피험자로서 안전하게 실험에 임할 수 있는 것은 DS뿐이라고 할 수 있다.

[그림 1-15]는 예방안전기술 개발에서 V자 개발 사례를 나타낸 것이다. ① 가장 먼저 사고통계에서 예방할 대상의 사고 형태를 선택해서, ② 그 사고 상황을 사고분석 데이터로부터 파악한 다음, ③ DS로 사고 상황을 재현함으로써 운전자가 사고 상황에서 사고에 이르는 운전행동을 조사한다.

드라이브 레코더(DR)의 사고데이터에서 사고발생 원인이 된 운전행동을 조사하는 것도 가능하지만 사고가 발생했을 때의 DR데이터 수는 적은 편이다.

DS에서는 나이를 포함해 다양하게 피험자의 운전행동을 조사할 수 있다. ④ 대상의 사고에 이르는 운전행동을 방지하기 위한 운전지원 사양과 목표 성능을

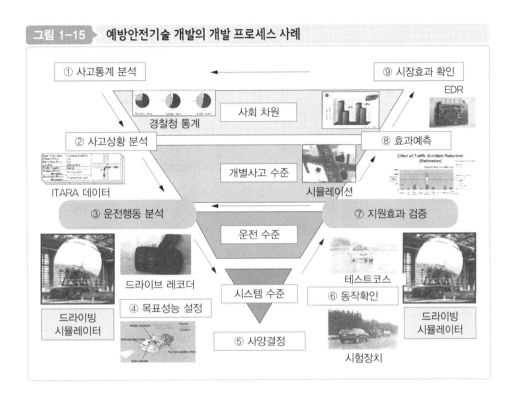

그림 1-15 예방안전기술 개발의 개발 프로세스 사례

결정하고, ⑤ 예방 시스템을 구축한다. ⑥ 동작 확인 후에 ⑦ DS로 일반 운전자가 지원 시스템으로 사고를 어느 정도 방지할 수 있는지를 조사한다. ⑧ 그 효과를 시장 주행에서의 교통사고 감축량을 예측한 상태에서 ⑨ 시장에 예방안전 시스템을 적용해 이벤트 데이터 레코더(Event Data Recorder) 등으로 실제 시장에서의 사고 감축량을 확인한 다음 법 규제 등으로 연결하는 것이 이상적이다.

여기서 DS를 통한 일반 운전자의 지원 효과 확인 단계에서 효과 부족이나 오조작 등의 문제가 있으면, 시스템 탑재 시 운전행동으로 분석해 피드백한 뒤 사양이나 목표를 개선함으로써 시스템 재구축이 가능하다. 이처럼 운전자와의 의사소통이나 상호작용이 필요한 시스템 개발에는 DS가 필수적인 도구라고 할 수 있다.

(6) DS를 통한 추돌경보 시 운전행동 계측

실제 차량으로는 실험이 곤란한 추돌사고 장면을 상정해, 충돌피해 경감 브레이크 시스템의 효과평가를 실험한 사례를 살펴보겠다.

자동차 예방안전 분야에서는 사고방지나 충돌에 따른 피해를 줄이기 위해서 다양한 시스템이 개발·탑재된다. 그런 시스템은 먼저 경보로 운전자에게 충돌위험을 알리는데, 실제 사고현장에서 어느 정도 운전자가 그 경보를 인지하고 어느 정도의 회피행동을 취할 수 있는지 등, 시스템 개발이나 효과 평가의 기초가 되는 운전자 반응특성 데이터가 충분하지 않다.

그래서 PCS(Pre-Collision System)이라고 하는 충돌피해 경감 브레이크 시스템을 소재로 일반 운전자의 추돌경보 반응을 정화하는 동시에, 특히 시니어 운전자 등의 사고 직전 반응차이를 명백히 하는 실험과 분석에 대해 살펴보겠다.

일상적으로 차를 운전하는 사람을 피험자로 하고, 실험은 [그림 1-16] 같이 2가지 시나리오로 실행한다.

(a) 전방 정지 차량(뒤따라 가는 중에 같은 차선 내에 있는 정지차량과 충돌)

(b) 추종차량 감속(뒤따라 가는 중에 선행차량이 감속해 그 선행차량과 충돌)

피험자는 한 번 사고 상황을 경험하면 2번째 이후에는 사고 시나리오를 예측해 처음과 다르게 반응하기 때문에, 한 사람에게 하는 시험은 1회로 한다. 피험

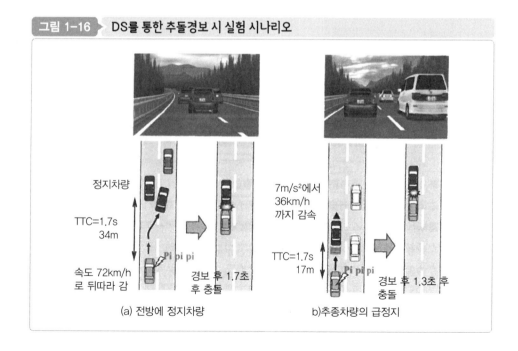

그림 1-16 ▶ DS를 통한 추돌경보 시 실험 시나리오

자는 2시나리오×3세대(20~30대, 40~50대, 60대)×성별까지 총 12그룹으로 분류해 비교한다.

실제 추돌사고는 한 눈을 판 것이 원인인 경우가 많다. 그래서 서브 태스크로 피험자에게 때때로 7인치 액정 화면상의 편의점을 발견하게 하고, 나아가 그것을 손가락으로 터치하도록 지시한다.

화면은 선행차량 주시에서 눈을 크게 돌리도록 하기 위해서 내비게이션 화면보다 낮은 변속 레버 근처에 설치한다. 피험자는 속도 70~75km/h로 주행하도록 지시 받는다. 선행차량은 차간 시간이 1.8초 정도가 되도록 자동적으로 제어되고, 또 후속차량도 거의 같은 차간거리가 유지되도록 한다. 운전코스는 2차선의 일방통행 도로이지만, 현실의 교통사정을 감안해 병행차선에도 적당한 간격으로 차량을 달리게 한다.

피험자가 서브 태스크에 익숙해져 집중하는 것을 지켜보다가 전방 정지차량이나 추종차량 감속 시나리오를 작동시킨다. 이 실험에서 TTC(Time To Collision=Relative distance/Relative speed)=1.7초가 되었을 때 경보가 발생하도록 설정되어 있다.

[그림 1-17]은 경보를 인지할 수 있는 상태에서의 경보인지·회피행동 내역이다.

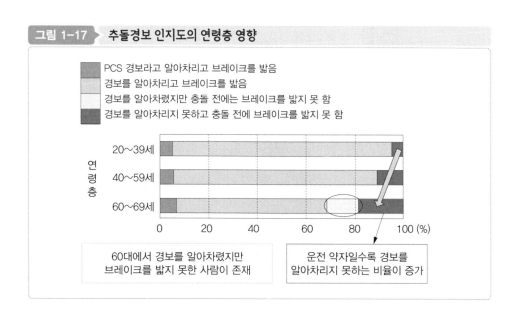

그림 1-17 **추돌경보 인지도의 연령층 영향**

추돌경보라고 알고서 제동한 피험자, 경보를 통해 위험을 인지하고 제동한 피험자, 경보라고 알아차렸지만 제동하지 못한 피험자, 경보를 알아차리지 못하고 제동하지 못한 피험자로 분류해, 나이 그룹으로 비교한 그림을 나타낸 것이다.

경보를 통해 브레이크를 밟은 피험자를 시험 후 설문조사한 결과로는 경보가 추돌 위험을 알리는 경보로 알았던 피험자는 약 5%에 불과하고, 나머지 피험자는 경보를 듣고 나서 반사적으로 전방으로 시선을 돌린 다음 추돌 위험을 인식하고 브레이크를 밟았다고 대답했다.

추돌에 관해서는 PCS 시스템을 이해하지 않아도 경보를 통해 회피조작을 촉구할 수 있는 비율이 높아서, PCS 경보 시스템의 유효싱을 확인할 수 있었다. 하지만 나이가 많아짐에 따라 경보를 알아차리지 못하는 피험자가 증가하는 경향으로, 60대에서는 약 20%의 피험자가 경보를 알아차리지 못해 충돌회피 조작을 하지 못했다. 심지어 60대에서는 약 10%가 경보를 인지하면서도 도피 행동을 취하지 못했다. 따라서 운전 약자에 대해서는 운전능력에 맞춘 경보 이전의 주의 환기나 경보의 사전 경고, 나아가 개입 브레이크를 통한 자동 브레이크 등이 필요할 것으로 보인다.

전방 정지차량 시나리오와 추종차량 감속 시나리오 두 가지 시나리오에서 경

그림 1-18 추돌경보 시 충돌회피 제동행동

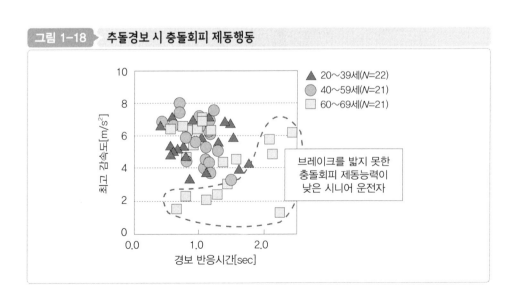

보 후에 제동회피를 취한 경우에 대해서 회피행동을 분석한다.

[그림 1-18]은 경보 반응시간과 최고 감속도와의 관계를 연령층 별로 비교한 것이다. [그림 1-16]을 통해 경보 반응시간과 최고 감속도와의 관련성은 없고, 시니어의 개인 차이는 크지만 시니어 가운데는 빠른 감속도를 내지 못하는 운전자나 경보에 대한 반응이 늦은 운전자가 있다는 사실을 알 수 있다. 즉 사고 상황에 닥쳤을 때, 시니어 운전자 가운데 충분한 사고 회피 행동을 취하지 못하는 운전자가 존재한다는 사실이 시니어 운전자의 사고증가 요인이라고 생각할 수 있다.

(7) DS를 이용한 교차로 좌회전 시 사고분석

DS를 통한 사고상황 재현 시나리오로 시니어 운전자 사고가 비교적 많은 신호 교차로에서의 좌회전 사고를 모의한다. 사고발생 상황은 [그림 1-19]와 같이 실제 신호가 있는 교차로, 편도 2차선 간선도로에서 좌회전하는 상황이다.

그림 1-19 DS를 통한 교차로 좌회전 사고의 실험 시나리오

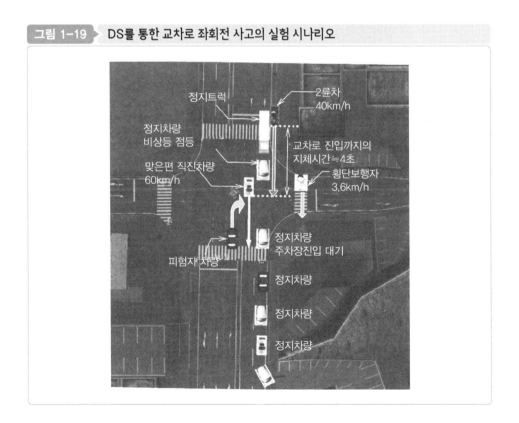

이 상황에서 본인 차량이 교차로로 진입하는 동시에 맞은편 차량이 직진 통과한 뒤, 보행자가 횡단보도를 지나간 다음 좌회전하려는데, 맞은편 주행차선의 정체로 인해 정지해 있는 차량 옆으로 2륜차가 교차로로 진입하는 시나리오인 것이다.

이때 맞은편 차량이 통과한 직후 약 2초 동안, 진입해 들어오는 2륜차를 확인할 수 있는 타이밍이 있다. 이 타이밍에 2륜차를 발견하면 충돌은 쉽게 회피 가능하지만, 발견하지 못하면 충돌 위험성이 높아진다. 이 상황 시나리오를 DS의 사고 재현감을 이해시키려는 목적으로 체험 시승자 300명 이상에게 운전시켜 분석한다.

[그림 1-20]은 피험자 나이를 20~39세, 40~59세, 60세~까지 3그룹으로 나누어 충돌 및 회피 비율을 나타낸 것이다.

모든 연령층에서 회피행동을 취하지 않고 안전하게 좌회전한 피험자는 53%에서 57%로 그다지 큰 차이는 없지만, 60세 이상 운전자가 3.5% 정도 40~59세 운전자보다 안전통과 비율이 높아, 시니어 운전자의 안전운전 행동이 떨어지지는 않은 것으로 보인다.

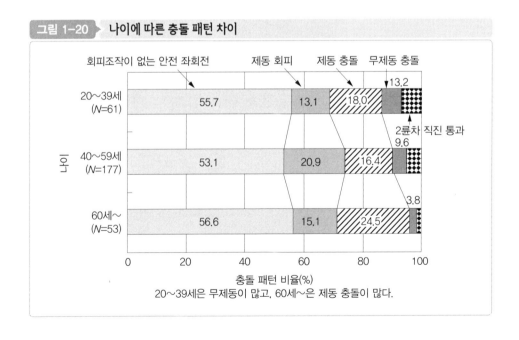

그림 1-20 ▶ 나이에 따른 충돌 패턴 차이

회피조작이 없는 안전 좌회전 · 제동 회피 · 제동 충돌 · 무제동 충돌

나이	안전 좌회전	제동 회피	제동 충돌	무제동 충돌	2륜차 직진 통과
20~39세 (N=61)	55.7	13.1	18.0	13.2	
40~59세 (N=177)	53.1	20.9	16.4		9.6
60세~ (N=53)	56.6	15.1	24.5	3.8	

충돌 패턴 비율(%)
20~39세은 무제동이 많고, 60세~은 제동 충돌이 많다.

20~39세 운전자는 2륜차를 못 보고 직전에서 통과하거나 제동하지 않고 충돌하는 비율이 높았다. 반대로 60세 이상 운전자는 알아차리고 제동까지는 하지만 충돌하는 비율이 24.5%로 40~59세 운전자의 16.5%와 비교해 많은 편이다.

또 제동을 통해 충돌을 회피한 운전자가 40~59세에서 20.9%로 60세 이상 운전자의 15.1%보다 많아, 20~39세와 60세 이상 운전자가 40~59세 보다 제동을 통해 회피한 운전자가 적다는 특징을 볼 수 있다. 즉 60세 이상 운전자는 제동 회피 능력이 떨어질 가능성이 있다.

[그림 1-21]은 액셀러레이터 오프에서 충돌까지의 시간과 제동 중의 최대 감속도, 제동시작부터 충돌까지 감속한 속도의 평균값을 연령별로 나타낸 것이다.

그림에서 60세 이상인 운전자는 위험을 느끼고 액셀러레이터에서 발을 뗀 이후 충돌할 때까지의 여유시간이 0.2초 정도 짧고, 반응 속도가 늦어 충분한 감속이 이루어지지 않는다.

나이가 20~39세인 운전자는 최대감속도가 작고, 강한 브레이크를 밟지 않아 감속량이 적기 때문에 제동충돌이 많다. 이런 사실로부터 20~39세 운전자는 교

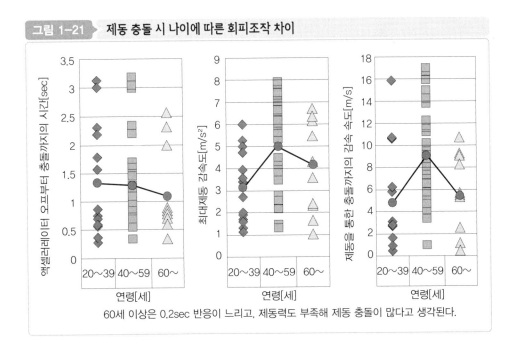

그림 1-21 **제동 충돌 시 나이에 따른 회피조작 차이**

60세 이상은 0.2sec 반응이 느리고, 제동력도 부족해 제동 충돌이 많다고 생각된다.

차로에서의 위험을 예지하지 못하고, 60세 이상 운전자는 위험을 예상하지만 반응이 늦고 브레이크도 강하게 밟지 않아 충돌이 일어나는 것으로 생각된다.

따라서 시니어 운전자는 좌회전 직진 사고 현장에서 교차로 진입 시에 마주오는 2륜차를 알아차리지 못하고 좌회전을 시작하면, 인지 신체능력의 쇠퇴로 생각되는 요인 때문에 제동회피 조작이 충분하지 않아서 사고율이 높아지는 것으로 생각된다. 그러므로 이런 상황에 처하지 않도록 좌회전 직진 분리신호가 있는 교차로를 선택해 주행하도록 하는 예방 운전이 필요하다.

(8) DS를 통한 일시정지 교차로의 운전행동 분석

사고현장 같은 위험한 상황이 아닌 일반 도로에서도 주행환경은 제각각이라, 일시정지 교차로 같이 정해진 장면에서의 운전자 운전행동 분석은 어려운 편이다. 따라서 전망이 나쁜 일시정지 교차로의 교통 환경을 DS로 모의함으로써 같은 환경에서 시니어 운전자의 운전행동을 계측·분석한다.

하지만 DS로 통상의 운전 행동을 계측하려면 운전자에게 DS로 하는 것을 가능한 한 느끼지 않도록 하는, 고성능 DS가 필요하다. 그래서 앞서의 대규모 DS를 이용해 자전거를 포함한 교차 차량이 있는 일시정지 교차로를 모의해 교차로 전망 거리와 교차로 통과 시의 좌우 확인 행동을 시간순과 거리순으로 평가함으로써, 60세 이상의 시니어 운전자와 60세 미만 운전자의 일시정지 교차로 통과 행동을 비교해 보았다.

[그림 1-22]는 전망이 나쁜 교차로에서 자기 차량이 교차로에 진입할 때의 전망 거리와 교차 차량과의 충돌 여유 시간을 산출한 사례이다. 피험자가 좌우 교차차량 영향을 받지 않는 상황에서 서행하면서 좌우를 확인했을 때의 최종 확인 시점 전망 거리부터 교차 차량이 60km/h로 교차하는 경우의 자기 차량과 교차 차량의 충돌 여유 시간을 구했을 때, 자기 차량의 교차로 통과 직전에 교차했을 경우(여유 시간이 마이너스)는 충돌 위험이 높은 것으로 생각된다.

[그림 1-23]은 좌측에서의 교차 차량에 대한 충돌여유 시간의 빈도를 나타낸

그림 1-22 일시정지 교차로의 전망 거리와 충돌여유 시간

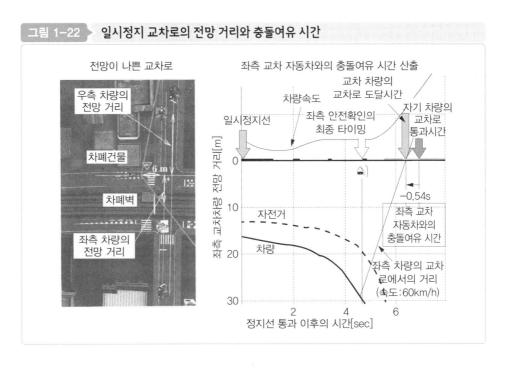

그림 1-23 좌측 교차차량에 대한 충돌 여유 시간

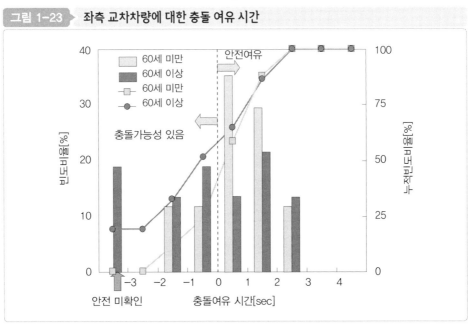

것이다. 좌측에 미처 안전을 확인하지 못했을 경우 60세 이상 운전자는 충돌 여유 시간이 마이너스인 60세 미만 운전자보다 많다. 이상과 같이 60세 이상 운전자는 앞서 사고 상황에서의 회피 능력이 떨어지는데도 불구하고, 일시정지 교차로에서의 좌우 미확인이나 부적절한 확인 타이밍으로 인해 사고 상황에 이를 가능성이 높다는 사실이 DS실험을 통해 분명해졌다.

4.7 운전적성·검사

세계최초의 자동차로 알려진 차체 앞부분에 증기기관을 배치한 삼륜차 「퀴뇨포차」는 1770년 2호차 시범 주행에서 운전자의 핸들 조작이 쫓아가지 못해 벽에 충돌하면서 세계 최초 자동차 사고를 일으킨다. 이처럼 원래 자동차는 고속으로 이동하는 중량물이라 안전하게 운전하려면 그런 기계적 구조나 운전조작에 관한 지식이나 기능을 습득하고 또 그것을 제3자가 확인, 허가하는 구조가 필요하다.

세계 최초 운전면허는 1888년 8월 1일에 칼 벤츠(Karl Benz)에게 주어졌다. 이것은 벤츠가 자동차를 일반도로에서 운전할 때 소음과 악취로 인한 주민들의 항의에 대응하기 위해서 지방정부 당국에 신청해 발행된 것이다.

1889년에는 프랑스의 자동차 선구자 가운데 한 명인 레옹 세르포레(Leon Serpollet)가 전년도에 만든 삼륜 증기자동차의 운전허가를 얻는다. 1898년에는 이 면허를 우제스 공작부인인 앙 드 모호뜨마흐(Anne de Mortmart)가 획득해 최초의 여성 자동차 운전면허 소지가가 된다.

자동차가 만들어지고 얼마 되지 않은 이 무렵에 유럽 각지의 당국은 자동차를 운전할 때 그 장소에 한정해서 이런 운전면허를 발행했다.

1898년에는 파리 자동차회사가 전기자동차 택시(피아클) 운전사를 위해 학교를 연다(그림 1-24). 국가차원의 운전능력을 증명하는 의무적 면허는 1899년 프랑스 도로교통법 제11조부터 14조에서 제정한 것이 최초로서, 운전조작이

그림 1-24 **파리 자동차회사가 오픈한 택시 운전사를 위한 자동차 학교. 장애물 회피 훈련 모습**

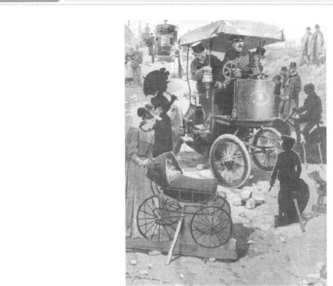

가능하고 안전을 확인할 능력이 있으며, 법규를 이해하는 동시에 자동차 기구에 대한 지식을 갖출 것이라고 규정했다.

영국에서는 1903년에 자동차법이 만들어진 다음 1904년 1월 1일에 시행되면서 면허가 필요해졌다. 당시 독일제국이던 프로이센에서는 1903년에 운전면허가 도입되었다. 당초에는 증기보일러 감독협회(TÜV)가 시험을 담당했다. TÜV는 기존에 산업 및 교통 분야의 증기 보일러 시스템 안전성을 보증하다가 1900년 이후에는 자동차 검사도 담당했다.

그 후 운전자에 대한 훈련수요가 필요했기 때문에, 1904년 11월에 루돌프 켐페(Rudolf Kempe)에 의해 아샤펜부르크에 최초의 자동차학교가 개설되었다. 운전교육 과정은 10주 동안에 총 350시간으로, 커리큘럼에는 물리학과 전기공학, 도로공학 등 공학에 관한 지식습득 위주인 만큼 운전실습은 불과 8시간밖에 포함되지 않았다.

자동차를 잘못 사용해서 타인에게 피해를 주지 않도록 자동차 구조와 유지에 필요한 지식을 갖추고, 도로운행을 할 때는 지켜야 할 규칙이나 표지 등의 의미를 이해한 상태에서 자동차 운전조작을 적절히 하는 기능을 갖춰야 한다.

이런 것들을 충족한 상태에서 적성을 갖춰야 하는 것이 자동차 운전면허의 요건이다. 그 사람의 성격이나 기질, 능력이 그 목적이나 요구에 맞는지, 그것을 판단하기 위한 수단을 적성검사라고 한다. 자동차 구조나 법규에 관한 지식에 대해서는 시험 점수로 평가하기 쉽지만, 인간의 내면적 「적성」이나 신체적 「기능」평가는 쉽지 않다.

어떤 자격을 딸 때나 전문적 과정을 밟을 때 적성검사가 이루어지는 경우가 있다. 일반적으로 적성검사는 ① 신체·감각기능(의학적성) 검사와 ② 정신면(심리적성) 검사로 구성된다. ①의 의학적성에서는 신체상, 긴강상 이유로 직무수행이 곤란한 사람을 배제하기 위한 검사로, 체격·체력검사나 감각생리 검사가 이용된다. 한편 ②의 심리적성에서는 생산효율 향상이나 효과적으로 과제를 수행하는 능력이 검사되며, 검사지능이나 정신운동능력 검사(psychomotor ability), 인격검사가 이용된다.

자동차 운전적성은 「사고를 일으키지 않는 것」이 가장 중요한데, 그런 점에서는 「운전적성=안전 적정(適正)」이다. 지금까지의 접근방법은 사고로 이어지는 조작 등의 특징이나 불안전한 마음 등 「운전 부적정」을 주로 취급해 왔다.

사고발생 메커니즘에서 보면 「사고」 = 「불안전 행동」 + 「바람직하지 않은 환경」에 의해 이루어지는 현상으로, 어떤 환경에서 불안전한 운전행동을 취하면서 사고로 이어지는 것이라 생각할 수 있다. 전망이 나쁘다거나 상황판단을 하기 어려운 「사고가 유발되기 쉬운 환경」은 설계를 바꿈으로써 사고비율을 낮출 수 있다. 마찬가지로 운전기술 습득·향상과 안전운전에 관한 의학적성 및 심리적성의 확인, 형성, 발전, 교정을 통해 「불안전 행동」을 취하지 않도록 교육시킴으로써 사고를 억제하는 것이 필요하다.

〈적성검사 (1·2종) 면허 갱신 주기〉

① 주기 : 10년

② 기간 : 10년 되는 날이 속한 해의 1.1~12.31

* 65세 이상 : 5년마다 갱신

* 75세 이상 : 3년마다 갱신

* 70세 이상 2종 면허자도 적성 검사 의무

〈운전면허 결격 사유〉

① 치매, 조현병(정신분열증), 분열형 정동장애, 양극성 정동장애, 재발성 우울장애 등의 정신질환 또는 정신 발육지연, 간질 등으로 인하여 해당 분야 전문의가 정상적인 운전을 할 수 없다고 인정하는 사람

② 다리·머리·척추나 그 밖의 신체 장애로 인하여 앉아 있을 수 없는 신체 장애인

③ 마약·대마·향정신성의약품 또는 알코올 관련 장애 등으로 인하여 해당 분야 전문의가 정상적인 운전을 할 수 없다고 인정하는 사람을 말한다.

註 운전적성검사는 도로교통공단 안전운전 통합민원 「www. safedriving.or.kr」 참조

5.　모빌리티의 인터랙션

5.1 개요

캠브리지 사전에 따르면 인터랙션(interaction)의 의미를 「두 명 이상의 사람이나 두 개 이상의 사물이 서로 통신하거나 반응하는 기회」라고 정의한다. 간단히 줄여서 「상호작용」이라고 표현하는 경우가 많다.

교통 환경에 있어서도 다양한 인터랙션이 존재한다. 예를 들면

① 차(운전자)-다른 교통 참가자(다른 운전자, 보행자 등)

② 운전자 자신이 운전하는 차-운전자

③ 교통 인프라(표지, 신호 등)-차(운전자)

등이다. 교통 규칙이라고 하는 제약 속에서 이런 상호작용을 통해 비로소 교통이 성립된다고 해도 과언이 아니다. 여기서는 모빌리티의 인터랙션에 대해

① 기존 교통사회의 인터랙션과 인터랙션을 성립시키기 위한 의사소통 수단(인터페이스)

② 자율주행 시대의 인터랙션과 인터랙션을 성립시키기 위한 의사소통 수단(인터페이스)

이라고 하는 두 가지 측면에서 살펴보겠다.

(1) 기존 교통사회의 인터랙션과 인터랙션을 성립시키기 위한 의사소통 수단(인터페이스)

1) 차(운전자)-다른 교통참가자의 인터랙션

자동차 운전자와 다른 차를 운전하는 운전자나 보행자 등과 같이, 자기 차량 이외에 존재하는 교통참가자 간에 신체 또는 장치를 이용한 정보 전달은 많이 이루어지고 있다. 이것을 카 보디 랭기지(Car Body Language, CBL)라고 한다.

〈표 1-4〉는 기존 교통사회에서 이용되는 비공식 정보전달 수단과 그 수단을 이용해 전달하려는 의도를 정리한 것이다. 깜빡이나 브레이크 램프 등도 다른 교통 참가자에 대한 공식 정보전달 수단이지만, 여기서는 제외하기로 하겠다.

◯ 표 1-4 주요 정보전달 수단과 그 수단을 이용한 전달 의도

정보전달수단	구체적 수단		전달 의도
신체를 이용한 정보전달	음성		양보 의사표시「먼저 가세요」
	몸짓·손짓(손이나 머리를 사용)		요청 의사표시「앞으로 들어갈께요」,「먼저 갈께요」
장치를 이용한 정보전달	헤드램프	점멸(주차)	감사 의사표시「감사합니다」
		소등	자차의 정보전달「전방에 정체 발생」
	경적		「라이트 소등 잊음」
	비상등 점등		경고 의사표시「위험해요」

① 신체를 이용한 정보전달

정보전달 수단은 신체를 이용하는 경우와 차량에 설치된 장치를 이용하는 경우 2가지이다. 가장 기본적인 정보전달 수단은 운전자 자신의 신체이다.

음성을 이용해 의도를 전달하는 행위는 일상생활에서도 가장 자연스럽지만, 자동차를 운전하는 경우에는 다른 운전자의 음성이 보행자에게 들리지 않아 모르는 경우가 많다. 예를 들면 보행자가 도로로 뛰어들어 급브레이크를 밟으면서 창문을 내리고 불만을 토로하는 광경도 볼 수 있는데, 이것은 서로 주고받는 인터랙션이 아니라 일방적인 주의라고 할 수 있다.

음성을 이용하지 않고 몸짓·손짓을 이용한 인터랙션을 비언어 의사소통(nonverbal communication)이라고 하는데, 교통사회뿐만 아니라 일상생활 속에서도 의식적·무의식적으로 존재한다. 좁은 도로에서 좌회전을 기다리는 맞은편 차량에 손을 좌측에서 우측으로 흔드는 동작으로 「먼저 가라」는 사인을 보낸다거나, 양보 받은 맞은편 차량의 운전자가 고마움을 표시하는 장면이 대표적 사례이다.

몸짓·손짓은 직감적으로 쉽게 알지만, 국가나 지역이 다르면 같은 동작이라도 전혀 다른 의미가 되는 경우가 있으므로 주의해야 한다.

또 야간이나 쌍방의 거리가 떨어져 있는 경우에는 운전자의 동작이 보이지 않는 경우도 있으므로, 몸짓·손짓으로 이쪽의 의사를 전달했을 때는 상대방에게 그 의사가 전달되었는지 확인하기 위해서 상대의 반응을 확인할 필요가 있다.

② 장치를 이용한 정보전달

자동차에 설치되어 있는 장치를 이용해 거리가 떨어져 있을 때나 야간에도 정보를 전달할 수 있다. 예를 들면 야간에 교차로에서 좌회전을 기다리는 맞은편 차량에 「내가 멈출테니까 먼저 좌회전하시오」라는 의도를 전달하기 위해서 전조등을 깜빡인다거나(passing), 경적을 가볍게 울리는(klaxon) 경우가 있다. 하지만 패싱이나 클랙슨은 상대의 위험한 행동에 대해 주의나 경고를 보낼 때도 이용된다.

따라서 운전자A가 양보한다는 의미로 패싱한다거나 경적을 울리는 경우라 하더라도 다른 쪽 운전자B가 「주의를 보내네」하고 생각하거나, 심지어는 「위협받았다」고 오해하는 상황도 생길 수 있다.

원래는 길을 양보하려는 선의의 행동이었지만, 안이하게 패싱이나 클랙슨을 사용함으로써 적의로 둔갑하는 오해를 받을 수 있는 것이다.

또 옆 도로에서 간선도로로 합류할 때 양보 받은 예의로 합류완료 후에 비상등을 몇 번 점멸해 감사의 뜻을 전달하는 『땡큐 해저드』를 하는 운전자가 적지 않다. 하지만 도로교통법 상 비상등 점멸은 비상시 정차하는 경우나 노선버스 또는 스쿨버스의 승객 승하차를 위해서 정차하는 경우 등에만 사용한다고 규정되어 있다. 즉 감사의 뜻을 표시하는데 사용해서는 안 된다는 규정은 없지만, 원래 사용방법과 헷갈리는 상황에서 사용하는 일은 주의할 필요가 있다.

운전자 가운데는 비상시에만 사용해야 된다고 생각하는 사람도 있지만, 반면에 땡큐 해저드를 사용하는 것이 당연하다고 생각하는 사람도 있다. 때로는 자신이 운전하는 차 앞으로 들어온 차량이 비상등을 점멸하지 않았을 경우, 「양보해 줬는데 '땡큐 해저드' 표시도 없네!」하면서 화가 나 그때부터 보복 운전으로 발전하는 경우도 있다. 땡큐 해저드는 유럽의 트럭 운전사들이 차선을 양보 받았을 때 표현하던 방식이 시작이라는 설도 있어서, 국내에서도 장거리 트럭 운전사들이 사용하기 시작했다고 한다.

2) 운전자와 차량간의 소통

카 내비게이션 시스템뿐만 아니라 ACC나 LKAS(Lane Keep Assist System) 등의 운전지원 시스템이 보급되면서 내비게이션 디스플레이나 센터 미터 디스플레이, HUD(Head Up Display) 등의 시각정보표시 장치를 매개로 다양한 정보가 운전자에게 전달된다.

예를 들면 ACC와 LKAS가 장착된 차는 일례로, [그림1-25] 같은 내용이 센터 미터 디스플레이에 표시되기도 한다. 그림(a)는 선행 차량이 없는 상태에서

100km/h 목표속도에서 ACC가 작동하고 있는 상태, 그림(b)는 센서에 의해 선행차량을 감지한 상태에서 뒤쫓아 가는 경우, 그림(c)는 선행차량을 감지한 상태에서 뒤쫓아 가면서 차선까지 감지하고는 차선을 유지하는 상태를 나타내고 있다.

언뜻 보면 직감적으로 쉽게 알 수 있는 표시처럼 보이지만, 매뉴얼 설명을 읽지 않고 핸들 위에 있는 스위치를 적당히 눌러서 ACC나 LKAS가 작동하는 경우에 이 표시들의 의미를 이해할 수 있을까?

각종 운전지원 시스템에 관한 아이콘 일부는 ISO로 정해져 있다. 예를 들면 [그림 1-25]의 각 그림들 좌측 위에 있는 표시는 ISO2575에서 규정된 ACC 작동 중이라는 심볼이다. 그러나 모든 아이콘이 규정되어 있는 것은 아니고, 예를 들면 ACC의 차간거리 설정이나 백색 차선 감지상태를 나타내는 아이콘은 ISO에서는 규정되어 있지 않아서 차량마다 비슷하지만 또 서로 다른 것이 현재 상태이다.

앞으로 ① 아이콘의 통일, ② 직감적으로 이해하기 쉬운 표시 등 운전자 친화적인 설계가 될 것으로 기대된다.

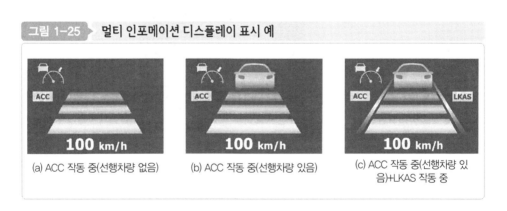

그림 1-25 　멀티 인포메이션 디스플레이 표시 예

(a) ACC 작동 중(선행차량 없음)　(b) ACC 작동 중(선행차량 있음)　(c) ACC 작동 중(선행차량 있음)+LKAS 작동 중

시각정보 표시를 알기 쉽게 할 뿐만 아니라 운전자가 조작하는 스위치 배치와 심볼 설계도 중요하다. 예를 들면 [그림 1-26]은 실재하는 차의 핸들 위의 상하에 설치된 ACC의 차간거리 설정버튼을 본 딴 것이다. 현재의 차간거리 설정보다 줄어들었다. 즉 차간거리를 좁히고 싶은 운전자가 봤을 경우, A와 B 어느 쪽 버튼을 눌러야 되는지 헷갈릴 수 있다. 정답은 버튼B이다.

　반대로 차간거리를 벌리고 싶은 경우에는 버튼A를 눌러서 조정하게 된다. 이 설계 의도는 버튼A : 선행차량 뒤쪽 끝이 위(안쪽)로 이동한다 = 차간거리가 벌어진다, 버튼B : 선행차량 뒤쪽 끝이 아래(앞쪽)으로 이동한다 = 차간거리가 좁혀진다로 해석할 수 있다. 즉 자기 차량이 하단에 고정되어 있다고 가정한 그림이다. 하지만 버튼A를 보고▲=막대 수가 줄어든다 = 차간거리가 좁혀진다, 버튼B를 보고▼=막대 수가 많아진다 = 차간거리가 넓어진다고 해석하는 사람도 있다.

　이 경우에 가장 아랫부분의 막대 하단이 자기 차량 위치를 나타내 버튼을 누르면 자차 위치가 선행차량에 접근하거나 멀어지거나 하는 것을 의미한다.

그림 1-26 ACC의 차간거리 설정 버튼 예

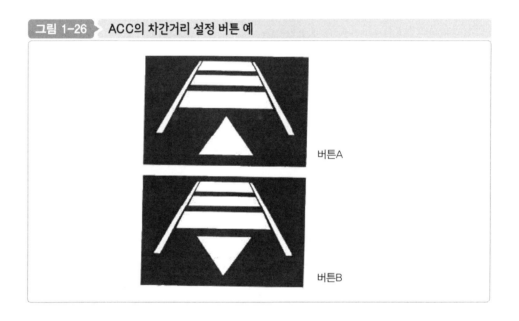

버튼A

버튼B

　각 메이커 설계자마다 개념이 있다는 것은 이해할 수 있지만, 운전자의 직감에 맞는 표시·배치로 하지 않으면 운전자와 차(시스템) 사이의 소통이 원활하게 이루어지지 않아, 결과적으로 의도와는 다르게 움직이는 상황이 일어날 수 있다.

　또 복수의 차를 수시로 바꿔 타는 경우에는 혼란을 일으킬 것이다. 즉 운전자와 차의 소통을 더 좋게 하려면, 시스템 상태를 운전자에게 알기 쉽게 전달하는 시각 정보나 청각 정보를 설계할 뿐만 아니라 운전자가 조작하는 스위치 레이아웃이나 스위치를 눌렀을 때의 동작을 직감적으로 이해할 수 있도록 할 필요가 있다.

매뉴얼을 읽지 않으면 이해하지 못하는 아이콘이나 스위치는 자동차 운전에서 몇 백 mm초의 지체가 생사를 결정짓는 매우 중요한 사실임은 두 말할 필요도 없다.

(2) 자율 주행 시대에 원활한 소통을 위한 접속 수단

운전자가 다른 교통 참가자와의 소통에서 몸짓·손짓이나 장치를 사용한다는 사실은 앞서 언급했다. 앞으로 자율주행 자동차가 늘어나게 되면 지금까지의 수동 운전 차에만 있었던 새로운 소통 문제가 생길 수 있다.

1) 레벨3 이하 자율주행 자동차의 인터랙션

레벨2 자율주행 자동차는 어디까지나 『부분 운전 자율화(partial automation)』에 지나지 않아 운전자가 운전환경이나 시스템 작동상황을 항상 감시하면서 상황에 맞춰 적절하게 조작할 필요가 있다.

레벨3 자율주행은 『조건부 운전 자율화(conditional automation)』로서, 시스템이 정상적으로 작동할 때는 감시 의무가 없지만, 운행설계 영역(ODD, Operational Design Domain)을 벗어나는 경우 등에는 조작 권한을 시스템에서 운전자에게 넘어가는 조작개입 요구(RTI, Request To Intervene)가 작동해 일정시간 내에 운전자가 적절히 대응할 필요가 있다.

그러나 자율주행 자동차에 탑재된 센서나 제어 알고리즘 등이 고성능화됨에 따라 ODD가 확대되면서 운전자의 조작개입 빈도가 줄어들면

- 운전자가 시스템을 과도하게 신뢰하면서 시스템 기능 결함 시 대응력이 떨어진다.
- 장시간 감시 태스크로 인해 심리적 부담이 증가한다. 또는 각성도가 떨어진다.
- 운전 기회가 감소함에 따라 운전 기능이 떨어진다.

등의 문제가 생길 수 있다. 시스템에 대한 상당한 신뢰가필요한 감시조작을 소홀히 하거나 각성도가 떨어지는 것을 감지하기 위해서 근래 활발히 연구개발 중인 것이 운전자 모니터링(DMS, Driver Monitoring System)이다. 일반적으로는 차 안에 설치된 카메라나 생체 신호를 계측하는 센서(심박수나 맥파를 측정)를 이용해 운전자의 각성 상태가 낮다고 감지하면 시각정보나 청각 정보를 내보내 경고한다거나, 휴식을 촉구하는 식으로 구성되어 있다.

자율화 시스템에서 「운전자한테로 조작 권한이 넘어갈 때 얼마의 여유시간이 있어야 할까?」라는 질문에 대해 많은 연구가 이루어지고 있으나, 몇 초 이내라면 확실히 안전하다고 단언하기는 어렵다.

또 여유 시간과는 다른 관점에서, 핸들에 제시되는 조향 토크를 매개로 자율화 시스템과 운전자가 소통을 취하는 촉각공유 제어(Haptic Shared Control)를 이용함으로써 원활하고 안전하게 권한이 넘어가는 연구 등도 이루어지고 있다.

2) 레벨4 이상 자율주행 차량의 유저(운전자)가 운전(승차)하는 「차량과 운전자(유저)」의 소통

레벨4 이상 자율 주행 자동차에 탑승하는 사람은 이제 승객에 지나지 않을 뿐 차량을 조작하지 못한다. 즉 시스템과 승객의 HMI에는 안전에 관련된 문제가 거의 없다고 할 수 있지만, 현실적으로는 비상시 대응이 필요하기 때문에 게임에서 이용되는 컨트롤러로 조작하거나 원격 조작을 통해 안전하게 정지시키는 시스템 등이 자율주행 자동차에 탑재될 것으로 보인다.

이어서 레벨4 이상인 차량과 보행자나 수동 운전 자동차 운전자와의 소통에 대해 생각해 보겠다. 실제 교통 환경에서는 교통법규 준수가 가장 중요하지만 「교통 흐름을 타는」 것도 요구된다. 하지만 자율주행 자동차는 교통법규를 지키면서 안전하게 움직이도록 설계된다. 그 결과 자율주행 자동차의 행동이 실제 인간과 달라지면서, 수동운전 차량 운전자가 자율주행 차량의 행동을 잘못 예측한 나머지 자율주행 차 후방에 추돌하는 사고가 생길 우려가 있다.

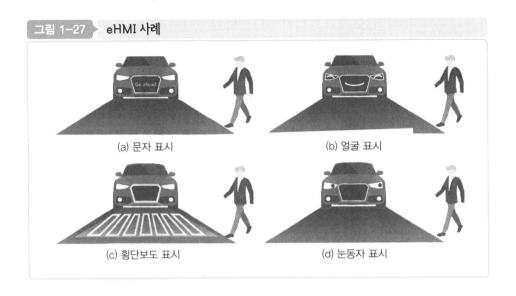

그림 1-27 eHMI 사례

(a) 문자 표시

(b) 얼굴 표시

(c) 횡단보도 표시

(d) 눈동자 표시

또 보행자나 다른 수동운전 차량 운전자는 자율주행 차 즉, 기계에 대해 공격적인 행동을 보이기 쉬울 수 있다고 말한다. 기존에 인간끼리의 소통에서는 서로 양보하기도 했지만, 상대가 자율주행 차량이란 것을 알았을 경우에는 「자율주행 차량은 안전성을 중시하는 행동을 취할 것」, 「무엇을 해도 반박하지 않을 것」이라 생각하고 과격한 행동을 보일 수 있다는 것이다.

자율주행 차량과 보행자나 다른 교통 참가자와의 소통을 가능하게 하려면 전용 접속(Interface)이 필요하다. 자율주행 차량 외부에 설치하는 이 접속을 eHMI(external Human-Machine Interface)라고 한다. 다양한 종류의 접속 제안과 함께, VR이나 실제 차량을 이용해 보행자와의 소통을 조사하는 연구도 활발하다. eHMI 사례로는 다음과 같은 것들이 있다.

- 차량 전방에 문자를 표시할 수 있는 패널을 설치해 「먼저 가세요(Go ahead)」, 「좌회전(Tuning left)」 등, 자율주행 차의 다음 행동을 외부에 알린다(그림 1-27).

- 전방 헤드램프와 앞면 그릴 안에 LED를 배치해 얼굴로 보이는 표시를 이용해 「먼저 가세요」같은 의미의 웃는 얼굴을 표현한다(그림 (b)).

- 차량에서 도로 위로 횡단보도 화상을 띄움으로써 보행자에게 횡단을 안내

한다. 또 문이 열리거나 차량이 출발·후진하는 것을 노면투영을 통해 외부에 알린다(그림 (c)).

● 차량 전방에 물리적 또는 눈동자 비슷한 것을 표시해, 자율주행 차량이 인식한 보행자 방향으로 눈동자를 움직임으로써 시선을 맞춘다(그림 (d)).

자율주행 차량이 자신의 행동 의도를 문자나 심볼 등으로 전달하는 일은 다른 교통참가자로 하여금 즉각 정보를 이해시킬 수 있는 방법이라고 할 수 있다. 그러나 「그 언어를 이해할 수 있는 사람」이라는 조건이 붙는다는 사실에 주의해야 한다. 따라서 직감적으로 이해할 수 있는 시각정보나 지금까지의 교통사회에서 많이 사용되어 오던 습관을 잘 반영한 eHMI를 개발할 필요가 있는 것이다.

자율주행 차량과 보행자의 소통을 안전하게 조사하기 위해서 오즈의 마법사 방법(Wizard-of-Oz method)이라고 하는 방법을 사용하는 경우가 있다. 이것은 운전석을 개조해 실제로는 운전자가 안전을 확인해 가며 운전하지만, 외부에서는 무인으로 보이도록 하는 유사 자율주행 차량(그림 1-28)을 이용하는 방법이다.

그림 1-28 오즈의 마법사 방법을 이용한 유사 자율주행 실험차량

5.2 사람과 시스템과의 소통

차가 가진 기능 및 서비스가 개발됨에 따라, 차량 기기가 운전자에게 정보를 제공하고 운전자의 조작입력을 받아들이기 위한 HMI 또한 다양한 형태로 개발되어 사용되고 있다. 정보제공 기술은 표시방법이 다양화되고 있다.

종래의 램프 점등이나 아이콘 표시에서 3D표시나 확장현실(AR, Augmented Reality)을 이용해 현장감과 몰입감을 높이는 표시방법도 개발되어 HUD를 통한 내비게이션 정보나 맞은편 차량·보행자의 감지경보 정보 등에 이용되기 시작했다.

조작 입력에서도 종래의 버튼이나 스위치 외에, 스마트폰 같은 터치 패널을 통해 더 직감적인 조작방법을 채택하고 있다.

더 나아가 운전자의 움직임이나 자세 등을 감지하는 제스처 입력이나 음성인식 기술을 이용한 음성입력 등, 비접촉의 직감적 조작방법도 개발·이용되고 있다.

이 절에서는 운전자와 자동차의 HMI를 매개로 한 소통에서, 사람의 특성을 파악하기 위한 인지나 행동 변모에 관한 모델 및 이론 그리고 사람의 특성을 감안한 행동변모를 촉진하는 HMI 시도에 대해 살펴보겠다.

또 단순한 정보제시나 조작입력이 아니라, 대화처리나 정보추천·운전지원 등에 이용하는 자율적 동작 프로그램인 에이전트(agent) 및 로봇을 이용한 HMI에 대해서도 살펴보겠다.

(1) 사람의 특성과 행동 변모

사람이 자동차의 작용에 대해 어떻게 반응할지 또 어떻게 작용해야 하는지를 검토한 상태에서 사람의 내부 인지적 처리를 고려할 필요가 있다. 존 앤더슨(John Anderson)팀은 사람의 인지활동·기능을 모델화해 인지 아키텍처ACT-R를 제안했다. 이것은 사람의 뇌 안(인지기능) 처리를 시뮬레이션하기 위한 모델로서, 사람의 정신을 성립시키는 기본적 인지와 지각 조작이 컴퓨터 내부처리와 유사한 모델에 의해 정의된다.

ACT-R은 크게 지각운동 모듈과 기억 모듈 2가지로 구성되어 있다. 지각운동 모듈은 손(手)과 눈(目), 발(足), 귀(耳), 입(口) 등의 실제 세계와 사람을 잇는, 소위 말하는 접속(Interface)이다.

예를 들면 키를 입력하거나 호출음을 듣는 등의 정보출력과 입력 활동을 대리하는 경우에 사용된다. 기억 모듈에는 선언적 기억(declarative memory)과 절차 기억(procedural memory) 2종류가 존재한다.

선언적 기억은 학습을 통해 습득된 지식이나 사실에 관한 정보로서, 예를 들면 "한국의 수도는 서울"같은 정보가 여기에 해당한다. 한편 절차 기억은 이름 그대로 어떤 처리나 행동 방법에 따른 기억이다. "전화 거는 방법", "운전방법" 등이 여기에 해당한다.

사람이 어떤 행동을 하는 경우, 해당하는 절차 기억이 로딩되고 그 절차에 따라 선언적 기억의 호출이나 지각운동 모듈이 사용되면서 행위가 실행된다.

사람은 절차 기억을 처리하는 프로세서가 하나밖에 없기 때문에, 복수의 태스크가 있는 경우는 내부에서 절차 기억이나 선언적 기억을 전환하면서 실행한다. 그러므로 복수의 태스크를 동시에 수행하는 멀티태스크(multi-tasking)를 하는 것처럼 보여도 실제로는 인지적 병목(cognitive bottleneck)현상으로 인한 처리대기 상태가 발생해, 메인 태스크나 서브 태스크에 인지적 병목현상의 영향이 나타나면서 퍼포먼스가 떨어지는 것으로 여겨진다.

[그림 1-29]는 그에 대한 사례를 나타낸 것이다. 어느 태스크(태스크A)를 할 때 다른 태스크(태스크B)가 끼어들었을 경우, 먼저 태스크A에 관한 기억과 절차 기억을 워킹 메모리에서 물러나게 한다. 그 다음 태스크B 실행에 필요한 기억과 절차기억을 새롭게 워킹 메모리로 불러낸다.

태스크B 실행 중에 태스크A의 중단상황이 망각되지 않도록 태스크A의 기억을 일시적으로 재기억(rehearse)한다. 태스크B 실행 후, 재차 태스크A 기억을 다시 불러온다.

그림 1-29 태스크 전환 때의 인지활동 예

또 기억의 대피나 불러오기에는 인지적 병목(cognitive bottleneck)현상이 발생하는데, 이 병목현상이 사람의 퍼포먼스 저하를 일으켜 피로와 스트레스의 원인이 되는 것으로 알려져 있다.

닐스 타트겐(Niels Taatgen)팀은 운전 중의 서브 태스크 수행(예를 들면 내비게이션 조작)이 운전에 끼치는 영향을 ACT-R에 기초해 실험적으로 검증함으로써, 인지적 부하의 발생으로 인해 운전 퍼포먼스가 떨어지는 것을 확인했다.

운전 중인 운전자는 자동차 운전이라고 하는 인지적 부하가 높을 뿐만 아니라 위험성이 높은 태스크를 수행한다. 운전자에 대한 정보제공이나 정보입력 등의 태스크는 그 메인 태스크 속으로 끼어드는 것으로 간주할 수 있으므로 인터페이스를 설계할 때는 운전자에 대한 인지적 영향도 검토할 필요가 있다.

사람의 행동변모를 촉진하는 방법 가운데 하나로, 행동경제학에서 이용되는 이론 중에 리처드 세일러(Richard Thaler)가 주장하는 넛지(nudge)이론이라는 것이 있다. 넛지의 원래 의미는 팔꿈치로 가볍게 툭 친다는 뜻으로, 넛지이론은 행동을 강제하거나 금전적 인센티브에 의존하지 않고 사람이 처한 상황이나 문맥을 조작함으로써 계기를 부여해 사람의 바람직한 행동을 유발할 수 있다는 전략이다.

넛지이론의 바탕인 행동경제학(behavioral economics)은 인간이 반드시 합리적 판단에 따라 행동하지 않는다는 점에 착안해 종래의 경제학에서는 밝혀내지 못했던 현상이나 경제 행동을, 인간 행동을 관찰함으로써 설명하려는 새로운 경제학이다.

넛지이론의 유명한 성공사례 가운데 하나로, 소변기에 그려진 파리가 있다. 암스테르담의 스키폴공항은 남자화장실의 청소비를 줄이기 위해서 소변기 안쪽에 한 마리 파리를 그려 넣었다. 이것은 「사람은 표적이 있으면 그곳을 조준한다」는 분석을 이용해, 표적이 되는 파리 그림을 그려 넣음으로써 소변기를 정확하게 이용하도록 했다. 그 결과 화장실 청소비를 80%나 줄였다고 한다.

이밖에도 슈퍼마켓이나 편의점 상품 진열방법 등, 사람의 행동분석에 기초한 다양한 대책에 이용된다. 근래 청소기 등 가정용 로봇이 실제로 판매되면서 일반 가정에서도 로봇과 공생하는 기회가 늘어나고 있다. 청소기 로봇은 물건이 바닥에 있거나 단차가 있을 경우에는 이동을 방해받기 때문에 청소 기능을 발휘하지 못할 때가 있다. 사람은 청소기 로봇이 물건과 부딪쳐 청소하지 못하는 상황을 보면 이것을 「청소기로봇이 제대로 일을 못한다」고 파악해, 청소하기 쉽도록 가구 위치를 바꾼다거나 바닥에 있는 물건을 사전에 정리하는 등의 행동을 취하는 경향이 있다.

이런 사람의 특성을 로봇 등과 같은 인공물 디자인에 이용한 사례 가운데 하나로, 「약한 로봇」을 콘셉트로 한 연구개발이 있다. 약한 로봇은 「약간의 연약함과 불안함을 갖게 해 그것을 사람에게 보여줌으로써, 사람이 도와주려는 반응을 능숙하게 이끌어내 결과적으로 원래의 목적을 달성시키는」것이다.

그 가운데 쇼셔블 트래시 박스(Sociable Trash Box, [그림 1-30])라고 하는 이동형 쓰레기통 로봇이 있다. 이 로봇은 센서를 통해 가까운 쓰레기를 감지하면 그 옆에까지 이동할 수 있다. 하지만 쓰레기를 실제로 들어 올려 통 안에 넣는 기능은 없다. 쓰레기를 넣어 달라는 행위를 해 근처에 있는 사람의 지원을 끌어냄으로써 결과적으로 쓰레기를 모을 수 있다고 한다.

인간다움을 표현하는 방법으로 인간 같은 고기능을 표현하는 것이 아니라, 사람한테서 태스크를 받거나 사람에게 의존하는 행위, 소통·커뮤니케이션을 사람과 닮게 하려는 접근 방법인 것이다.

그림 1-30 약한 로봇

(2) 사람과 인공물의 소통

에이전트 등과 같이 사람에게 음성 같은 것으로 정보를 제공하는 기기를 사용할 때, 사람은 그런 기기에 대해 사람에 대한 대응과 비슷한 반응을 보이는 것으로 나타난다.

바이런 리브스(Byron Reeves)팀은 「사람은 많은 대상에 대해 사회적으로 반응한다. 즉 상대가 개성(personality)을 가진 것으로 대응한다」고 밝히면서 미디어 이퀘이즌(media equation)을 주장한다.

[그림 1-31]은 미디어 이퀘이즌을 통한 사람의 사회적 반응 사례를 설명한 것이다. 이 실험에서는 실험 참가자가 학습지원 시스템을 이용한 학습을 체험한 다음 시스템의 유용성을 평가했다. 학습 후 같은 시스템A로 평가 결과를 전달하는 그룹A와 다른 시스템B로 평가 결과를 전달하는 그룹B 2개 그룹으로 나누어 비교했다. 실험 결과, 학습지원에 대한 평가는 그룹A 쪽이 그룹B보다 높게 나왔다. 사람은 평가 대상인 인물에게 직접 평가를 전달하는 경우(예 "요리가 맛있었습니다" 하고 직접 대답할 때, 등), 자신이 원래 생각했던 평가보다 높은 평가를 본인에게 전달하는 경향이 있다.

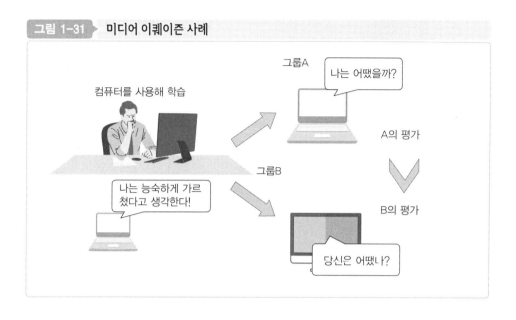

그림 1-31　미디어 이퀘이즌 사례

이것은 사회적 반응의 일종이지만, 시스템을 대상으로 한 경우에도 실험참가자가 마찬가지로 사회적 반응을 나타냈다는 사실을 알 수 있다. 즉 시스템에 대해서도 대인 대응을 나타낸 것이다.

이처럼 사람은 외형이 인형이거나 음성을 통한 정보제공을 하는 시스템 에이전트를 단순히 기계로서가 아니라 의인화해 파악하는 경향이 있다.

(1)에서 소개한 청소기 로봇이나 쓰레기통 로봇 사례도 마찬가지로 대인 대응 반응을 끌어낸 것으로도 생각할 수 있다. 차량용 등의 인터페이스로 이런 자율적 동작 프로그램인 에이전트를 사용하는 경우는 사용 편리성이나 이해 용이성 같은 평가 이외의 요인을 검토하는 것도 중요하다. 또 사람이 기계나 HMI에 대해 대인 대응 반응을 보이는 것이라면, 심리학 분야나 인지과학 분야에서 사람을 대상으로 한 연구 성과를 인터페이스 설계나 평가에 응용하는 것도 기대할 수 있다.

사람의 대인 대응을 끌어내기 위한 방법 가운데 하나로, 어떤 의인화된 겉모습을 에이전트 인터페이스에 적용하는 것도 유효하다. 그러나 에이전트의 겉모습을 어떻게 설계하는 것이 좋을지는실증에 기초한 설계지침이 아직까지 충분히 제시되지 않고 있다.

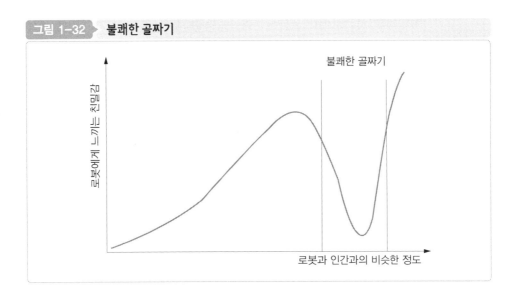

그림 1-32 불쾌한 골짜기

에이전트의 겉모습을 설계하는데 사람의 대인 대응(對人對應) 반응을 이끌어 내기 쉽기 때문에 겉모습이 현실의 인간이나 동물과 비슷한지 아닌지는 하나의 평가기준이 된다.

로봇의 겉모습이나 움직임과 인간이 로봇한테서 느끼는 친근감과의 관계에 대해서 언급한 가설로 하야시 마사히로(森 政弘)가 주장하는 불쾌한 골짜기(uncanny valley)라는 가설이 있다. 이 가설은 「로봇에 대한 인간의 친근감은 로봇의 겉모습이 인간(동물)과 비슷할수록 단조롭게 증가하는 것이 아니라, 오히려 비슷하면 할수록 인간과의 사소한 차이가 더 강조되면서 인간에게 위화감이나 불쾌감을 준다」는 것이다.

[그림 1-32]에서 보듯이, 세로축에 사람이 로봇에게 느끼는 친근감, 가로축에 로봇이 사람과의 비슷한 정도를 나타냈을 경우, 인간과 완전 비슷해지기 전 단계에서 큰 골짜기가 존재한다는 가설이다. 가설 자체의 타당성은 검증되지 않았다. 또 인간과 완전히 똑같은 로봇은 아직 개발되지 않았지만, 사람의 일상적인 직감과 일치하는 가설로 평가받고 있다. 한편 사람은 에이전트의 겉모습에서 에이전트가 가졌을 법한 기능을 상상하고 기대한다.

사람이 에이전트에게 기대한 기능을 F, 에이전트가 원래 가진 기능을 F′라고 하자. 예를 들어 에이전트에 「귀」가 달린 경우, 사람은 자기 말을 알아들을 것으로 기대한다. 사람이 에이전트를 계속 사용하는 가운데 $F \leqq F'$라고 이해하면 에이전트에 대한 사람의 평가를 계속해서 높아질 것이다. 하지만 $F > F'$, 즉 사람이 에이전트의 진짜 기능을 알아차리고 그것이 기대를 밑도는 경우에는, 사람은 에이전트 사용을 그만둘 것이다.

이처럼 에이전트의 겉모습으로부터 모델화된 기능과 그 에이전트가 원래 가진 기능과의 갭이 존재하고, 그것이 적응 갭으로 작용한다. 따라서 에이전트의 겉모습 설계지침 가운데 하나로 $F \leqq F'$로 할 것으로 생각된다. 한편 F가 작을 경우, 사람은 에이전트를 처음부터 사용하지 않을 가능성도 있기 때문에 일방적으로 겉모습에서의 기대치를 낮추면 되는 것이 아니라 주의가 필요하다.

(3) HMI로서의 에이전트 이용

근래에 이해하기 쉬운 차량 기기용 HMI 가운데 하나로 사람에게 음성으로 정보를 전달하거나 음성으로 입력할 수 있는 시스템이 점점 보급되고 있다.

예를 들면 카 내비게이션은 음성을 통한 안내가 일반적이어서 목적지 입력을 음성으로 하는 것도 많다. 또 음성뿐만 아니라 디스플레이 등에 캐릭터를 표시하고 그것이 제스처를 통해 이야기나 정보를 표시함으로써 운전자와 상호작용을 하는 시스템도 더 깊이 개발 중이다. 또 운전자의 과거 운전 행동이나 기호에 기초해 식당 등의 정보를 추천하는 시스템도 나와 있다.

이렇게 어떠한 의인화한 시스템이 운전자 상태에 맞춰서 푸시형 정보를 제공하는 에이전트 인터페이스가 개발되고 있다. 운전자의 인지도 처리(선언적 기억이나 절차기억 처리 등)와 독립적인 시스템이 운전자에게 필요한 정보를 제공하거나 운전을 지원함으로써 운전자의 인지적 부담 경감도 기대할 수 있다.

에이전트 형태를 다양하지만 머리 부분이나 팔, 다리 등 신체성(embodied)을 가진 에이전트를 HMI로 사용하는 경우에 기존의 소리나 음성뿐만 아니라 동작, 위치나 크기, 표정·감정 등, 다양한 모빌리티를 하나의 HMI로 종합적이고 직감적으로 다룰 수 있을 것으로 기대된다(그림 1-33).

그림 1-33 **로봇을 통한 HMI 사례**

운전자에 대한 주의환기나 정보제공 등과 같은 운전지원 인터페이스로 기존의 음성으로 하는 경우와 디스플레이 상의 CG 캐릭터가 하는 경우 그리고 대시보드 부근에 설치한 소형 로봇으로 하는 경우처럼 서로 다른 3가지 형태의 인터페이스(그림 1-34)에 관해 시니어(65세 이상)와 그 이하의 운전자를 대상으로 한 비교검증이 이루어지고 있다.

운전 중의 에이전트는 주의환기(일시정지 교차로, 보행자나 주차차량 등의 접근 알림)와 운전 수정 안내(감속이나 확인행동 등의 지시) 2종류의 운전을 지원하고 실험참가자는 지원의 이해 용이성, 수용성 그리고 번거로움을 평가했다.

그림 1-34 **3종류의 에이전트 형태 비교**

(a) 음성 조건   (b) 영상 조건   (c) 로봇 조건

결과는 모두 로봇 형태를 가장 알기 쉽고 번잡하지 않다고 평가해 HM로서의 에이전트 로봇의 가능성이 확인되었다.

한편 연령층별 평가에서는 시니어는 음성형태를 가장 낮게, 운전약자는 영상형태를 가장 낮게 평가했다. 시니어에게 음성에만 의존하는 정보제공은 운전 중의 부하상태로서, 듣고 이해하는 것이 어려울 수 있음을 시사해 준다. 로봇 에이전트를 통한 운전 지원도 음성을 사용하지만, 운전 지원이 이루어지기 직전에 운전자 주변시야 내에서의 로봇 움직임과 그에 따른 액추에이터 등의 작동음이 발생하고 그 후에 음성을 통한 운전 지원이 이루어진다. 운전약자에서 직전의 사소한 움직임과 소리 인식이 그 후에 이루어지는 운전지원 예고로 작용해 음성으로 주위를 기울이기가 쉽다.

앞서 언급한 인지과학 분야의 멀티태스크·끼어들기 연구에서는 이것을 인터럽션 랙(interruption lag)이라고 부른다. 실제 정보제공(끼어들기) 전에 그 발생예고가 있는 것이 주의 전환에 따른 인지 부담이 줄어들어 주의·의식 이동이 더 원활해진다.

로봇의 동작이나 작동음이 똑같은 효과를 나타내 인지 등의 생체기능이 떨어진 시니어에게 있어서 알기 쉬운 HMI가 되었다고 할 수 있다. 한편 비시니어에 대한 음성 정보제공은 문제가 없지만, 영상은 운전에 대한 집중을 저해해 종래의 운전 중 TV 등을 보던 것과 똑같은 악영향이 확인되었다.

운전지원 에이전트의 HMI로 소형 커뮤니케이션 로봇을 사용해 운전지원과 운전평가 피드백을 통한 운전행동 개선을 시도한 연구에서는, 시니어와 운전약자를 대상으로 한 3주 동안의 사용 후 개선효과를 검증했다.

운전 시뮬레이터로 실험코스를 매주 주행하면서 에이전트를 통해 운전 중에만 하는 지원 실험, 운전 후 평가와 피드백만 지원하는 실험, 양쪽 다 지원했을 경우의 일시정지 교차로에서의 안전확인 시간, 보행자·주차차량 회피 시 서행속도와 피하는 폭을 운전평가 지표로 삼아 운전 행동 개선을 볼 수 있는지에 대한 실험에서는 시니어와 그 이하의 연령대 모두 큰 폭의 운전 개선 효과가 확인되

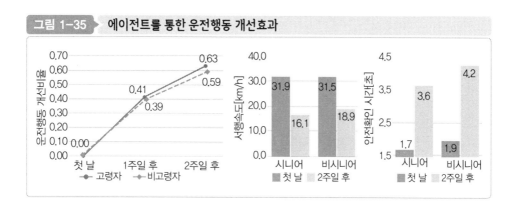

그림 1-35 에이전트를 통한 운전행동 개선효과

었다(그림 1-35).

특히 지원병용 시 개선 정도가 가장 높았으며 또 연령층에서 개선 정도의 차이는 볼 수 없었다. 로봇을 이용한 운전지원 에이전트에는 연령층을 불문하고 높은 수용성과 행동개선 효과가 있다고 할 수 있다. 또 로봇을 HMI로 이용함으로써 동승자 효과(fellow passenger effect)를 발휘할 가능성도 시사된다.

운전자 혼자서 운전하는 것보다 한 사람 이상의 동승자가 있는 쪽이 사고율은 낮다고 알려져 있는데, 이것은 운전자가 시니어일수록 그 차이가 현저하다.

동승자가 있을 때의 장점으로 동승자에 의한 안전확인 등 운전지원을 기대할수 있는 외에, 동승자가 있음으로써 운전에 대한 주의집중이나 긴장감 유지, 규범적 운전을 하게 되는 동기 향상 등을 들 수 있다. 한편 등승자 대화 등에 의해 생기는 운전 방해(distraction)라는 단점도 지적 받는다.

운전지원·운전평가를 하는 로봇이 차 안에 확실히 존재하면, 운전자가 동승자에 대한 반응과 유사한 대인 대응 반응을 로봇에게도 보임으로써 운전에 대한 주의 집중 향상이나 규범 운전에 대한 의식향상에 유용할 가능성이 있다. 에이전트 HMI에 대한 운전자의 대인 대응 반응 이용사례 가운데 하나라고 할 수 있다.

로봇을 HMI로 이용함으로써 높은 수용성, 이해 용이성이나 동승자 효과 등이 기대되지만, 사용할 때의 안전성도 고려할 필요가 있다. 특히 에이전트의 존재·지원이 필요 이상으로 운전자의 주의를 끌거나 해서 운전에 대한 주의가 산만해지는 운전자 디스트랙션(driver distraction)의 원인으로 작용하는 것을 피할 필요가 있다.

운전 중 운전자 시야에 「얼굴」이 존재하면 운전자의 시선을 빼앗기기 쉽다고 지적 받는다. 로봇을 HMI로 이용한 사례에서는 운전 중의 로봇 방향을 제어해 운전자와 함께 전방을 향하도록 하는 유목(誘目 : 시선을 유도)효과 저감이나 로봇의 동작에 굳이 종류를 두지 않음으로써 지원제공 표시에 대한 운전자의 흥미 저감 같은 개선이 연구 중이다.

근래에 정보기술·네트워크나 IoT(Internet of Things, 사물인터넷)의 발전으로 인해 사람의 생활행동을 다양한 장치로 수집해 분석하기가 쉬워졌다. 사람의 행동분석이 진행되면 사용자한테 더 직감적이고 알기 쉬우며, 수용성이 높은 인터페이스 요건이 명확해진다. 앞으로 사람의 특성을 이해해 에이전트나 로봇 같은 새로운 인터페이스도 활용함으로써 사람의 기분을 알아채고 사람에게 친밀한 인터페이스 실현이 기대된다.

5.3 선진운전지원 시스템과 운전자의 상호작용

(1) 선진운전지원 시스템과의 상호작용 특성

근래의 기술적 발전을 바탕으로 운전자가 고도의 선진 운전지원 시스템(ADAS)을 다룰 기회가 많아졌다. 완전 수동 운전 또는 완전 자율주행이라면 운전 조작은 각각 인간 운전자 또는 시스템이 전적으로 도맡는다. 하지만 그 중간 단계, 즉 시스템이 운전자의 운전을 지원하는 단계에서는 조작의 역할분담, 주도권의 주고받음 등, 양쪽 사이에 여러 가지 상호작용이 발생한다. 자동차의 지능화로 인해 운전조작은 인간과 시스템이 협조·수행하는 과제가 되고 있다.

시스템과의 상호작용을 동반하는 자동차 운전은 운전자 입장에서 다음과 같은 특징이 있다.

첫 번째로 자동차 운전은 신체적·인지적 능력을 구사할 필요가 있는 아주 복잡한 태스크이다.

자동차는 많은 교통참가자가 혼재하는 속에서 고속으로 이동하기 때문에 운전자의 한 순간 조작 실수나 착각이 생명과 관련된 중대한 사고를 일으킬 가능성이 있다. 때문에 운전자의 운전행동이 시스템에 의해 더 위험하게 변모하는 일은 결코 있어서 안 되는 것이다.

두 번째 특징은 항공기나 철도, 선박 조종과의 비교를 통해 알 수 있다.

이런 것들은 조종자에 대한 교육 및 훈련이 철저하고 지속적으로 이루어져 충분한 지식을 갖춘 직업 조종자만이 교통에 참여한다. 그런 반면에 자동차는 면허 취득 시 교습이 이루어지기는 하지만, 그 이후에 면허를 갱신할 때를 제외하고는 기본적으로 운전자가 교습·훈련을 받을 일이 없다. 그러므로 자동차 같은 경우 기량이나 능력, 지식이 충분히 보증되지 않는 조종자가 교통에 참여하게 된다.

동시에 자동차 운전은 몇 년 또는 몇 십 년 동안에 걸쳐 익숙해진 일상적 태스크이다. 이것이 세 번째 특징이다. 운전자의 운전 스타일과 나이, 신체적·인지적 능력 등은 매우 다양해서, 그런 것들이 개인차로 나타나기 쉽다. 또 항공기 등과 달리 자동차에는 이동수단 이상으로 운전하는 재미 같은 측면도 중요하다. 즉 운전지원 시스템에 대한 만족감, 시스템에 대한 위화감 등, 운전자의 주관도 중요한 관점이다.

(2) 선진운전지원 시스템을 통한 지원과 그 효과

먼저 운전지원 시스템과 운전자의 상호작용에 있어서 중요한 지원 타입과 그것들이 운전자에게 주는 영향의 종류에 대해 정리해 보겠다.

1) 지원 타입

선진 운전지원 시스템이 운전자에게 하는 지원은 크게 2종류로 나눌 수 있다.

① 정보제공 지원

정보제공 지원이란 시스템이 정보를 제공해 운전자에게 조작을 촉구하는 타입의 지원이다. 여기에는 표시계로 제공되는 램프 등의 시각 자극, 전자신호음 등의 청각 자극, 페달·시트의 진동 등과 같은 촉각 자극이 포함된다.

예를 들면 차선이탈 경보장치(lane departure warning)을 통한 경고음이나 HUD에 표시되는 경로정보가 여기에 해당한다. 제공된 정보에 따라 운전자가 운전을 조작해 주행 안전성을 확보할 수 있다.

② 행동개입 지원

행동개입 지원이란 운전자의 액셀러레이터나 페달, 스티어링 조작에 시스템 이 직접적으로 관여하는 타입의 지원이다. 차선유지 장치(lane keeping assist) 나 긴급 브레이크 시스템 등이 해당한다. 이들 지원은 시스템이 운전자의 조작 을 보조 및 교대함으로써 주행 안전성을 확보한다.

2) 지원 효과

위와 같은 운전지원이 인간 운전자에게 끼치는 영향은 2종류로 분류할 수 있다.

① 인지적 영향

인지적 영향이란 운전자가 시스템에 대해 가진 주관에 관한 영향이다. 운전자 가 시스템을 어느 정도 신뢰하는지를 나타내는 신뢰(trust)나 시스템을 어느 정 도 받아들일지를 나타내는 수용(acceptability)이 지표로써 널리 이용된다.

또 많은 연구를 통해 시스템의 거동에 관한 정보가 운전자에게 인지적 영향을 주는 것으로 밝혀졌다. 예를 들면 ACC와 운전자가 운전목표를 공유하지 않은 경우, 공유하는 경우보다 신뢰성(trustworthiness)과 수용성(acceptability)이 떨어지는 것으로 나타난다.

또 시스템의 변칙적 거동을 운전자가 경험했을 때, 그에 관한 사전정보가 제 공되었을 경우에는 신뢰와 수용이 내려가지 않는 반면에, 제공되지 않았을 때는 급격히 떨어지는 것으로 알려져 있다.

이들 수용과 신뢰 외에 인공물 평가로는 전부터 사용성(usability)평가가 이용되었다. 종래의 주관적 평가 항목은 유효성과 효율, 만족도 3가지였지만 선진 운전지원 시스템 등과 같이 자율적으로 활동하는 시스템을 대상으로 의도의 이해와 위화감 없음, 동기(motivation) 같은 신규 항목이 검토되고 있다.

② 행동적 영향

행동적 영향은 시스템 지원에 의해 초래되는 운전자의 조작에 관한 영향이다. 구체적으로는 액셀러레이터나 브레이크 및 스티어링 조작의 변화, 즉 지원을 통한 주행속도·차간거리 등의 변화이다.

통상적으로 선진 운전지원 시스템을 사용할 때 주행 안전성이 어느 정도 높아졌는지를 검증하기 위해서 이런 변화들을 측정한다. 하지만 실제로는 지원 시스템에 의해 안전성이 반드시 높아지는 것은 아니다. 시스템이 가진 실행권한을 통해 운전자의 행동은 더 안전해지는 경우도, 더 위험해지는 경우도 있다.

행동적 영향은 지원 없는 주행과 지원 있는 주행을 비교했을 때의 변화를 검증하는 것이 일반적이다. 그밖에 지원을 통해 운전자의 학습이 어느 정도 진행되었는지 또는 저해되었는지를 측정하는 것도 가능하다.

3) 2가지 실험

정보제공 지원은 운전자에게 조작을 촉구할 뿐이기 때문에 시스템 지시를 따르느냐 무시하느냐의 판단주체는 어디까지나 운전자이다. 그렇지만 제공되는 정보가 운전자에게 적절하지 않을 경우는 인지적 영향이 생길 가능성이 있다.

한편 일부 행동개입 지원은 시스템이 반 강제적으로 운전자의 조작에 개입한다. 통상 행동에 개입하게 될 때는 더 안전한 주행상태가 기대되지만, 부적절한 개입은 운전자가 해야 할 조작 학습을 저해함으로써 그 후의 지원 없는 단독 주행에서 안전성이 낮아질 가능성도 있다. 이처럼 시스템 지원이 오히려 인간의 학습을 저해하는 일을 지원 딜레마(assistance dilemma)라고 해서, 교육지원 영역에서는 종종 문제가 된다.

이 항에서는 시스템이 실시하는 정보제공 지원과 행동개입 지원이 운전자에게 어떤 인지적 영향과 행동적 영향을 끼치는지에 초점을 두고 검증한 실험 2가지를 소개하겠다.

먼저 지원 타입과 운전자에 대한 영향 관련성에 대해 약 90분 동안의 실험을 통해 단기적 효과를 조사한 결과이다. 이어서 같은 형태의 운전지원 시스템을 1개월 동안 계속 사용했을 때의 운전자에 대한 장기적 효과를 조사한 실험결과를 살펴보겠다.

(3) 운전지원의 단기적 효과

1) 실험 개요

시스템을 통한 정보제공 지원과 행동개입 지원이 운전자에게 끼치는 인지적 영향과 행동적 영향을 검증하기 위해서, 드라이빙 시뮬레이터를 이용한 심리 실험을 실시했다. 그때 사용한 운전지원 시스템은 도로 상에 잠재된 위험을 자율적으로 검출한 다음, 그에 기초해 운전자에게 정보제공 지원과 행동개입 지원을 했다. 구체적으로는 사각에서 뛰어나오는 것이 상정되는 주차 차량의 가로 쪽과 교차로를 통과할 때 그리고 갑자기 뛰어 들어오는 상황이 상정되는 보행자 옆을 통과할 때 지원이 이루어진다. 이것들은 운전강사가 운전자에게 하는 지도를 자동화·시스템화한 것이다.

참가자는 다음 3가지 조건 가운데 한 가지가 적용되었다. 즉 ① 정보제공 있음·보조적 행동개입 조건(정보있음·보조개인 조건), ② 정보제공 없음·보조적 행동개입 조건(정보없음·보조개입 조건), ③ 정보제공 있음·규범적 행동개입 조건(정보있음·규범개입 조건)이다.

이 실험에서 정보제공이란 운전자에게 감속 등을 촉구하는 아이콘이나 전자신호음을 의미하는데, 이런 정보가 제공되는 경우(정보있음)와 제공되지 않는 경우(정보없음)로 조건을 나누었다. 행동개입이란 강제적 감속개입과 비강제적 스티어링 좌우 토크 개입을 가리킨다. 시스템은 운전자의 약간의 일탈은 허용하면서 진짜로 필요할 때만 보조적으로 개입하는 경우(보조개입)와 일탈을 허용하지 않고 규범적인 주행을 강요하는 경우(규범개입)로 조건을 나누었다.

2) 단기적 인지·행동 영향

인지적 영향으로서 시스템 사용 후에 사용성 6항목을 측정한 결과, 효율과 의도의 이해 및 위화감 없음 3항목에서 정보있음·규범개입 조건은 정보있음·보조개입 조건보다도 유의미하게 득점이 낮았다(그림 1-36). 즉 필요 최소한의 개입만 하는 시스템보다 규범에서의 일탈을 허용하지 않는 엄격한 시스템에 대해 운전자는 위화감을 느끼고, 그 의도를 이해하지 못하면서 시스템을 효율적으로 제대로 사용하지 못한다고 느꼈다.

그림 1-36 사용성 평가(단기실험) (이후 오차 막대는 모두 표준오차를 나타낸다.)

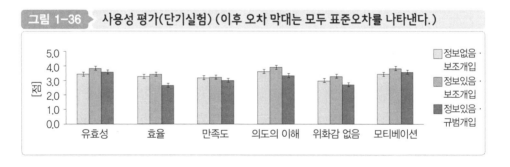

이어서 행동적 영향으로서 지원경험 전후로 운전 행동이 어느 정도 바뀌었는지에 대해, 지원 없는 프리(pre)주행부터 포스트(post)주행에 대한 속도변화량과 마진 변화량을 산출했다(그림 1-37, 그림 1-38).

그 결과 교차로와 보행자의 속도변화량에 대해 정보없음·보조개입 조건은 정보있음·보조개입 조건보다 유의미하게 적었다.

또 주차차량과 보행자의 마진 변화량은 정보없음·보조개입 조건이 정보있음·보조개입 조건보다 유의미하게 적었다. 특히 정보없음·보조개입 조건에서 주차

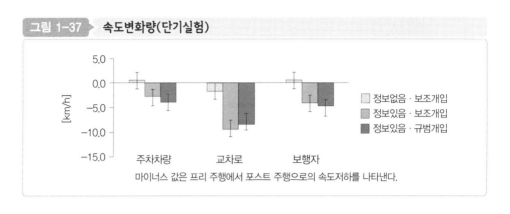

그림 1-37 속도변화량(단기실험)

마이너스 값은 프리 주행에서 포스트 주행으로의 속도저하를 나타낸다.

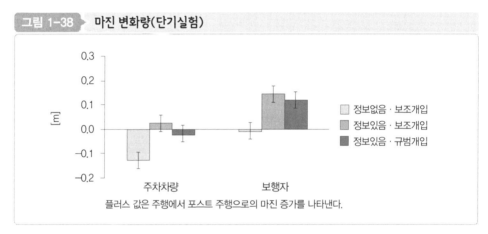

그림 1-38 마진 변화량(단기실험)

플러스 값은 주행에서 포스트 주행으로의 마진 증가를 나타낸다.

차량과의 마진은 오히려 줄어들었는데, 이것은 지원경험 전의 프리 주행보다 포스트 주행에서 운전자의 주행이 더 위험한 방향으로 바뀐 것을 시사한다. 따라서 시스템을 통한 정보제공이 있는 경우보다 정보제공이 없는 경우는 마진에 관한 학습이 낮아지면서 마진이 악화되는 경향으로 바뀌었다고 할 수 있다.

3) 인지적·행동적 영향이 만든 요인

행동개입 지원 강도로 인해 인지적 영향에 차이가 생긴 요인으로, 운전자에 대한 높은 간섭빈도를 생각할 수 있다. 정보있음·규범개입 조건에서는 행동개입 빈도가 높고, 그것은 동시에 정보제공도 자주 이루어졌다는 사실을 의미한다. 그런 시스템의 과도한 개입지원에 대해서 운전자는 위화감을 느끼는 동시에 그 의도를 이해하지 못했다.

한편 정보제공 지원이 행동적 영향을 초래한 요인으로 모드 혼란에서 생기는 주체감 상실을 생각할 수 있다. 시스템의 정보제공이 없어지면 속도나 스티어링 조작이 운전자 또는 시스템 어느 쪽에 기인하는지 판별하기가 어려워진다. 즉 운전자 권한 모드인지, 시스템 권한 모드인지를 판별하지 못해 운전자에게 혼란이 생겼을 가능성이 높다.

그런 상황에서 운전자는 자신이 자동차를 조작한다는 주체감을 갖기 힘들었다고 생각할 수 있다. 주체감과 퍼포먼스 관련은 선행 연구에서도 언급되었듯이, 이번 실험에 있어서도 주체감 저하로 인해 학습이 방해받아 자발적 행동변모가 일어나지 않은 것으로 추측된다.

이상의 결과 그리고 보조적 행동개입과 그와 관련된 정보제공 양쪽 지원이 정돈되면, 운전자는 위화감 없이 시스템의 의도를 이해하고 그것을 자유롭게 쓸 수 있기 때문에 안전한 운전행동에 관한 학습이 촉진될 가능성이 높다.

(4) 운전지원의 장기적 효과

1) 실험개요

자동차 운전의 일상적 측면을 고려하면 장기적인 관점 또한 중요하다. 앞으로 선진 운전지원 시스템이 대중화될 것을 감안하면 지원을 경험한 직후뿐만 아니라, 장기적으로 학습효과가 나타나는 일이나 주관적 평가가 높은 수준에서 유지되는 것이 이상적이다.

선진 운전지원 시스템과 운전자의 장기적 상호작용을 검토한 연구는 부족할 뿐만 아니라, 그 효과에 관해서도 통일된 견해를 얻지 못하고 있다. 충돌 회피 경고 시스템을 다소 다루었을 뿐, 그 후 6개월 사이에 운전 행동이 개선되었다고 하는 선행연구가 있는 반면에, 속도조정 시스템(intelligent speed adaptation)을 오래 경험하면 할수록 운전자가 그 시스템을 무시하고 스스로 조작하는 빈도가 높아진다는 사실도 보고되고 있다.

그래서 앞서 언급한 (3)의 단기실험에서 가장 학습효과가 높았던 정보있음·보조개입 조건과 동일 형태의 지원시스템을 이용해 장기적 효과를 검증했다. 이 실험에서는 지원경험 전후로 운전자 지원이 없는 프리 주행과 포스트 주행을 측정했다. 단기 실험과 다른 점은 운전자의 시스템에 대한 이해를 촉진하기 위해서 코스 중의 주차차량·교차로·보행자를 각각 다음 2종류 준비했다. 즉 위험이 비교적 커서 지원이 쉽게 이루어지는 고위험 대상과 최소한의 지원만 이루어지는 저위험 대상이다. 고위험·저위험 대상에 대한 운전자의 주행속도와 마진을 지원이 없는 프리 주행과 포스트 주행으로 측정, 그것을 주 1회씩 총 4회 반복했다.

2) 장기적인 행동변모 추이

속도와 마진에 관해서 4일 동안의 프리 주행·포스트 주행 추이를 확인했더니, 크게 두 가지 패턴이 나타났음을 알 수 있었다(그림 1-39, 그림 1-40). 대상의 위험성 고저에 따른 차이를 볼 수 없었기 때문에 이하에서는 정리해서 살펴보겠다.

① 초기 단기적 효과

첫 번째로, 1일차 프리 주행에서 포스트 주행에 걸쳐 지원에 따른 단기적 효과가 나타나지만 그 이후에는 변화가 없는 초기 단기적 효과 패턴이다. 교차로의 속도와 보행자의 마진이 이 패턴에 해당한다. 운전지원 시스템을 처음 사용한 직후의 포스트 주행에서 그 학습효과가 나타났으며, 효과는 1주일이 지난 2일차 이후의 프리 주행에서도 계속되었다.

그림 1-39 속도 추이(장기 실험)

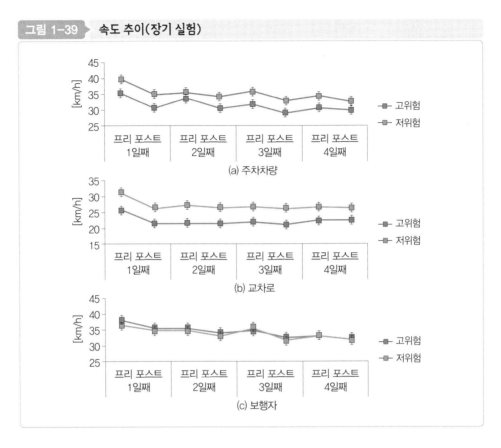

(a) 주차차량

(b) 교차로

(c) 보행자

그림 1-40 마진 추이(장기 실험)

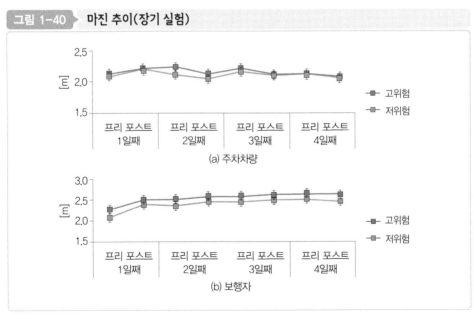

(a) 주차차량

(b) 보행자

② 단기적 효과

두 번째는 날마다 프리에서 포스트에 걸쳐 단기적 효과가 나타날 뿐만 아니라, 일주일이 경과할 때마다 서서히 장기적 효과도 나타나는 단기적 효과 패턴이다. 주차차량·보행자 속도가 거기에 해당한다. 포스트 주행에서 학습효과는 볼 수 있지만, 그 후 1주일이 지난 후의 프리주행에서는 효과가 없어졌다. 다만 프리 주행만 보면 4주 동안 서서히 운전행동이 개선되었다.

③ 초기 단기적 효과와 장단기적 효과가 나타난 요인

초기 단기적 효과에서는 운전지원 시스템을 사용하기 시작해 바로 운전자의 운전 행동이 안전한 방향으로 바뀌었고 이후에도 계속되었다. 즉 운전자는 한 번의 지원 경험으로 위험을 피하려는 시스템의 의도를 지식으로 즉각 파악해 하향식으로 이해했다고 할 수 있다.

교차로 속도에서 초기 단기적 효과가 나타난 요인은 스티어링의 토크가 개입되지 않고 속도에 주의를 기울이기 쉬웠기 때문으로 생각된다. 또 보행자는 코스 상에서 유일하게 자율적으로 이동하는 대상으로, 운전자는 지원을 통해 갑자기 나타날 위험성을 이해했다고 추측된다.

한편 장단기적 효과에서 지원을 경험한 직후에는 확실히 행동이 바뀌지만, 시간이 지나자 원래 수준으로 돌아갔다. 다만 4주 전체로 보면 점진적으로 학습 효과가 나타났다. 운전자가 운전지원 시스템을 장기적으로 사용하는 가운데, 지원되는 상황과 지원이 안 되는 상황을 여러 번 직접 봄으로써 거기서 축적된 경험이 상향식 효과를 불러왔다고 해석할 수 있다.

즉 시스템이 지원하는 의도를 파악하고 또 그 학습에서 얻은 지식은 일상 운전에 반영될 때까지 시간이 필요했다고 생각된다. 주차 차량·보행자에 대해서는 감속과 스티어링의 토크 개입이 동시에 이루어지는 경우가 많아서, 당초에는 토크 개입에 쉽게 주의했던 것으로 예상된다.

따라서 그들 속도에 충분한 주의를 하면서 운전 행동으로 나타날 때까지 반복적인 경험이 필요했던 것으로 추측된다.

(5) 앞으로의 상호작용 연구 전망

이 항에서 소개한 두 가지 심리 실험 결과는 선진 운전지원 시스템과 운전자의 상호작용을 논하는 가운데 인지적 영향과 행동적 영향 양쪽을 고려해야 한다는 중요성을 알려준다.

자동차 운전은 항상 위험이 따르고 다양한 능력을 필요로 하는 복잡한 과제로, 한편으로는 운전자의 주관도 관여되는 일상적 과제이기도 하다. 그러므로 시스템 지원을 통해 운전자의 만족도가 높아졌다 하더라도 안전성이 손상되는 경우가 있어서는 안 된다. 반대로 지원을 통해 안전성은 높아졌다 하더라도, 시스템의 의도를 이해하지 못하고 위화감이 조성되면 운전자는 지원을 무시하기 시작할지도 모른다. 즉 인지적 영향과 행동적 영향은 동시에 검증되어야 하는 것이다. 여기서는 그 검증에 대한 앞으로의 연구 과제를 정리한다.

1) 멘탈 모델 측정

이번 실험에서 인지적 영향 가운데 의도의 이해가 중요한 요소임이 판명되었다. 다음으로 검증해야 할 점은 운전자가 이해한 시스템의 의도 내용과 그 이해의 정확성이다.

운전지원 시스템에 대한 운전자의 이해 내용에서 근래에 멘탈 모델(mental model)이라고 하는 개념에 주목하고 있다.

멘탈 모델이란 시스템이 무엇을 포함하고 있는지, 시스템이 어떻게 움직이는지, 시스템이 왜 그렇게 움직이는지에 관해서 사용자의 이해에 기초해 구축된 시스템 구조 또는 프로세스의 내적 상징을 말한다.

동일한 시스템이라 하더라도 구축되는 멘탈 모델은 사용자에 따라 달라진다. 즉 시스템의 거동이나 그 인터페이스에 의해 운전자가 구축하는 멘탈 모델은 크게 영향을 받는 것이다. 또 정확한 멘탈 모델이 구축되면 시스템에 대한 신뢰 (trust)와 수용(acceptance)은 상승한다거나 구축된 멘탈 모델에 의해 그 시스템을 사용할 때의 사용자 행동이 달라진다는 것도 알려져 있다.

따라서 운전지원 시스템을 사용할 때 운전자의 심적 상태를 더 상세히 검토하려면, 그 멘탈 모델을 측정하는 것이 앞으로 필수가 될 것이다. 현재 방법에 대해서는 다양한 주장들이 있다. 예를 들면 ACC를 사용한 후의 운전자에게 「브레이크 페달을 밟아서 해제된다」, 「정지한 물체에 반응한다」 등의 항목에 어느 정도 동의하는지 물어보고, 그 평가 값을 바탕으로 멘탈 모델을 추정하는 방법, 차선일탈 경보(LDW, Lane Departure Warning) 거동을 변이도로 표현하고 그에 기초해 멘탈 모델을 추정하는 방법이 이용되고 있다.

멘탈 모델은 그 대상인 시스템에 의존하기 때문에 추정 방법이나 표현 형식은 다양하다. 때문에 그 측정 방법이 아직 확립되어 있지 않다. 하지만 시스템을 통한 행동 변모를 측정하는 운전 행동, 시스템에 대한 사용성의 주관적 평가, 시스템에 관한 이해를 나타내는 멘탈 모델 3가지 관점에서 검토할 수 있다면 자동차와 운전자의 상호작용을 더 깊은 수준에서 파악할 수 있다.

2) 공학적 방법과 교육적 방법

운전자에게 더 안전한 방향으로 행동 변모를 촉구한다는 관점에서는 이 실험에서 이용된 운전지원 시스템 같은 공학적 방법 외에, 교육적 방법이 가진 역할에도 주목해야 한다.

예를 들면 사각지대에 있는 위험에 관한 안전강습을 사전에 실시하거나, 시스템 거동에 관해서 사전에 매뉴얼을 읽는 등의 방법을 통해 더 정확한 멘탈 모델 구축이 촉진되고, 그것이 운전행동에도 영향을 미칠 것으로 기대된다.

특히 장기적 시점에서는 교육적 방법이 가진 역할이 클 것으로 생각된다. 강습 등을 통한 지식·개념이 앞서는 하향식 학습과 아찔한 상황이나 시스템 체험 등을 통한 자신의 경험에 기초한 상향식 학습의 상호작용은 앞으로 검토해야할 과제이다.

(6) 장을 끝내며

선진 운전지원 시스템과 운전자의 상호작용이 발생하는 상황은 앞으로도 점점 많아질 것이다. 그런 운전지원 시스템에서 공학적 측면을 다루는 연구는 많이 발전한 반면, 운전자에 관한 심리학적 측면을 다루는 연구는 부족한 편이다. 특히 멘탈 모델 측정에 대해서는 아직 연구가 부족하기 때문에 앞으로 충분한 신뢰성과 타당성을 가진 측정방법 개발 등이 예상된다.

어쨌든 3가지 관점 즉, 운전행동과 주관적 평가 그리고 멘탈 모델 측정을 통해 운전자의 심리상태를 추정할 뿐만 아니라, 심리학적 관점에서 선진 운전지원 시스템 개발에 피드백하는 것 또한 중요하다.

제 2 장

이동과 건강

1. 이동과 건강
2. 시니어의 운전 필요성과 과제
3. 운전과 건강
4. 향정신성 의약과 운전
5. 운전 중의 컨디션 급변

제2장

이동과 건강

이동과 건강은 끊으려고 해도 끊을 수 없는 관계가 있다. 건강이 나쁜 상태에서는 이동이 안 되고, 이동이 안 되면 건강을 유지하기가 힘들다. 한편 이동에 따른 건강 리스크도 건강상태가 바뀜으로써 이동 리스크가 높아지는 경우도 있다.

종전에는 자동차 이용이 많은 사람은 비만의 원인으로 건강을 해친다는 주장도 있었지만, 그것은 부정적 측면만 강조한 것이고, 실제는 긍정적인 측면이나 부정적 측면 모두 서로 영향을 주고받기 때문에 이동과 건강은 종합적으로 분석할 필요가 있다.

이동과 건강 문제는 젊은 층은 두드러지지 않지만, 신체·인지기능, 항상성(homeostasis) 기능 등이 떨어지거나 약 복용이나 의료적 개입이 많아지는 시니어한테는 쉽게 드러난다. 시니어의 건강수명을 늘리기 위해서는 이동의 저해 요인을 줄이고 이동가치를 향상시켜 나아가야 한다.

1. 이동과 건강

사람에게서의 이동은 단순히 한 장소에서 다른 장소로의 이동뿐만 아니라, 생활이나 오락, 사회와의 교류 등과도 이어지는 폭넓은 개념이다. 시니어에게 요구되는 건강장수에 관한 시점에서, 나아가 주로 시니어를 대상으로 한 이동 개념과 그에 따른 생활공간, 시니어에게 미치는 영향, 특히 건강상 문제를 중심으로 살펴보겠다. 시니어에게 생활공간 이동을 유지하는 일은 바로 건강수명 연장과 직결될 뿐만 아니라, 앞으로의 초시니어 사회를 감안했을 때 매우 중요한 과제임을 알 수 있다.

1.1 초시니어 사회로 진입하는 한국

　시니어사회란 전체 인구 중 65세 이상의 인구 비율이 14% 이상 넘긴 사회를 일컫는다. 유엔은 시니어 인구가 7.1%를 넘을 경우 시니어화사회, 14.4%를 넘으면 시니어사회, 20% 이상이면 초시니어 사회로 분류한다. 한국은 2000년에 시니어화사회에 진입한지 17년 만에 이미 시니어사회로 진입한지 오래다.

　2017년, 한국의 시니어인구는 711만 5000명으로 전체 인구의 14.2%를 차지했다. 전년(13.6%) 대비 0.6% 포인트가 늘어난 수치다. 전체 인구가 5,127만 명에서 5,142만 명으로 0.3% 증가하는 사이 시니어 인구는 678만 명에서 712만 명으로 5.0% 증가했다. 한국의 시니어사회 진입 속도는 프랑스(115년), 미국(73년), 독일(40년), 일본(24년) 등 다른 선진국들과 비교하면 더욱 확연히 앞선다.

　통계청은 2025년이면 '초시니어사회'가 될 것으로 예측하고 있다.

1.2 건강수명과 기대수명의 비교

　한국인의 기대수명은 83.5년으로 경제협력개발기구(OECD) 국가 평균 81.0

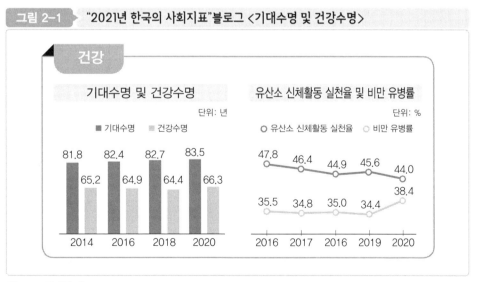

그림 2-1 "2021년 한국의 사회지표"블로그 〈기대수명 및 건강수명〉

주) 2022 통계청 발표

세보다 2년 이상 긴 것으로 나타났다.

유병 기간을 제외한 건강수명은 2020년 66.3년으로 2년 전 (64.4년)보다 1.9년 증가했으며, 기대 수명보다 17.2년 짧게 나타났다.

건강수명이란 대략적으로 말하면, 지원이나 돌봄이 필요한 상태에 이르기까지의 기간이라고 할 수 있다. [그림 2-2]은 건강수명을 저해 받는 원인, 즉 지원과 돌봄이 필요한 주요 원인을 조사한 것이다(2016년 시점).

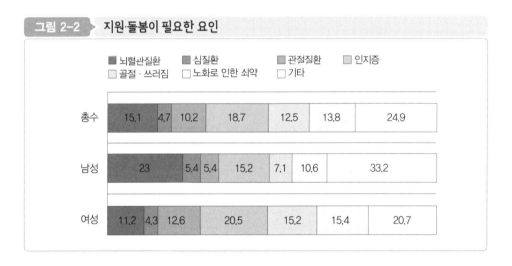

그림 2-2 지원·돌봄이 필요한 요인

앞으로 건강수명을 어떻게 연장할 것인지는 이 요인들을 어떻게 예방해 나가느냐의 문제로 직결된다. 위 그림에서 전체 총수에서는 뇌혈관질환과 심질환은 청년시절부터 생활습관병에서 동맥경화성 질환을 기반으로 하는 경우가 많아서 젊었을 때의 생활습관이 매우 중요함을 보여준다. 한편 관절질환이나 인지증, 골절·쓰러짐, 노화로 인한 쇠약은 시니어기에 일어나는 질환이나 증후(노화증후군이라고 한다)로서, 시니어기에 이런 것들을 어떻게 예방하느냐는 시점이 중요하다.

1.3 건강수명 연장과 노쇠

근래 노년의학을 중심으로 노화(frail) 개념의 건강수명 연장에 대한 중요성이 주목받고 있다. 현재의 노화는 확실히 통일된 개념은 아니지만, 프레일을 「노화에 따른 증후군으로서, 여러 장기에 걸친 생리적 기능 저하나 항상성 저하, 신체 활동성, 건강상태를 유지하기 위한 에너지 예비능력의 결핍을 기반으로 다양한 스트레스에 대해 신체기능 장애나 건강장애를 일으키기 쉬운 상태」로 파악하는 것이 일반적이다.

또 유행병 학자인 린다 프리드(Linda Fried)팀은 신체적 프레일 진단법으로 1) 체중 감소(weight loss), 2) 피로감(exhaustion), 3) 활동량 저하(low activity), 4) 걷기속도 지연(slowness), 5) 근력 저하(weakness) 5가지 항목을 진단 기준으로 삼아 3개 이상에 해당되면 프레일로 진단하고, 하나 또는 2개에 해당하는 경우는 프레일 전단계로 규정했다(표 2-1).

이 프레일은 자립(physically independent)과 돌봄필요 상태(dependent) 중간에 위치하는 상태로 정의하는 분위기이다(그림 2-3). 이 프레일 상태는 가역적, 즉 적절한 개입을 통해 다시 자립으로 돌아갈 수 있는 상태라고 인식한다. 이 개념은 가능한 한 건강수명을 연장하려는, 바꿔 말하면 돌봄에 이르지 않도록 예방하려는 돌봄 예방으로 이어진다는 의미로서, 매우 중요한 개념으로 파악하고 있다.

⊘ 표 2-1 프레일의 진단기준

항목	평가기준
1. 체중감소	6개월 동안 2~3kg 이상의 체중감소
2. 피로감	(1주일에 3~4일)이유 없이 피로감을 느낀다.
3. 신체활동	① 가벼운 운동·체조 등을 하는지 여부. ② 정기적 운동·스포츠를 하는지 여부. 두 가지 중 「일주일에 한 번도 하지 않는다」고 대답
4. 걷기속도	통상 걷기 : <1.0m/s
5. 근력저하	악력 : 남<26kg, 여<18kg

위 5항목 가운데 3항목 이상은 프레일, 1~2항목이라면 예비 프레일에 해당. -CHS기준/J-CHS기준-

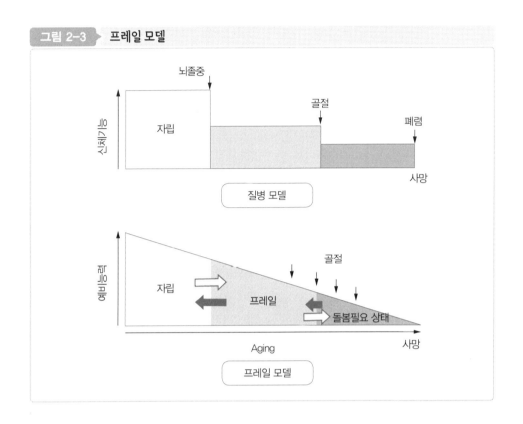

그림 2-3 ▶ 프레일 모델

1.4 이동

이동(mobility)이란 어느 장소에서 다른 장소로 위치를 옮기는 것이지만, 시니어한테 이동능력을 유지하는 일은 건강장수나 활동적인 생활을 보내는데 필수라고 할 수 있다. 이동이 제한되는 원인으로는 여러 가지가 있지만, 예를 들면 어떤 사정으로 자동차 운전을 하지 못한다든가, 다양한 기능장애로 걷기 자체가 불가능한 경우 등이 제한 원인들이다.

하지만 이동은 스스로의 기능이 떨어진 후라도 사회적 서비스나 공식 (formal) 또는 비공식(informal) 돌봄서비스를 통해 이동 자체는 가능한 경우도 있다. 이런 이동의 제한, 활동의 제한은 신체적 상태나 사회참여 수준의 저하와 관련된 여러 사항과 연결되어 있기 때문에, 이동은 건강상태나 생활의 질 (QOL, Quality Of Life)과 매우 밀접하다고 할 수 있다.

이동의 정의는 여러 가지지만, 일반적으로 의학 등에서 사용되는 「이동」은 협의의 이동을 말한다. 자신의 다리를 이용해 침대에서 의자까지 이동한다거나, 계단을 오르고 내리는 것을 가리키는 등, 일상생활 활동(ADL, Activity of Daily Life)에 포함되는 기능을 가리키는 경우가 많다.

한편 광의의 이동은 바깥을 포함하는 광범위한 이동으로, 자동차나 공공교통 기관을 비롯한 이동수단을 사용하는 이동이나 보조기구를 사용하는 이동까지 포함하는 경우가 많다. 이 항에서의 이동은 실외를 포함하는 광범위한 이동, 수단으로는 스스로의 다리를 사용하는 이동 외에, 차를 포함한 이동수단 또 이동보조기구나 도움을 받는 이동까지 포함하는 것으로 한다.

1.5 이동과 생활공간

생활공간(life space)이란 일상생활이 이루어지는 환경 범위를 가리킨다. 예를 들면 각종 장애 때문에 거의 침대 위에서 생활할 수밖에 없는 경우는 침대 위 또는 침실만이 생활공간이다. 반면에 스스로 이동할 수 있다면 옆방까지 심지어는 실외까지 생활공간이 넓어질지도 모른다.

설령 스스로는 이동하지 못한다 하더라도 돌봄 서비스를 통해 도움을 받을 수 있다면 이동공간은 넓어질 가능성이 있다. 예를 들면 스스로 차량 운전이 가능할 경우 등은 그 범위가 더욱 넓어질 수 있는 것이다. 스스로 운전하지는 못하더라도 가족의 차에 타서 또는 공공교통 기관을 이용할 수 있다면 생활공간은 넓어진다.

생활공간 이동(Life-space mobility)이란 일상생활의 범위를 뒷받침하는 이동을 가리킨다. 생활공간 이동에는 여러 가지 평가방법이 제안되고 있지만, 대개의 평가방법은 일정 기간(예를 들면 과거 4주간) 내에 생활 활동범위가 어디까지인지(그림 2-4 참조, 실내인지, 근처인지, 마을 밖까지 확대되는지) 또 어느 정도 빈도로, 또 그 이동에는 보조나 돌봄서비스가 필요한지 아닌지 등의 항목을 갖고 점수화해서 평가한다.

이런 질문방식 조사 외에 GPS(Global Positioning System)를 사용해 이동 범위 실측값으로 측정하는 방법 등도 보고되고 있다. 이런 평가들은 개인의 이동능력(신체적 능력)이 아니라 실제 이동이 중요하다. 따라서 걷기속도라든가 근력 테스트 같은 신체기능 능력과는 다르며, 가능한지 여부가 아니라 실제 이동상태가 평가된다.

예를 들면 신체기능 장애자라 하더라도 어떤 돌봄이 있으면 이동하는 것도 가능하다. 넓은 의미에서 인간의 이동은 생활범위 이동과 거의 동의어로 사용될 수 있기 때문에 앞으로 이동은 생활공간 이동으로 인식하겠다.

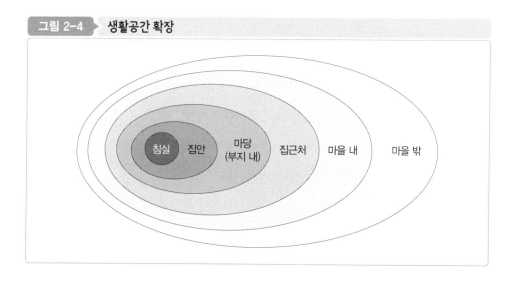

그림 2-4 ▶ **생활공간 확장**

1.6 이동과 관련된 인자(표 2-2)

이동 개념은 걷는 이동에서 더 폭넓게 보조이동 수단이나 공공교통 기관의 사용, 환경 인프라까지 포함한 이동 개념으로 바뀌고 있다. 그러나 아직은 협의의 이동 또는 광의의 이동에 머무른 연구가 많다. 실제로는 협의나 광의에 구애 받지 않고 개별 이동제한 요인에 대한 이해를 바탕으로, 그에 대한 대응을 생각하려면 포괄적인 사회생태학적 나아가서는 생활공간 구조 시스템까지도 고려하는 개념이 중요하다.

◎ 표 2-2 이동제한 요인

인지적 요인
심리사회적 요인
신체기능적 요인
환경적 요인
경제적 요인
질병 요인
감각기 요인

물리치료학 부교수 산드라 웨버(Sandra Webber)팀은 2010년에 이동(mobility)의 포괄적 프레임워크(framework)를 제안했다. 제안에 따르면 이동에 영향을 끼치는 요인으로 여러 가지 인자, 즉 인지기능과 심리사회, 신체기능, 환경, 경제적 요인을 든다. 인지기능은 기억이나 처리능력, 실행능력 등 광범위한 기능이 관여하고 있으며, 심리사회적 요인에는 자기효력감, 대처행동, 우울증, 공포 및 타인과의 관계에 관한 요인이 포함되어 있다.

시니어가 집에서 나가지 못하는 요인으로는 우울증상이 내재되어 있거나, 교류할 대상이 부족하거나, 넘어질지 모른다는 걱정으로 외출을 꺼리는 경우도 있다.

실제로 65세 이상 1,841명을 대상으로 한 세계 5곳의 횡단연구에서 넘어지는 것에 대한 공포감이 시니어의 생활공간 이동 제한과 관련 있는 것으로 보고되고 있다. 환경면에서는 외출하기 쉬운 주택 환경이나 주변 환경이 갖춰져 있는지 아닌지는 시니어의 이동에 있어서 매우 중요한 인자이다. 3층에 사는데 엘리베이터가 없다고 했을 때, 만약 장애가 있어서 계단을 스스로 오르고 내려갈 수 없다면 자신의 집에서 밖으로 이동하기는 힘들다.

걷기에 안전한 환경이 갖춰지지 않으면 걸어서 이동하는 일은 제한을 받게 되고, 공공 이동수단(버스나 전철) 등의 접근이 어려우면 이동은 현저히 제한 받게 된다. 경제적 요인도 이동에는 매우 중요하다. 운전이 가능하더라도 차를 살 수 없다거나, 필요한 이동 서비스를 충분히 활용할 수 없거나 또 이동하기 쉬운 환경에 살기 어려운 경우 등이다.

웨버 팀은 더 나아가 이 5가지 주요 요인 외에, 성별과 문화, 개별 생활사를 이동에 영향을 주는 요소라고 주장한다. 이 3가지 기본적 요소는 앞서의 5가지 요소에 각각 큰 영향을 끼친다고 주장한다.

심리사회적 요인에 포함되지만, 신체적 장애가 있어서 이동범위가 제한받는 경우라도 주체적이고 강한 의욕이 있을 때는 다양한 이동수단이나 서비스를 사용해서라도 생활공간 이동을 넓힐 가능성이 있다.

실제로 848명의 75~90세 시니어를 대상으로 한 조사에서는 하지 신체기능과 외출에 관한 주체성이 각각 독립적으로 생활공간 이동에 관여한다고 보고된 바 있다. 신체기능과는 별도로 자주적 외출의욕이 생활공간을 넓힌다는 것이 조사를 통해 보고된 것이다.

생활공간 이동과 여러 질환과의 관련성도 있다. 예를 들면 부전(不全)이나 폐쇄성 폐질환 등에서는 하지 자체의 장애는 없지만 심폐기능이나 호흡기능 장애가 있어서 이동제한을 받기 쉽다. 또 뇌졸중이나 하지관절·근력 장애를 비롯해 걷기 장애 자체는 이동 제약을 받는다.

심지어는 감각기관 장애, 예를 들면 난청이나 시력장애가 있으면 역시 외출을 꺼리는 경우가 많다. 이런 감각기관 장애는 외부와의 교류를 막고 주위와의 원활한 교류에 방해가 되기도 한다. 나아가 우울증으로 이어져 외출 빈도가 줄어들 가능성이 있다. 또 이런 감각기관 장애는 운전 장애도 불러와 운전행위를 포기할 수밖에 없는 경우도 많다.

1.7 이동과 건강(표 2-3)

사람은 이동이 제한될 때 건강상 많은 단점이 생긴다.예를 들면 이동을 못하면 물건도 살 수 없고, 의료기관 등에서 서비스도 받지 못하는 등의 상황이 발생하는 것이다. 시니어에게 이동의 제한은 건강장애로 이어진다. 걷기를 못할 정도의 장애는 몸 자체를 움직이지 못하는(운동을 못하는) 상황이 많고, 그로 인해

⟨ 표 2-3   생활공간 이동 저하와 건강상 결과

대사질환(비만증, 당뇨병, 지질이상증 등)
심혈관질환
ADL 저하
넘어짐
골절
호흡기능 저하
삶의 질(QOL) 저하
우울증
인지기능 저하
사망 위험성 증가

대사질환(비만증, 당뇨병, 지질 이상증 등), 심혈관질환으로 이어지기 쉽다. 운전을 그만두면서 행동범위가 줄어들어 우울한 상태를 쉽게 보인다거나, 돌봄이 필요한 상태 및 사망 위험성이 상승한다는 보고도 있다.

예들 들면 71~98세의 3,892명 남성 집단(cohort)에서 2.7년 동안 관찰한 결과, 등록 때의 생활공간 이동성 저하는 암이 아닌 사망 위험성이 증가했다. 또 75~102세 1,498명의 여성만의 집단조사(평균 5.2년의 관찰연구)에서도 남성과 마찬가지로 생활공간 이동이 적을수록 전사망(全死亡)뿐만 아니라 비암(非癌)으로 인한 사망이나 심혈관병에 의한 사망 위험성이 상승했다.

또 집단 통계연구에서 생활공간 이동 제한은 수단적 ADL(instrument ADL)이나 기본적 ADL 저하와 관련된다. 의학박사 시마다 히로유키(島田 裕之)팀은 65~100세 2,404명을 대상으로 생활공간 이동평가를 사용해 IADL 장애와의 관련성을 조사했다. 이에 횡단적뿐만 아니라 1년 동안의 관찰에서도 생활공간 이동제한과 IADL 저하가 관련된다는 사실을 보고한 바 있다.

또 인간운동과학 교수인 에르자 포르테기스(Erja Portegijs)팀은 75~90세 755명을 2년 간 관찰에서 등록했을 당시의 생활공간 이동평가가 나쁠수록 기본적 ADL 저하가 두드러진다는 점, 또 2년 동안 생활공간 이동평가 저하가 있으면 ADL 장애가 두드러진다는 점을 보고한 바 있다.

생활공간 이동과 넘어지는 관계도 여러 차례 보고되었는데, 예를 들면 65세 이상 시니어 970명을 대상으로 한 4년 동안의 집단 연구에서는, 넘어진 다음에는 이동이 제한받는다는 점, 심지어 생활공간 이동이 줄어들면 더 쓰러지거나 골절 위험성이 높아진다고 보고한 바 있다.

질환별 생활공간 이동 연구가 아직 한정적이기는 하지만, 폐쇄성 폐질환 환자의 전향적 조사에서는 생활공간 이동 제한이 호흡기능의 악화, 호흡곤란, QOL 저하, 우울증과의 관계가 있다고 보고된 바 있다.

1.8 이동과 사회성

생활공간 이동은 사회와의 연결에 있어서 매우 중요하다. 예를 들면 운전을 중단하게 되면서 친구와의 사회적 만남이 줄어든다. 또 휠체어에 의지해 생활하는 환자에게 있어서 휠체어를 조작하는 시간과 생활공간은 밀접한 관계에 있으며, 나아가 사회참가에도 관련되어 있다.

시니어를 대상으로 한 횡단조사에서는 생활공간 이동과 사회적 연계가 다양하게 관련되어 있다는 사실이 보고된 바 있다. 이처럼 시니어의 생활공간 제한은 사회와의 연결성이 줄어들고 그것이 직접적 또 간접적으로 건강장애로 이어질 가능성이 있다.

반대로 시니어가 사회와의 연결을 갖지 않음으로써 사회 자체가 손실을 받을 가능성도 있다. 앞으로 인구감소, 핵가족화 사회를 맞는 상황에서 시니어도 중요한 인적 자원이다. 시니어가 사회에 나가지 못하는 환경에서는 그 사회가 받는 손실도 클 수밖에 없다.

1.9 이동과 인지기능

신체기능과 인지기능과의 관계는 많이 보고되고 있다. 예를 들면 걷기속도는 횡단적 또는 종단적으로도 인지기능 저하와 관련되어 있다. 한편으로 이런 신체기능들은 이동능력이기도 해서, 생활공간 이동에서 중시되는 실제 생활상의 이동공간과는 별도이다.

그러나 행동범위 축소 자체도 횡단적 또는 종단적으로도 인지기능 저하와 유의미한 관련성이 있다고 보고된 바 있다. 또 신체기능 능력과 실제 이동(GPS로 평가) 및 인지기능과의 관련성을 횡단적으로 비교한 보고도 있는데, 실제 이동범위 축소는 인지기능 저하와 관련되어 있으며, 그 관련성은 걷기능력이나 의자기립시험 등 더 깊게 관련되어 있는 것으로 알려져 있다.

인지기능 가운데 하나인 실행기능은 복잡한 과제를 수행할 때, 과제 규칙의 유지나 스위칭 또는 정보 등을 갱신함으로써 사고나 행동을 제어하는 고차원 기능 가운데 하나이다. 76~91세 108명의 지역거주 시니어를 대상으로 한 2년 동안의 전향적 조사에서는 등록 시 양호한 실행기능은 양호한 생활공간 이동과 유의미한 관련이 있다고 나타났다. 반대로 등록 시 생활공간 평가는 실행기능 변화의 예측요인은 아니었다. 이런 사실들은 실행기능 유지가 생활공간 유지에 중요하다는 점을 시사한다.

1.10 생활공간 이동과 의료 및 돌봄시설 이용

심부전 환자의 8.5년에 조사 결과, 생활공간 이동(평가범위 : 0~120점)이 제한되면 의료 서비스 이용이 많아, 10점이 감소하는데 따라 구급 외래 진단 또는 입원 가능성이 유의미하게 증가하는 것으로 나타났다.

나아가 입원 중인 심부전 및 폐쇄성 폐질환 환자(합계 478명)를 대상으로 한 조사에서는 입원 전에 생활공간 이동이 제한(60점/120점)되었던 환자가 77.8%였다. 이들 이동이 제한되었던 대상자들은 90일 이내 재입원 조정 후 리스크가 1.73(95% 신뢰구간 : 1.04~2.85)로, 제한이 없던 환자보다 유의미하게 높았다.

돌봄시설 입소와의 관계도 보고되었는데, 65세 이상 시니어를 6년 동안 관찰·연구한 바에 따르면 생활공간 이동 제한이 돌봄시설 입소와 같은 독립된 리스크로 나타났다.

한편 의료기관 진찰이 생활공간 이동에 영향을 끼친다는 보고도 있다. 65세 이상 687명을 대상으로 한 조사 대상자 가운데 44명은 외과적 수술을 받고 167명은 수술을 받지 않은 입원환자들이다.

입원 후 양쪽 환자 모두의 생활공간 이동 평가는 떨어졌지만, 외과 환자는 더 크게 떨어졌다. 그러나 수술을 받은 환자는 그 후 빨리 개선되어 원래 생활공간 이동과 같은 수준으로 회복되었다. 한편 수술을 받지 않은 내과환자는 입원 후 그다지 크게 떨어지지 않았지만, 퇴원 후에도 이전 수준으로 회복하지는 않았다.

75세 이상의 지역거주 시니어 410명을 3년 동안 집단 연구한 결과, 경과 중에 구급 외래를 이용해 진찰이나 입원한 사람들은 그 후의 생활공간 이동이 감소했으며, 심지어 그 후에도 이전 수준까지 회복되지 않았다는 보고가 있다.

한편 65세 이상 173명의 시니어 가운데 외과적 수술을 받지 않은 대상자의 조사에서는, 퇴원 후 53%가 생활공간 이동이 악화되었지만, 23%는 오히려 입원 후 1개월 안에 개선되었다. 입원으로 인해 악화된 대상자도 반년 뒤에는 대부분이 좋아졌지만, 34%는 개선되지 않았다.

그 생활공간 이동으로 회복되지 않은 대상자는 장기입원환자로, 더구나 입원 전 평가에서는 생활공간 이동이 넓었던 사람들이었다. 시니어에게는 긴급한 질환으로 인한 의료기관 진찰 또는 입원하는 행위가 그 후의 생활공간 이동 제한에 큰 영향을 끼친다는 사실을 알 수 있다.

1.11 걷기와 건강

걸음(步行)을 통한 활발한 일상생활 활동(ADL)이나 실제 걸음수는 일상생활 공간 유지에 중요하다. 걸음은 가까운 거리를 이동할 때 가장 일반적인 수단으로, 실제로 70~90세의 핀란드 지역거주 시니어를 대상으로 한 횡단조사에서는 실제 걸음수 및 활동량 측정기를 사용해 평가한 신체활동 시간이 생활공간과 크게 관련되어 있다고 나타났다.

걸음수가 많고 또 활동시간이 길수록 일상생활 공간이 넓었다. 이와 동일한 집단의 2년간 전향적 조사에서등록 시 걸음수가 적고 또 중간 정도의 활동 시간이 짧은 대상자의 일상생활 공간은 감소했다. 이 연구들은 시니어의 걸음수를 포함한 활동적 생활습관이 일상생활 공간 유지에 중요하다는 사실을 시사한다.

걷기능력과 건강과는 매우 깊은 관계가 있다. 예를 들면 통상의 걷기속도(보통으로 걷게 하고 속도를 측정)는 생명 예후를 매우 잘 예측하는 것으로 알려져 있다. 한 연구 사례에 따르면 65세 이상의 심질환이나 뇌혈관 장애, 악성종양이 없는 2,105명의 지역거주 시니어를 조사했더니, 등록 시 걷기속도가 10년 동안의 사망 리스크와 유의미한 관계가 있는 것으로 밝혀졌다.

또 걷기습관 자체가 시니어 건강에 끼치는 영향 보고를 보면, 잘 걷는 집단에서는 심혈관병 발증 및 전사망 위험성이 유의미하게 낮은 것으로 나타났다. 이렇게 걷기능력이나 걷기습관은 시니어의 생활공간 이동과 밀접하게 관련되어 있을 뿐만 아니라 시니어의 건강이나 수명에도 크게 관여한다.

1.12 프레일의 영향

프레일(frail, 노쇠한)은 돌봄상태에 이르기 전단계로서, 방치하면 돌봄상태가 될 위험성이 높다. 프레일의 존재는 횡단적으로도 생활공간 이동이 떨어진다. 특히 주체적 이동이 낮을 뿐만 아니라, 전향적 2년 동안의 관찰에서는 프레일이 아닌 대상자보다 프레일 대상자가 생활공간의 이동성이 급속히 떨어졌다고 보고되기도 했다.

한편 생활공간의 이동제한이 프레일 위험성으로 이어질 가능성도 보고되고 있다. 프레일 상태가 아닌 여성 집단을 3년 동안 관찰했는데, 주 4회 이상 집 주

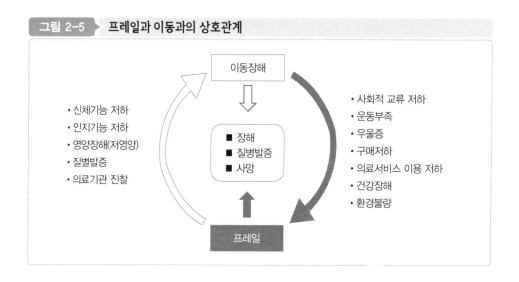

그림 2-5 ▶ 프레일과 이동과의 상호관계

변보다 더 멀리 이동한 대상자보다 그 미만인 대상자에서는 프레일이 될 조정 후 리스크가 1.7배(95% 신뢰구간 : 1.1~2.4), 나아가 1주일 동안 집에서 나가지 않은 대상자에서는 3배(95% 신뢰구간 : 1.4~7.7)가 높은 것으로 나타났다.

프레일과 생활공간 이동과의 상호관계 보고는 더 적은 편이어서 더 많은 연구 축적이 필요하다. [그림 2-5]와 같이 프레일과 생활공간 이동에 관한 관련성 때문에 프레일과 생활공간 이동과는 상호관계가 있다고 할 수 있다. 이들 관계는 부정적 악순환을 만들어 새로운 장애와 질병의 발증, 사망으로 이어진다.

1.13 주거환경 및 시니어의 이동과 건강

거주환경은 그 건물 자체의 구조뿐만 아니라 주위 환경이나 근처의 걷기 쉬운 환경(walk-ability), 주택의 밀집도, 도로 접근성, 상업시설과의 거리, 도로 폭, 공원 접근성 등을 포함한다. 이들 주거환경은 거기에 사는 시니어의 신체활동과 밀접하게 관련된 것으로 알려져 있다.

앞서도 언급했지만 걷기는 신체활동과 밀접하게 관련되어 있다. 걷기 편리성이나 의욕은 주위 환경에 좌우되기 쉽다. 실제로도 주체적인 걷기로 이어지는 요인은 환경에 크게 좌우된다. 동료나 친구의 영향, 지역의 범죄나 안전성에 대한 인식 및 주변의 미적 매력(환경) 그리고 사람이 생활하고 작업하는 장소의 조형적 디자인 등이 관여하는 것으로 알려져 있다.

65~92세 438명의 지역거주 시니어를 대상으로 한 연구에서는, 걷기 좋은 환경(주택의 밀집도, 도로 접근성, 주변환경 다양성으로 평가) 속의 주민은 나쁜 환경에 사는 주민보다 이동수단으로 걷기를 많이 이용할 뿐만 아니라 나아가 신체활동량도 많다.

신체활동량을 늘리기 위해서는 걷기를 촉진시키는 것이 중요한데, 개별 대상자에 대한 신체활동 증가 프로그램 효과는 매우 단기적인 반면에, 걷기 좋은 환경의 구축은 장기적이고 지속적 효과를 기대할 수 있는 것으로 알려져 있다.

주변의 도로환경, 걷기 좋은 양호한 환경은 외출기회나 외출의욕을 증가시켜 생활공간 이동을 촉진시킬 뿐만 아니라, 나아가 고독감 자체를 감소시키는 가능성도 제기되고 있다. 그런 의미에서 주거지 주변의 환경정비는 장기적으로 봐도 시니어에게 매우 중요하다.

2. 시니어의 운전 필요성과 과제

2.1 시니어를 둘러싼 운전환경

시니어 비율이 상승함에 따라 노년 운전자 수도 증가하고 있다. 노년기의 시각과 운동, 인지기능 저하는 운전기능 저하를 불러와 사고 위험성을 높이기 때문에 75세 이상에서는 시니어 안전교육이 의무화되어 있고, 인지능력 측정 및 신체 능력에 맞는 운전기법을 받도록 운전면허증 갱신 시 의무화되어 있다.

이런 조치들은 인지증 시니어의 위험운전에 따른 중대한 교통사고 증가 때문이다. 65세 이상의 시니어 약 10,000명을 대상으로 한 조사에 따르면, MMSE(Mini-Mental State Examination)가 20점 이하(인지증 의심 있음)인

시니어 가운데 38%(남성은 58%, 여성은 15%)가 운전을 계속했다. 이 결과는 시니어가 위험성을 동반하고 계속 운전한다는 것을 시사하는 것이다. 그러므로 운전으로 인한 교통사고 위험성이 높은 시니어에 대해 면허 취소나 자진반납을 촉진하는 구조가 구축되었다는 사실은 매우 바람직하다고 할 수 있다.

반납에 의한 운전면허 취소 건수는 2018년부터 2021년까지 3년 동안 5배가 증가했다. (서울시 자료) 취소자의 95% 이상은 65세 이상의 시니어로서, 이 가운데는 인지기능 저하 등으로 운전에 위험성을 동반하는 사람이 많이 포함되어 있는 것으로 파악되어 교통사고 예방 차원에서 바람직하다고 보인다.

하지만 아직 안전한 운전이 가능하고 운전 필요성이 높은 형편의 시니어가 아무런 준비도 없이 운전을 중지하면 생활에 지장을 받을 가능성이 높기 때문에, 자진반납을 하기 전에 자동차 없는 생활 체험으로 문제가 없는지 등을 검토한 다음 자진반납을 하는 것이 바람직하다.

2.2 운전중지에 따른 폐해

운전 중지는 생활자립을 저해하거나 우울증과 같은 질병이 발생할 위험성을 높이고, 수명 단축으로도 이어진다는 사실이 많은 연구를 통해 확인되고 있다. 시니어가 운전을 못하게 되는 상황은 생활범위의 축소화로 직결되어, 활동량을 감소시켜 심신의 기능이 떨어지는 것으로 여겨진다.

약 3,500명의 시니어를 대상으로 한 조사에서는 운전을 중지한 시니어는 운전을 계속한 시니어보다 돌봄이 필요한 상태가 될 가능성이 약 8배나 높다는 사실이 밝혀지기도 했다.

또 자동차 운전은 순간적 인지와 추론을 통해 상황을 판단하고 그 판단에 기초해 적절한 조작이 요구되기 때문에 고차원의 인지기능이 요구되는 행위이다. 그러므로 운전상황 조사가 장래의 인지증 발증(發症)을 판정하는 하나의 지표가 될 가능성을 갖는다.

지역거주 시니어 4,928명을 대상으로 한 분석에서는 292명이 추적기간 중 (평균 약 47개월)에 인지증이 발증되었다. 나이와 성별, 교육이력, 각종 질병, 인지기능을 바탕으로 한 생존분석 결과, 조사를 시작할 때 운전을 했던 시니어는 운전을 하지 않았던 시니어보다 인지증 발증 위험비율이 0.49(95% 신뢰구간 0.37~0.66)로, 인지증 리스크가 반 정도인 것으로 밝혀졌다.

이 결과는 운전 실시상황이 인지증 위험을 예측하는데 있어서 유익하다는 점, 운전 같이 고도의 인지기능을 필요로 하는 행동유지가 장래의 인지증 억제에 대해 영향을 끼칠지도 모른다는 점을 시사한다.

이 결과들에서 시니어의 일상생활 자립을 보증하기 위해서는 운전의 지속이 중요한 역할을 담당하는 것으로 생각되기 때문에, 건강하고 장수하는 사회를 실현하기 위해서는 안전운전을 지속할 수 있는 기간(운전사명)을 연장시키는 시스템 구축이 필요한 것으로 생각된다.

특히, 인지증은 아니지만 인지기능 저하가 연대별 평균값보다 일정 이상 낮은 상태인 경도 인지장애(MCI)는 나중에 인지증이 발증될 위험성이 높기 때문에, 인지증을 예방하기 위해서라도 안전하게 운전하는 생활을 활성화해 둘 필요가 있다. MCI 시니어가 운전하는 비율이 인지기능 저하가 없는 사람과 마찬가지로 높은 비율을 차지하기는 하지만 안전하게 운전하고 있다는 연구 같은 것은 없다.

2.3 인지증 예방과 운전과의 관련성

생활 자립이 안 되는 돌봄상태의 첫 번째 원인은 인지증 때문으로, 건강수명을 연장하기 위해서는 인지증 예방이 중요한 과제이다. 인지증의 주요한 원인질환인 알츠하이머병의 위험인자는 노화 과정과 더불어 출현하고 변화 또는 겹치면서, 그 결과 노년기 뇌의 기능적 예비력을 떨어뜨리는 원인이다.

최근 20년 동안에 행동·사회과학적 측면에서 알츠하이머병 및 인지증의 위험인자가 다수 보고되면서 일정한 견해가 정립되었다. 어렸을 때는 유전적 또는 사회·경제적 위험인자가 존재했고, 교육을 받을 기회가 줄어들면서 인지적 예비력을 충분히 축적하지 못하는 상황 등이 장래의 인지증 발증과 관련된 것으로 여겨진다.

중년일 때는 고혈압이나 이상지질(異常脂質), 당뇨병 등과 같은 생활습관 병과 관련된 위험인자가 나타난다. 이런 증상들은 뇌혈관 질환뿐만 아니라 알츠하이머병의 위험인자이기도 하므로, 장래의 인지증을 예방하기 위해서는 약물복용 관리와 식사요법의 실천이 중요하다. 노년기 때는 노년증후군 등이 중요한 인지증 위험인자이다.

예를 들면 노년기의 우울증은 활동을 떨어뜨려 사회적 고립을 초래하는 동시에, 뇌에서 유래하는 신경영양 인자(BDNF, Brain-Derived Neurotrophic Factor)의 발현을 감소시킨다. BDNF 저하와 해마의 축소는 연관되어 뇌의 예비력 저하로 이어진다. 또 넘어지는 등에 따른 머리 외상은 장래의 알츠하이머병 발증의 위험인자이다.

노년기 때는 집에만 틀어박혀 외출하지 않는 사람이 많아진다. 이렇게 자의든 타의든 외출제한으로 인해 신체활동이나 인적교류가 줄어들면 심신의 기능은 급속히 하락한다. 반면에 사회참가나 지적활동, 생산활동 참여, 사회적 네트워크가 인지증 발증에 대한 보호적 인자로 인정받는다. 이런 사실은 노년기 때의 활동적 생활방식 확립이 인지증 예방을 위해서 중요하다는 점을 시사한다.

예를 들면 인지기능 장애가 없는 1,740명의 시니어를 평균 6.2년간 추적·조사한 연구에 따르면 조사기간 중에 158명이 인지증이 발증하면서 이들 시니어에게 공통된 특징이 분석되었다. 그 결과 주3회 이상의 운동습관을 가졌던 시니어는 3회 미만으로 운동했던 시니어보다 인지증에 걸릴 위험비율이 0.62(95% 신뢰구간 0.44~0.86)로 감소했다. 나아가 운동기능에 따라 3그룹(낮음, 중간, 높음)으로 나누었을 경우, 운동기능이 낮은 시니어일수록 인지증 예방에 대한 운동습관 중요도가 높은, 즉 운동습관이 없으면 인지증에 걸리기 쉽다고 분석하고 있다.

또 인지기능에 문제가 없는 4,615명의 시니어를 5년 동안 추적·조사한 연구에서는 걷기보다도 고강도 운동을 주 3회 이상 했던 시니어가 운동습관이 없는 시니어보다 인지증 발증 위험성이 낮았다. 운동 내용에 대해서는 단일 운동보다 걷기나 자전거, 수영, 골프 등과 같이 복수의 운동을 조합해서 하는 편이 인지증 예방효과가 높은 것으로 밝혀졌다.

인지적 활동의 실시상황과 인지증 발증 추적조사에 따르면 보드게임이나 독서, 악기연주 같은 인지적 활동을 했던 시니어가 활동하지 않았던 시니어보다 인지증 발증 위험비율이 각각 0.26(95% 신뢰구간 0.17~0.57), 0.65(95% 신뢰구간 0.43~0.97), 0.31(95% 신뢰구간 0.11~0.90)로, 이런 활동들이 인지증 억제에 효과가 있는 것으로 나타났다.

이렇게 다채로운 활동을 보증하기 위해서는 「생활의 발」이 필요하다. 공공교통 기관이 발달한 도시에서는 버스나 전철이 해당하지만 그 외의 지역은 자동차가 주요한 생활의 발 역할을 할 것으로 추측할 수 있다.

자동차 운전을 하지 못하게 되면서 생활범위가 줄어들어 인지장애를 유발할 가능성이 지적된다. 1,294명의 시니어를 대상으로 평균 4.4년간 인지증 및 MCI(경도 인지장애) 발증을 추적한 조사에 따르면 180명에게서 알츠하이머병이 발증해 생활범위가 축소된 시니어의 인지증 발증 위험성이 약 1.2배 상승했다.

또 생활범위가 좁은 시니어는 MCI 위험성도 약 1.2배 높아지는 것으로 보고되었다. 이런 사실들은 노년기에 안전하게 운전을 지속함으로써 생활범위 축소를 막는 것이 건강수명 연장을 위해서 중요하다는 점을 시사한다.

2.4 운전사명 연장의 과제

운전사명 연장 시스템을 구축하기 위해서는 사고를 일으킬 위험성이 높은 시니어를 정확하게 스크리닝해 사고방지에 효과적인 프로그램을 제공해 나갈 필요가 있다. 스크리닝에는 시력기능, 청력, 순환기, 신경, 정신질환 등과 같은 만성

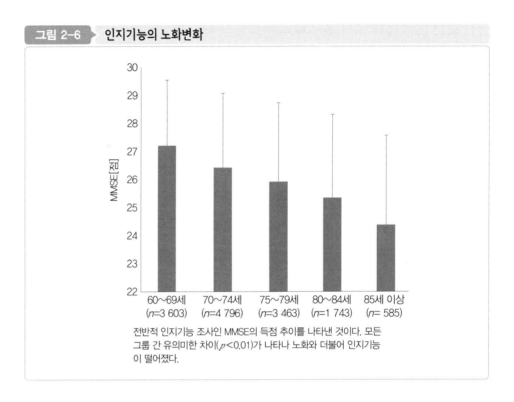

그림 2-6 ┃ 인지기능의 노화변화

전반적 인지기능 조사인 MMSE의 득점 추이를 나타낸 것이다. 모든 그룹 간 유의미한 차이($p < 0.01$)가 나타나 노화와 더불어 인지기능이 떨어졌다.

질환의 유무 그리고 운동이나 인지기능 검사를 해 왔다. 특히 인지기능은 노화와 더불어 진행되기 때문에 [그림 2-6] 노년기를 맞은 사람이 인지장애를 갖는다.

[그림 2-7]은 14,245명의 지역거주 시니어들을 65세부터 5년으로 구분한 MMSE 23점 이하 비율을 나타낸 것이다. 노화와 더불어 인지장애를 가진 시니

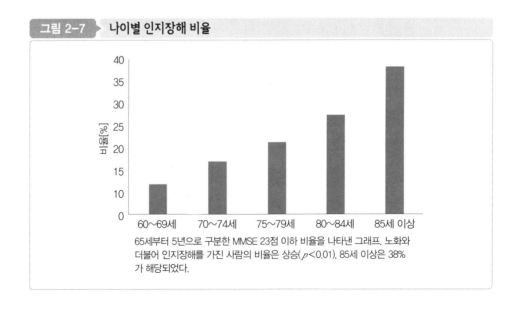

그림 2-7 ┃ 나이별 인지장해 비율

65세부터 5년으로 구분한 MMSE 23점 이하 비율을 나타낸 그래프. 노화와 더불어 인지장해를 가진 사람의 비율은 상승($p < 0.01$), 85세 이상은 38%가 해당되었다.

어 비율이 상승(($p<0.01$), 85세 이상은 38%가 인지장애를 가진 것으로 나타났다. 인지장애는 자동차 사고의 중대한 원인 가운데 하나일 수 있다. 때문에 계속해서 운전할 수 있는지 여부를 검토하는데 있어서의 평가지표로, 75세 이상 시니어에 대해서는 운전면허 갱신 시 반드시 받도록 되어 있다.

인지기능과 관련된 시니어의 사고억제 프로그램에 대한 선행연구를 보면 추리 트레이닝이나 정보처리 트레이닝을 통해 장래의 자동차 사고를 약 50% 줄였다는 보고도 있다. 다만 이 개입은 불과 10회의 인지적 트레이닝을 실시한 다음 6년 동안의 사고 상황을 비교한 것이어서, 개입을 통한 직접적 효과인지는 의문이 남는다. 또 나라마다 도로교통 사정이 저마다 다르다는 점도 감안해야 할 것이다.

2.5 운전사명 연장 프로젝트

앞서의 문제를 해결하기 위해 선행연구에서는 안전교육과 도로 트레이닝, 도로 외에서의 스킬 트레이닝, 시뮬레이터를 이용한 연습, 신체적 트레이닝이 시니어의 운전행동 개선을 위해서 추천되었다.

이런 트레이닝들은 장애를 가진 사람에 대한 재활(rehabilitation)로서의 효과는 검증되었지만, 시니어에 대한 효과에 대해서는 명확히 밝혀지지 않았다. 그래서 160명의 시니어운전자를 대상으로 무작위로 개입그룹과 대조그룹으로 대상자를 구분한 다음, 개입그룹은 교육장에서의 실제 차량 트레이닝(10개 부문)과 운전 시뮬레이터를 통한 위기예측이나 동체시력, 주변시야 트레이닝(10개 부문)을 3개월에 걸쳐 실시했다. 대조그룹에는 1회의 자동차 강습을 실시했다.

[그림 2-8]은 개입 전후로 교육장 내에서의 표준적 도로검사 결과를 나타낸 것이다. 개입그룹의 평균점이 사전평가 -130.2점에서 사후평가 42.0점으로 대폭 향상된 것과 달리 대조그룹의 평균점은 사전평가 -133.5점에서 사후평가 -135.7점으로 거의 변화가 없어서, 그룹 간 유의미한 상호작용을 확인했다(그림 (a)). 또한 개입종료 1년 후에 재검사 때도 운전기능이 유지된 것으로 나타났

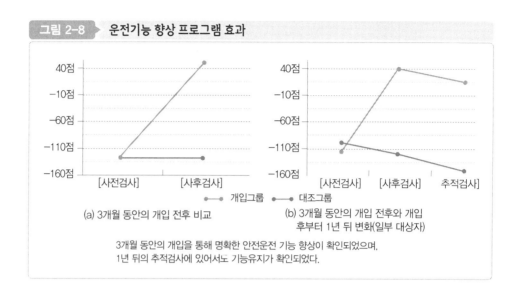

그림 2-8 ┃ 운전기능 향상 프로그램 효과

(a) 3개월 동안의 개입 전후 비교

(b) 3개월 동안의 개입 전후와 개입
후부터 1년 뒤 변화(일부 대상자)

━●━ 개입그룹　　━●━ 대조그룹

3개월 동안의 개입을 통해 명확한 안전운전 기능 향상이 확인되었으며,
1년 뒤의 추적검사에 있어서도 기능유지가 확인되었다.

다(그림 (b)).

이상의 결과로부터 단기간의 안전운전 기능향상을 목표로 한 프로그램은 시니어의 안전운전 기능을 향상시키고, 한 번 향상된 기능은 유지된다는 사실이 확인되었다. 다만 이 운전기능 향상이 사고 억지에 효과가 있는지 아닌지는, 적은 샘플링 검사에서 사고가 발생하지 않았기 때문에 확인이 안 된다. 앞으로 대규모 집단을 대상으로 한 시험을 실시해 프로그램의 사고예방 효과를 검증할 예정이다.

2.6 운전자를 위한 운동 트레이닝

노년기에는 심신기능이 떨어진다. 특히 시각기능이나 선택반응 시간, 민첩성, 협조성 같이 노화와 더불어 현저히 떨어지는 기능이 운전 안전성과 관련되어 있기 때문에, 이들 체력 요소의 유지가 안전운전과 관련되었다고 할 수 있다. 이 요소들을 포함한 트레이닝의 한 가지 사례가 [그림 2-9]이다.

이밖에도 몸통이나 다리 관절의 유연성을 유지하기 위한 스트레칭 등을 추천한다. 다만 이런 트레이닝이 자동차 사고 억제에 효과가 있는지 아닌지는 명확하지 않으므로 앞으로 연구가 필요하다.

그림 2-9 **운전자를 위한 운동**

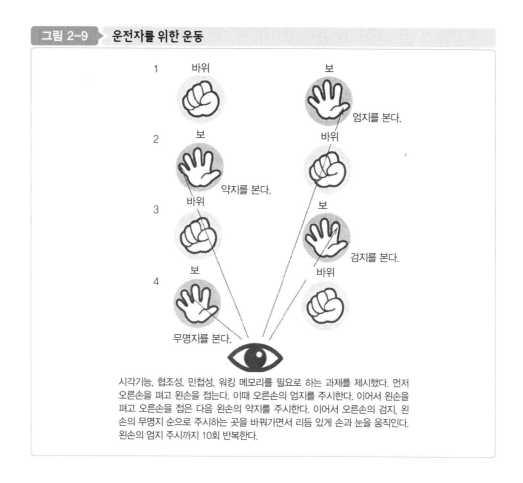

시각기능, 협조성, 민첩성, 워킹 메모리를 필요로 하는 과제를 제시했다. 먼저 오른손을 펴고 왼손을 접는다. 이때 오른손의 엄지를 주시한다. 이어서 왼손을 펴고 오른손을 접은 다음 왼손의 약지를 주시한다. 이어서 오른손의 검지, 왼손의 무명지 순으로 주시하는 곳을 바꿔가면서 리듬 있게 손과 눈을 움직인다. 왼손의 엄지 주시까지 10회 반복한다.

2.7 맺음

명백히 운전에 위험이 따를 경우는 운전을 중지해야 하지만, 강습예비 검사에서 제1분류로 판정되는 것은 약 3%의 시니어에 지나지 않는다. 그렇다고 나머지 97%가 안전하게 운전할 수 있다는 보증은 유감스럽게 할 수 없다. 단 쉽사리 운전을 그만두면 그 후 돌봄 필요성이나 인지증 발증의 위험성이 높아진다.

이 양 측면의 위험성을 피하는 해결책으로, 운전에 불안한 점이 있을 때는 교습소 등에서 안전운전이 가능한지 확인하고, 부족한 부분이 있으면 재학습을 통해 안전운전이 가능하도록 해주는 시스템을 정비함으로써 시니어가 안심하고 운전을 지속할 수 있도록 지원하는 것이 필요하다.

3. ▶ 운전과 건강

3.1 자동차의 보급

우리들은 이동 시 가장 간편한 이동수단인 자동차에 크게 의존한다. 때문에 오늘날에는 자동차가 선택이 아닌 필수 가전제품으로 인식되고 있다. 이런 자동차의 보급으로 인해 우리들 생활권은 매우 넓어졌다. 이것은 걷기나 자전거를 통한 이동과 비교하면 매우 명백하다. 또 승용차를 이용함으로써 각각의 목적에 맞춰서 유연하고 신속한 이동이 가능해졌다. 이것은 공공교통과의 큰 차이를 말해 준다. 우리는 자동차 보급과 함께 그런 편리성을 누려온 것이다. 반면에 그와 비례해서 희생도 늘어났다.

3.2 자동차 보급에 따른 건강피해와 대책

국내의 자동차 보급은 경제성장에 크게 기여했을 뿐만 아니라 사람들의 생활을 풍요롭게 해주었다. 그런 반면에 여러 가지 건강 피해도 함께 가져왔다. 그 중에서도 순식간에 사람의 생명을 앗아가는 교통사고는 자동차 보급초기부터 문제가 되면서 대책을 세워왔다.

교통사고와 더불어 다른 심각한 문제는 바로 대기오염이다. 대기오염은 고도 경제성장과 더불어 대기오염 물질을 배출하는 공장이나 사업장이 증가하면서 더욱 두드러졌으며, 자동차 보급이 여기에 박차를 가했다. 특히 대도시에서는 디젤차에서 배출되는 이산화질소나 부유 입자상 물질로 인해 대기오염이 심각해지면서 사람들의 건강에 지대한 영향을 끼쳤다.

정부는 이런 사태에 대응하기 위해서 대기오염방지법 등을 비롯해 여러 가지 법을 제정해 왔다. 이로 인해 대기오염뿐만 아니라 소음이나 폐기물, 수질오염, 토양오염, 해양오염 등과 같은 환경문제에 대응해 왔다.

자동차에는 배출가스에 포함된 질소산화물(NOx)이 산성비의 원인이기도 하고, 입자상 물질(PM)에는 발암성이 있기 때문에 이들 배출을 규제하기 위한 법이 정비되어 왔다.

예전에는 한낮에도 라이트를 켜지 않고는 운전을 하지 못했을 만큼 대기가 오염된 지역도 있었지만, 지금은 대책을 통해 그런 상황은 없어졌다. 하지만 자동차 배출가스에 의한 대기오염은 아직도 중요한 과제로서, 배출가스 규제와 전기 자동차를 비롯한 저공해차량의 보급, 자동차의 효율적 이용, 공공교통으로의 전환 등과 같은 대책이 추진 중이다.

3.3 노년화되는 자동차 사회의 새로운 과제

자동차 보급은 교통사고나 대기오염을 일으켰으나 그런 한편으로 자동차 이용을 전제로 한 지역이나 생활방식을 만들어 왔다. 그것이 근래에 인구 노년화에 따라 사회의 새로운 과제로 대두되고 있다.

노년화 사회에서는 인구에서 차지하는 시니어 비율이 증가할 뿐만 아니라, 세대구성이 바뀌어 시니어 단독세대나 시니어만의 세대도 증가한다. 이런 경향은 앞으로도 계속될 것으로 예측된다.

자동차는 시니어에게도 주요한 교통수단이다. 또 자동차가 시니어의 이동에 차지하는 비율이 높을 뿐만 아니라 외출비율이나 이동회수도 많다. 시니어 가운데 면허를 가진 사람 또는 자기 전용 자동차를 가진 사람이 갖지 않은 사람보다 외출비율이나 자동차를 통한 이동회수가 많다는 것이다.

이처럼 자동차는 시니어의 일상생활에 깊이 들어가 활동적 생활을 뒷받침하고 있다. 그만큼 시니어는 운전을 그만두려고 해도 쉽게 그만둘 수 없는 것이다. 이것은 자동차를 대체할 교통수단이 없는 지역일수록 그렇다고 할 수 있다. 그렇다고 언제까지나 운전을 계속할 수는 없는 노릇이다. 앞으로도 시니어는 진행되고 시니어뿐인 세대나 단독세대가 늘어날 것을 감안하면, 자동차를 대체할 교통수단으로 일상생활을 유지할 수 있는 지역이나 생활방식을 만들어갈 필요가 있다.

3.4 시니어는 운전을 그만두어야 할까

시니어뿐만 아니라 많은 사람이 일상생활을 보내는데 있어서 자동차를 필요로 한다. 그럼에도 불구하고 시니어에게만 운전을 그만두어야 한다고 주장하는 목소리도 있다. 이런 배경에는 노년운전자에 의한 중대 사고나 고속도로 역주행 사고 등이 미디어 등에서 크게 보도된 탓이 크다. 하지만 과연 노년운전자가 다른 운전층보다 더 많은 사고를 일으키고 있을까.

일본의 통계에 따르면 면허보유자 10만 명 당 사망사고 건수가 많은 연령층에서 3건 전후이지만, 75~79세에서는 6건, 80~84세에서 9건, 85세 이상에서 16건으로 나타났다. 이것이 노년운전자를 위험시하는 근거의 하나이다. 하지만 이 건수는 16~19세 운전자의 11건과 비교하면 85세 미만 노년운전자에서는 오히려 더 낮은 것이다. 또 20~24세과 70~84세 운전자에서는 그 건수가 4건 정도인데, 이와는 별 차이가 없다.

여기서 한 가지 주의해야 할 것은, 사망사고가 충돌시에 상대의 사망 사실만을 말하는 것이 아니라는 점이다. 사고를 일으킨 운전자 본인만이 사망했을 경우도 사망사고인 것이며, 그런 사고는 노년운전자에게 많다. 왜냐면 자동차끼리 또는 자동차 단독의 교통사고에서는 운전자가 노년일수록 사망에 이르기 쉽기 때문이다.

흔히들 노년운전자가 다른 연령층보다 사고를 일으키기 쉽다고 인식되고 있지만, 정말로 위험한지 어떤지는 모든 사고건수나 사고 당 피해자수로 논해야 한다. 사망사고는 교통사고 전체에서 빙산의 일각에 지나지 않고, 앞서 언급한 대로 노년운전자는 교통사고를 일으키면 자신이 죽음에 이를 가능성이 높아서 사망사고가 되기 쉽기 때문이다.

그렇다고 노년운전자에 의한 교통사고 건수나 그 피해 크기가 집단수준에서 봤을 때 다른 연령층보다 훨씬 높다는 주장은 사실이 아니다. 다만 어떤 연령층이든 개인 수준에서 봤을 경우, 사고를 일으키기 쉬운 사람이 있는 것은 사실이다. 문제는 그런 사람을 특정할만한 유효한 수단이 없다는 것이다.

노년운전자는 75세 이상 운전자를 대상으로 면허갱신 때, 인지증 의심이 있는 노년운전자를 스크리닝하게 되었다. 정부 발표에 따르면, 인지증 의심이 있는 노년운전자는 그렇지 않은 노년운전자보다 사고를 일으키기 쉽다. 하지만 검사도입에 따른 사고감축 효과는 아직 인정받지 못하고 있다.

시니어는 운전을 그만두어야 할까. 그것은 노년운전자가 사는 지역(지역성)과 본인의 운전능력(개별성)에 의해 결정되어야 한다. 만약 운전을 그만 두었을 때 현재의 생활을 지속할 수 없는 지역에 산다면 운전을 그만두고 싶더라도 운전을 계속하는 수밖에 없다. 즉 사고 위험성을 이유로 운전을 적극적으로 그만둘 필요는 없다.

운전능력에 문제가 있는 경우는 어떨까. 당연히 문제가 있으면 운전하지 않는 것이 좋다. 다만 교통사고 리스크가 운전능력으로만 결정되는 것은 아니다. 교통량이나 도로교통 환경, 차량, 시간대, 날씨 등에 따라서도 좌우된다. 따라서 운전능력에 다소 문제가 있다 하더라도 사고가 적은 지역에서 운전하는 것이라면 그렇지 않은 지역에서 운전하는 것보다 사고를 일으킬 리스크가 적을지도 모른다. 그 반대도 마찬가지다. 앞으로는 이런 지역성과 개별성을 배려하는 대책이 욕구된다.

한편 운전을 그만두어도 현재생활에 지장이 없다면 운전을 그만두는 것이 확실히 사고를 일으킬 위험성은 제로이다. 또 어떤 식이든 운전을 하지 못하게 될 때가 온다는 점을 감안하면 운전하지 않는 생활방식에 익숙해지는 것도 앞으로에 대한 준비이다. 나아가 하루하루의 외출을 자동차에 의지하지 않는 것은 환경에도 도움이 되고 신체활동량도 많아져 건강에도 도움이 된다.

다만 여기서 주의해야 할 것은, 운전을 그만두고 도보나 자전거로 외출할 기회

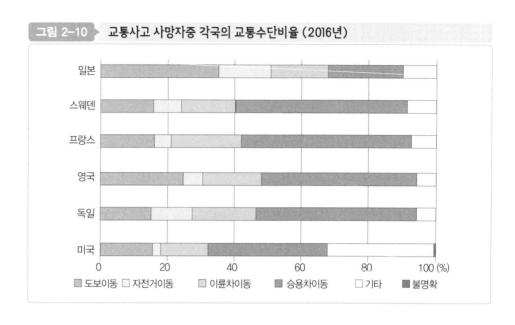

그림 2-10 교통사고 사망자중 각국의 교통수단비율 (2016년)

가 많아지면 교통약자로서 교통사고를 당할 가능성이 높아진다는 점이다. 사실 유럽이나 미국보다 교통사고 사망자에서 차지하는 교통약자 비율이 상당히 높다. [그림 2-10]는 그 비율을 2016년 데이터에 기초해 외국의 사례를 비교한 것이다. [그림 2-10]에 따르면 교통약자인 보행자, 자전거 통행자가 교통사고 사망자에서 차지하는 비율이 유럽·미국은 20~30%정도이지만 일본의 경우는 약 50%나 된다.

또 일본은 교통사고 사망자에서 차지하는 시니어(65세 이상) 비율이 높다. 유럽·미국 나라들은 20~30%정도이지만, 일본은 56%를 넘는다. 이것은 인구에서 차지하는 시니어 비율 차이를 고려해도 높은 편이다. 게다가 교통사고 사망자에서 차지하는 교통약자 비율을 시니어로만 한정하면, 유럽·미국은 40%정도이지만 일본은 60%를 넘는다.

한국은 2021년 총리실안전관리개선기획단 자료에 따르면 전체 교통사고 사망자 중 보행자사망 35%, 노년 사망자 44%, 이 중에서 시니어 운전자 가해로 인한 교통사고 사망자는 23%로 나타났다. -블로그 Factory Market-

덧붙이자면 시니어운전자에 대한 인지기능 검사를 일찍부터 도입한 덴마크 같은 경우, 검사 도입 후에 시니어의 교통약자 사망률이 증가한 것으로 보고되고 있다. 그런 증가는 다른 연령층에서 볼 수 없는 현상으로, 검사 도입을 계기로 노년운전자가 운전을 그만두고 교통수단을 보도나 자전거로 바꾼 것이 영향을 끼쳤을 것으로 추측된다.

시니어가 운전을 그만둔 이후, 교통약자로서 사고를 당할 위험성이 높을지도 모른다는 주장에 대해서는 아직 논의가 충분하지 않다. 또 노년운전자 대책과 비교해 노년의 교통약자에 대한 대책이 더 부족하다. 노년운전자에게 면허반납·운전중지를 권고하려면 대체 교통수단 정비와 교통약자에 대한 대책을 강화해 나갈 필요가 있는 것이다.

3.5 운전 중지가 건강에 끼치는 영향 : 면역연구 증거

노년운전자가 운전을 그만두었을 때 발생하는 것은 교통약자로서 교통사고가 일어날 가능성이 높은 것만은 아니다. 특히 자동차 이외의 교통수단이 없는 지역이나 생활환경에 놓인 시니어에게는 이동이 제한되어 일상생활에 지장을 초래하고, 그것이 건강에 악영향을 끼치게 된다.

시니어의 운전중지가 건강에 끼치는 영향은 지금까지 유럽·미국 여러 나라에서 역학적 방법을 이용해 검토·보고되어 왔다. 이들 역학연구 결과를 정리한 계통적 리뷰도 있을 만큼 유럽·미국에서는 사회적 관심도가 높은 주제이다. 계통적 리뷰란 지금까지 발표된 연구논문을 총망라해서 검색한 다음, 논문의 질을 여러 평가자가 일정한 기준에 따라 검증해 기준 외의 논문을 제외한 상태에서 결과를 정리한 것을 말한다. 이를 통해 편견을 억제함으로써 확실한 증거가 제공된다.

이 계통적 리뷰에 따르면 운전중지가 건강에 끼치는 영향에서 가장 확실했던 것은 정신 위생(mental health)에 대한 영향(우울)이었다. 또 운전중지는 사회적 관계나 주관적 건강상태, 신체기능, 인지기능에도 영향을 끼쳐서 시니어 시설 입소나 사망 리스크가 높아진다고도 지적한다.

즉 운전을 그만두면 이동이 제한되고, 그로 인해 사회와 관계하는 상황이 줄어들어 집에서 두문불출할 위험성이 높아진다. 이것이 멘탈 헬스나 주관적 건강 상태에 영향을 끼치고, 더 나아가서는 신체기능이나 인지기능 저하를 초래한다. 그것이 결과적으로 시니어 시설 입소로 이어진다거나 사망 위험성을 높이는 것인지도 모른다.

하지만 운전중지와 그것이 건강에 끼치는 영향이 정말로 인과관계가 있을까. 어쩌면 운전을 그만둔 사람은 애초에 건강문제를 갖고 있던 사람이 많고 그 때문에 그런 영향이 생긴 것은 아닐까. 또 건강에 영향을 끼치는 요인은 운전중지 외에도 여러 가지가 있는데, 그것이 건강에 영향을 끼쳤던 것은 아닐까. 물론 역학연구에서는 그런 가능성을 고려해 인과를 추론한다. 이것은 증거에 기초해 노년운전자 대책을 세우는데 있어서 중요한 방법이라 하겠다

먼저 역학연구가 뛰어난 점은, 실제사회에서 일어난 사실과 현상(사상)의 데이터에 기초해 인과관계를 추론하기 때문에 개연성이 높다는 것이다. 또 최종적 성과의 인과관계를 검토할 수 있다는 것도 강점이다. 이것은 어떤 의미일까.

예를 들면 인지기능과 자동차 사고를 일으키는 위험성을 검증할 때, 실험으로 검증할 수 있는 것은 인지기능과 운전기능과의 관계까지이다. 시뮬레이터를 이용해 유사적으로 사고가 일어나도록 했다 하더라도 그것은 어디까지나 실험이다. 게다가 사고 발생은 사람의 요인뿐만 아니라 도로교통 환경이나 차량, 시간대, 날씨 등과 같은 요인에도 영향을 받는다. 실험은 일정한 조건에서 이루어지고 또 제어되기 때문에 이런 영향을 가미하지 못한다.

한편 역학연구에서는 실제사회에서 일어난 사실과 현상의 데이터를 이용하기 때문에 사람 이외의 요인을 가미하게 된다. 또 운전자의 인지기능과 사고 데이터를 연결함으로써 인지기능과 사고와의 관계까지 검토할 수 있다. 실제로 면허를 갱신할 때 인지기능 검사와 교통사고 데이터가 데이터베이스화되어 있어서 검토가 가능하다.

역학연구는 크게 개입연구와 관찰연구로 나눌 수 있다. 두 가지의 차이는 단

적으로 말하면 개입하느냐 하지 않느냐이다. 시니어의 운전중지가 건강에 끼치는 영향검증 측면에서 말한다면, 개입연구에서는 시니어를 무작위로 해서 운전을 그만두게 하는 그룹(개입그룹)과 운전을 계속하는 그룹(대조그룹)으로 나눈 뒤 2그룹의 건강상태를 비교한다. 여기서 말하는 개입이란 운전을 그만두게 하는 것을 말한다.

개입연구의 특징은 연구대상자를 개입그룹과 대조그룹으로 무작위로 나눈다는 것이다. 이를 통해 2그룹의 특성이 균일해진다. 앞서 건강에 영향을 끼치는 요인이 운전중지 외에도 여러 가지가 있다고 설명했는데, 그 요인(특성)을 양쪽 그룹에서 동등하게 볼 수 있는 것이다. 여기에 이미 알려진 요인뿐만 아니라 미지의 요인도 균일해진다. 이것이 개입연구가 갖는 뛰어난 점이다. 그리고 건강에 영향을 끼치는 요인이 2그룹에서 균일해지면, 그 다음에 나타난 건강상태 차이는 개입에 의한 것이라 생각할 수 있다.

다만 개입연구에도 한계는 있다. 그것은 연구대상자가 개입으로 인해 불이익을 받아서는 안 된다는 것이다. 따라서 시니어의 운전중지에 관해서는 운전을 그만둠으로써 건강에 부정적 영향을 끼친다고 상정하는 이상, 이런 개입연구는 윤리적으로 문제가 있다. 이때 관찰연구가 나올 차례이다.

관찰연구에서는 연구대상자 가운데 운전을 그만둔 사람과 계속하는 사람을 그대로(관찰한 대로) 2그룹으로 나눈다. 이것이 관찰연구라고 말하는 이유로, 개입연구와의 큰 차이이다. 운전을 그만두는 것은 임의이기 때문에 이것을 역학에서는 폭로(曝露)라고 한다. 그리고 운전을 그만둔 그룹을 폭로그룹, 운전을 계속하는 그룹을 비폭로그룹이라고 한다.

지금까지의 설명을 이해하기 쉽도록 흡연에 비유해서 설명해 보겠다. 흡연이 건강에 끼치는 영향을 검증하는데 있어서, 개입연구에서는 담배를 피는 사람과 피지 않는 사람을 무작위로 결정한다. 이것은 윤리적으로 문제가 있다. 그래서 이미 담배를 피는 사람을 폭로그룹, 피지 않는 사람을 비폭로그룹으로 나눈 다음, 이후의 건강상태를 2그룹 간에 비교한다는 것이다.

관찰연구의 가장 큰 문제는 폭로그룹과 비폭로그룹의 특성이 크게 편중될 가능성이 있어서, 거기에 어떻게 대처하느냐는 점이다. 예를 들면 운전을 그만둔 사람은 운전을 계속하는 사람보다 시니어인 경우가 많다. 그 때문에 그 후 운전을 그만둔 사람한테서 건강상태 악화가 나타났다 하더라도 그것이 운전을 그만둔 영향 때문이 아니라 노화의 영향 때문인지가 애매하다는 점이다. 즉 노화 영향 때문에 외견상 운전중지와 건강상태 악화라는 관계를 볼 수 있을지 모른다는 것이다. 이것을 교락(交絡)이라고 하는데, 여기서는 노화가 그 요인(교락요인)이다.

교락요인에 대처하는 방법은 몇 가지가 있다. 가장 간단한 것은 이 경우 연령층마다 분석하는 것이다. 이 층별 분석을 통해 폭로그룹과 비폭로그룹의 연령이 비슷해진다. 하지만 교락요인은 연령뿐만이 아니다. 모든 교락요인을 층별분석으로 대처하기에는 한계가 있다. 그래서 많이 사용하는 것이 다변량(多變量) 해석이다. 이것은 층별분석보다 복수의 교락요인을 한 번에 고려할 수 있다는 점에서 뛰어나다. 그러나 고려할 수 있는 교락요인 수에는 한계가 있어서, 연구대상자 수나 결과 수에 따라 달라진다.

그래서 폭로그룹과 비폭로그룹의 특성 편중을 사전에 대처하는 방법으로 경향 스코어를 이용한 폭로그룹과 비폭로그룹의 매칭이 있다. 운전을 그만 둔 사람과 운전을 계속하는 사람의 특성에 차이가 있다는 것은 운전을 그만두는 사람의 특성에 어떤 경향이 있어서, 그것이 그 후의 건강상태에 영향을 끼칠 가능성이 있다는 것이다. 여기에 기초해 운전중지를 예측하는 스코어(경향 스코어)를 계산한다. 그리고 똑같은 경향 스코어의 사람을 매칭시킴으로써 폭로그룹과 비폭로그룹의 특성을 균일하게 한다는 것이다. 이것을 경향 스코어 매칭(score matching)이라고 한다.

다변량 해석보다 경향 스코어 매칭이 뛰어난 점은 운전을 계속할 가능성이 전혀 없을 것 같은 사람이나, 반대로 운전을 그만둘 가능성이 전혀 없을 것 같은 사람은 배제된다는 점이다. 인과추론에서는 만약 운전을 계속했다면 또는 그만두었다면 어떻게 됐을까 하는 것을 상정하기 때문에, 어떤 일이 있더라도 폭로그룹·비폭로그룹이 될 만한 사람은 분석에 포함하지 않는 것이 좋다. 또한 경향 스코어 사용법에는 경향 스코어에서 연구대상자를 층화(層化)해서 층별분석하거나, 분석할 때 경향 스코어에서 가중치를 주는 방법도 있다.

경향 스코어에도 약점은 있다. 폭로그룹과 비폭로그룹의 특성을 균일하게 하기 위해서 경향 스코어로 매칭한다(또는 층별분석이나 가중치를 둔다)고 설명했지만, 경향 스코어 계산에는 운전중지와 성과에 영향을 끼치는 기존에 알려진 요인에다가 측정된 것만 포함할 수 있다. 미지의 요인에 있어서는 미지인 만큼 포함할 수가 없다. 거기에 바이어스 가능성이 남는다. 이 점은 개입연구의 무작위화를 따라가지 못한다.

그렇기는 하지만 관찰연구에서도 그것을 축적해 나가면서 결과에 일관성이 있으면 그것이 인과관계의 증거가 된다. 또 관찰연구에서도 패널 데이터(동일인물의 시간순 데이터)가 있으면 운전정지 전후에서 결과에 변화가 있었는지 아닌지(운전정지 후에 건강정도가 떨어졌는지 아닌지)를 분할 시간순 분석으로 검증함으로써 개입연구에 준하는 인과추론이 가능하다.

지금까지 진행되어온 역학연구에서는 위와 같은 인과추론에 기초해 시니어의 운전중지에 따른 건강에 끼치는 영향을 제시해 왔다. 국내에서는 이런 역학연구가 거의 이루어지지 않고 있지만 다른 선진국에서 비슷한 결과가 보고되고 있는 것을 보면, 그 결과는 많든지 적든지 간에 국내에도 맞을 것이라 생각된다.

3.6 다양한 모빌리티 지원의 확충

오늘날 일상생활을 하는데 있어서 자동차 운전을 필요로 하는 시니어는 많다. 이것은 모터리제이션(motorization)에 의해 그런 지역이나 생활방식이 만들어져 온 결과라고 할 수 있다. 노년운전자 사고가 증가했다고 해서 노년운전자는 운전을 그만두어야 한다는 단순한 대책으로는 시니어로 하여금 활동적으로 생활하겠다는 의욕을 꺾을 뿐이다. 사실 객관적 데이터를 통해서 보더라도 노년운전자가 다른 연령층보다 사고를 일으킬 위험성이 높다고 말하기는 어렵다.

그렇지만 노년운전자에 의한 사고 절대수가 앞으로 늘어날 것으로는 예상되므로 어떤 식으로든 대책은 필요하다. 현재 70세 이상 운전자에게 면허 갱신 때 시니어 안전교육을 의무적으로 받게 함으로써 개개인의 운전능력을 자각하도록 촉구하고 있다. 또 75세 이상의 운전자에 대해서는 면허 갱신 때 인지기능을 검사해 인지증 운전자에게는 운전중지를 요구한다. 하지만 현재 상태에서는 어떤 것도 큰 효과는 없는 상태이다.

시니어 교육이나 인지기능 검사에서 노년운전자의 안전운전을 보증할 수 없다면, 기술적 지원이 점점 중요해신다. 최근에는 오발진이나 도로 밖으로의 일탈을 억제하는 장치나 충격을 줄이는 브레이크 등의 기술이 많이 개발되어, 그런 안전 운전지원 시스템(ADAS)이 장착된 자동차도 계속 증가추세이다. 시니어가 이런 차를 운전하면서 사고가 어느 정도 줄었는지에 대한 조사는 앞으로의 검증 과제이다.

한편 운전을 그만두려는 시니어도 많아지면서 여기에 대한 대응도 요구된다. 운전을 그만둔다는 것은 운전을 필요로 하는 지역이나 생활방식에서 그것을 필요로 하지 않는 지역이나 생활방식으로 전환한다는 의미이다. 그런 대명사가 콤팩트 시티라고 할 수 있을 것이다. 앞으로 그런 소도시들이 많이 등장할 것으로 예상된다.

다만 살면서 익숙해진 지역을 떠나고 싶지 않은 시니어도 있다. 그 배경에는 그 지역에서 쌓아온 사회적 관계를 잃고 싶지 않다는 절실한 생각이 있다. 시니어는 사회적으로 고립되면 건강을 잃기 쉬워진다. 따라서 시니어가 단순히 운전을 필요로 하지 않는 지역으로 옮겨가 산다고 그걸로 문제가 해결되는 것은 아니다.

이런 과제에 단순한 처방전은 없다. 다만 다양한 지역과 생활방식과 그것을 전환할 때, 거기에 대응해 나가려면 다양한 모빌리티 수단을 갖고 시니어의 생활지원에 맞춰 갈 필요가 있음은 틀림없다. 그야말로 모빌리티 블렌드(Mobility Blend)가 요구되는 것이다.

4. ▶ 향정신성 의약과 운전

4.1 향정신성 의약과 운전자 특성

향정신성 의약은 중추신경계에 작용하는 약물의 총칭으로, 항우울증약과 항불안약, 기분안정약, 항정신병약 등으로 분류되지만, 같은 분류의 약제라도 작용 메커니즘이나 약리학적 프로파일은 다르다. 향정신성 의약은 단순히 증상을 개선시킬 뿐만 아니라 재발방지 효과도 갖기 때문에 정신장애에 있어서는 빼놓을 수 없는 치료약이다. 그러므로 환자는 증상개선 후에도 약복용을 계속하면서 사회생활을 하는 경우가 대부분이다.

향정신성 의약은 시니어에게 처방되는 빈도가 많은 약물로서, 해마다 증가하는 경향이 있다. 특히 항불안약이나 수면약으로 사용되는 벤조디아제핀 수용체 작동약(BZD, BenZoDiazepine)은 한 번 처방 받으면 장기간 복용하는 빈도가 높은 것으로 알려져 있다. 일본의 통계에 따르면 수면약 및 항불안약이 노화와 함께 처방빈도가 증가해 65세 이상에서는 13%(한국 19.1%)에 달한다는 보고도 있다. 나아가 약 30%가 과거 5년 동안에 걸쳐서 계속 수면약 처방을 받고 있었다. 항우울증약의 처방빈도에 대해서도 40대 외에 65세 이상에서도 최고치를 보여, 4%에 이른다. 65세 이상에서는 항불안약 및 수면약의 80%가 정신과 이외의 진료과에서 처방 받는 것도 밝혀진바 있다. 여기서는 특히 처방빈도가 높은 항우울증약, 항불안약, 수면약에 초점을 맞춰서 살펴보겠다.

(1) 향정신성 의약과 운전 규제

대부분의 향정신성 의약 첨부 문서에는 복용 중 운전금지를 지시하고 있다. 예전에는 몇 가지 약에 한해서는 운전을 금지하지 않았지만 현재는 많은 향정신성 의약들을 복용할 때는 운전을 금지하도록 바뀌었다. 그러므로 치료와 사회생활을 양립하기 어려운 상황이지만, 외국 여러 나라의 첨부문서에서는 일률적으

로 운전을 금지하고 있지는 않다. (도로교통법 45조 / 시행규칙 28조)

병이나 약물(치료약 포함)과 관련된 교통사고가 엄벌 대상이어서 약물치료 중인 환자, 즉 대부분의 정신장애환자는 대상이 될 수 있는 상황이다. 이런 상황을 감안하면 과학적 증거에 기초한 규제나 정보제공이 필요하기 때문에 이 분야에서 더 많은 연구가 추진되어야 한다.

(2) 약물과 인지기능

향정신성 의약이 졸음이나 비틀거림 같은 부작용을 일으켜서 이것이 운전기능에 영향을 줄 가능성이 있다. 또 인지기능에도 영향을 주는 것으로 알려져 있다. 약리학적 특성으로는 항콜린 작용이나 항히스타민 작용을 가진 약제는 인지기능 장애를 일으키는 것으로 알려져 있다. 또 γ-아미노 낙산(GABA, Gamma-AminoButyric Acid)계에 작용하는 BZD가 인지기능 저하를 보인다고 알려져 있다.

의약품이 기억, 정신운동 기능, 주의, 정보처리 같은 인지기능이나 각성정도, 시험을 받을 수 있는 상태, 정신적 부담 같이 주관적 평가에 주는 영향 때문에, 실제 차량에서 평가되는 운전기능 예측이 가능한지를 검토한 시도도 있지만, 어떤 것이든 충분한 예측지표까지는 이르지 못했다고 보고되고 있다. 그 배경에는 개인적 차이의 존재가 짐작되지만, 운전적성 판단에는 인지기능이나 주관적 평가뿐만 아니라 의약품의 운전기능 영향 외에도 종합적 판단이 요구된다.

(3) 향정신성 의약과 교통사고

항우울증약과 교통사고의 관계는 역학연구를 통해 많이 검토되고 있다. 기존에는 삼환계 항우울증약(TCA, TriCyclic Antidepressant)의 위험성이 지적되어 왔지만 전반적인 항우울증약과 교통사고 위험성을 보고한 것이 많다. 메타해석에서는 오즈비율(OR, Odds Ratio)=1.4(95% 신뢰구간(CI, Confidence Interval)=1.18~1.66)로, 항우울증약 전반의 사용과 교통사고와의 관계가 지적

되고 있다. 특히 항우울증약의 복용 직후OR=1.5(95% CI=1.2~1.8), 항우울증약의 변경 후OR=1.3(95% CI=1.1~1.6)에서 위험성 증가와 유의미한 관계가 있다고 보고되고 있다. 시니어에게 한정한 보고에서도 항우울증약과 교통사고의 유의미한 관계가 보고되고 있다.

항불안약 또는 수면제로 사용되는 BZD의 많은 연구에서도 결과는 대략 일치해서, BZD사용과 교통사고는 OR=1.6(95% CI=1.2~2.1)으로 유의미하게 관계되어 있다. 특히 반감기의 오랜 BZD에서 OR=2.2(95% CI=1.5~3.4), 고용량에서 OR=2.7(95% CI=1.3~5.4)로 위험성이 높다고 지적되고 있다.

다른 연구에서도 장시간 작용타입은 OR=1.3(95% CI=1.1~1.5)이었지만, 단시간 작용타입은 유의미한 관계가 없었다. 하지만 최근에는 단시간 작용타입이라 처방빈도가 높은 졸피뎀 및 조피클론에 대해서도 사용 1개월 이내에서는 유의미하게 사고와 관련해 사용량 의존성을 지적받고 있다.

(4) 향정신성 의약과 운전기능

약이 운전기능에 끼치는 영향에 대해서 검증하는 실험적 연구에서는 실제 차량이나 운전 시뮬레이터(DS)를 통해 운전기능이 평가된다. 특히 실제 차량실험에서는 실험자가 네덜란드 고속도로를 주행해 차에 설치된 카메라나 광학장치로 차체의 차선 위치를 계측함으로써, 횡 흔들림 정도(SDLP)를 지표로 운전기능을 평가·결정하는 고속도로 운전테스트(Highway driving test)가 약효(藥效) 평가의 골드 스탠더드로 여겨져 왔다(그림 2-11).

이 평가를 사용해 음주를 했을 때의 영향도 조사한 바, 알코올 혈중농도와 SDLP 관계가 명확하다. 음주운전과 교통사고의 관계는 역학연구를 통해 분명하게 드러나 있기 때문에 알코올 혈중농도로부터 교통사고 리스크가 산출되어 SDLP로부터 교통사고 리스크를 추정하는 것도 가능하다. 하지만 이 고속도로 운전테스트는 네덜란드의 고속도로에서만 신뢰성과 타당성이 검증된 것이지 다른 나라에서 실시하기는 어렵다.

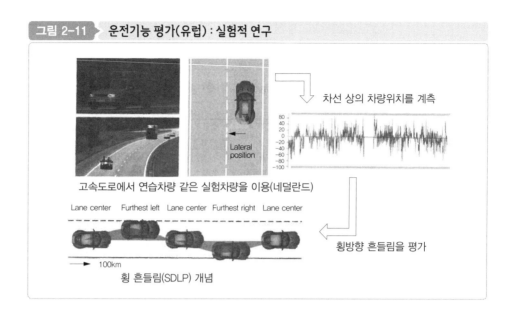

그림 2-11 운전기능 평가(유럽) : 실험적 연구

고속도로에서 연습차량 같은 실험차량을 이용(네덜란드)

횡 흔들림(SDLP) 개념

따라서 근래에는 장소와 상관없이 실시가능하고 안전성이나 경제성도 뛰어난 DS를 사용하는 연구가 활발하다. 이런 배경을 바탕으로 미국식품의약품국(FDA)에서도 중추신경계에 작용하는 약제에 대해서는 운전기능에 끼치는 영향을 평가하도록 제약회사에 요구하는 등 미국에서도 관심이 높아지고 있다.

(5) 향정신성 의약과 운전적성

유럽연합(EU)에서는 환자나 의료종사자에 대해 의약품이 자동차 운전에 어떤 영향을 미치는가에 대한 정보를 적극적으로 제공하는 것이 교통사고 예방에 중요하다고 생각한다. 그러므로 위법한 약물이나 알코올, 의약품이 자동차 운전에 끼치는 영향에 대한 대규모 조사(DRUID 프로젝트)가 이루어졌다.

이를 바탕으로 약물 동태학적 데이터와 유해작용 데이터, 실험적·역학적 데이터 등에 기초해 거의 모든 약제의 운전에 끼치는 영향에 대해 4단계로 분류된 의약품 카테고리 시스템(DRUID분류)이 확립되었다(표 2-4).

최종적으로 EU에서 사용 중인 1541품목 중, 반이 카테고리 1로 분류, 262약제(약 17%)가 카테고리 2 또는 3으로 분류되었다. 카테고리 3으로 분류된 의약

⊘ 표 2-4 DRUID 카테고리 분류와 주요 기분장애 치료약

DRUID 카테고리		실험적·역학적 데이터에 의한 분류기준	운전에 대한 영향도	주요 기분장애 치료약
	0	운전지원 기능 없음	영향이 거의 없음	해당 약 없음
	1	실험적으로 운전기능 저하 다소 역학적으로 약간의 리스크 증가	약간의 영향 : 운전 전에 주의사항 읽어주기	SSRI
	2	실험적으로 운전기능 저하 있음 역학적으로 현저한 리스크 증가	중간정도 영향 : 조언 없이는 운전하지 않기 : 초기 몇 일은 대기	SNRI, 비진정계 항우울증약, 기분안전약, 비정형 항정신병약(경구)
	3	운전기능에 중대한 영향이 반복보고 역학적으로 현저·유의미한 리스크 증가	중대한 영향 : 운전 삼가하기 : 운전재개 전에 조언 받기	진정계 항우울증약, 비경구 항정신병약, 수면약, 항불안약

• 단일 약제·통상량 사용을 전제
• 투여초기에 해당(한정)
• 실험적·역학적 데이터가 부족할 때는 운전에 영향을 주는 부작용 출현 빈도에 따라 분류

품 가운데 신경계에 작용하는 약이 가장 많고(53약제), 그 가운데에서도 정신과 약이 반 이상인 33약제(항정신병약 8약제, 항불안약 7약제, 최면진정약 11약제, 항우울증약 7약제)를 차지했다. DRUID분류는 기본적으로 단일 약제사용 및 통상 사용량에서의 투여초기 영향에 관한 분류이다. 여러 약제 병행사용 및 적응 외 사용 등에는 개별적 평가가 필요하다.

대체로 카테고리1에서는 운전에 영향을 주는 부작용이 있을 경우에는 운전하지 않도록, 카테고리2에서는 당초 며칠에서 수 주 동안 또는 다음 진찰까지 운전을 삼가도록, 카테고리3에서는 다음 진찰까지 운전을 삼가도록 되어 있다.

처방의사는 DRUID분류를 참조하면서 가능한 운전에 영향을 적게 주는 약제를 선택하도록 권고 받는다. 치료시작·증량 초기나 부작용출현 시 운전을 삼가는 것을 기본으로 한 상태에서, 개별적으로 운전적성에 대한 검토를 촉구하는 내용이다.

프랑스에서는 이 증거에 기초한 시스템을 활용해 각 카테고리로 분류된 약제의 교통사고 리스크를 역학연구로부터 평가한다. 나아가 약제 분류를 재검토해

그림 2-12	운전에 미치는 영향에 관한 정보제공 방법

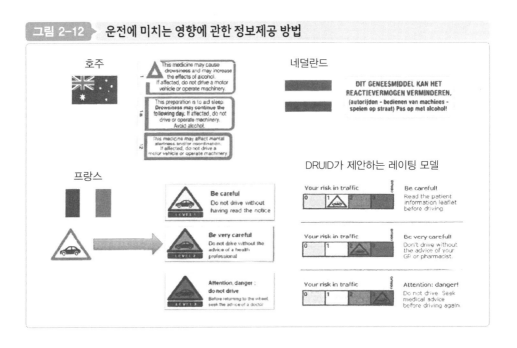

증거에 기초한 정보제공 시스템에 반영하고 있다. 또 프랑스를 비롯해 여러 외국에서는 이용자에 대한 정보제공이나 리스크 커뮤니케이션으로서 간단한 컬러 픽토그램(pictogram)를 이용해 교통사고 감소를 위해 대처하고 있다(그림 2-12).

국내에 그대로 도입할 수는 없지만, 증거에 기초한 시스템으로서는 크게 참고가 된다. 자동차 운전에 대한 영향을 최소화하려면 최소한의 간소한 처방이 요구되는 것은 두말할 필요도 없고, 여러 가지 약을 처방하는 것은 최대한 피해야 한다. 여러 가지 약을 많이 먹을 경우에는 약물상호 작용을 고려할 필요가 있어서 운전에 대한 영향을 예측하기가 더 어렵다.

이런 기본적 방침과 더불어 운전기능을 약화시킬 가능성이 낮은 약제를 선택해 적절하게 투여함으로써 복용 이후 실제로 운전할 때까지의 시간을 길게 잡아야 한다. 또 복용 시작·증량·변경 시에는 내성이 생길 때까지 며칠에서 몇 주 동안은 운전을 삼가야 한다(표 2-5).

◇ 표 2-5 자동차 운전을 고려한 약물요법의 적정화 지침(방안)

1	처방하는 환자와 운전 기회에 대해 이야기를 나눈다.
2	많은 약을 복용하는 처방은 피하고, 간소한 처방계획을 우선한다. * 다제 처방은 운전에 대한 영향을 예측하기가 어렵다.
3	약제 선택은 가능한 범위에서 운전에 대한 영향이 적은 것을 사용한다. * 단 병증 안정성이 우선된다.
4	사용 약제의 정보를 제공함으로써 의사와 환자 양쪽이 위험성과 유용성을 공유한다.
5	용량설정은 소량부터 시작해 적절한 투여량을 유지한다. * 증상이 불안정해지는 저용량이나 약의 영향이 생길 수 있는 불필요한 고용량은 처방하지 않는다.
6	처방 시작·증량·변경 시는 내성이 생길 때까지 며칠에서 몇 주 동안 운전을 삼가도록 지도한다. * 개인차이가 크기 때문에 개별적인 지도가 필요
7	컨디션이 좋지 않을 때는 운전을 삼가도록 사전에 지도한다.

4.2 정신장애와 운전

정신장애는우울한 기분이나 불안, 불면, 때로는 자살 충동 같은 다양한 정신 증상이나 행동장애를 나타낼 뿐만 아니라, 질환이나 개인에 따라 정도가 다르기는 하지만 인지기능 장애를 수반하는 것으로 알려져 있다.

정신장애환자수는 당뇨병이나 암, 뇌졸중, 허혈성 심질환 같은 기존의 4대 질병 환자수를 능가하기 때문에, 사회적 손실 크기로 보더라도 현재는 정신장애를 추가해 5대 질병이라고 할 만큼 청년세대부터 시니어까지 운전 가능한 모든 세대에 영향을 끼칠 수 있다. 일부 대도시를 제외하면 이동수단으로서의 자동차 운전은 일상생활에 필수적인 수단으로, 이것은 정신장애환자도 마찬가지이다.

정신장애에는 다양한 병 상태가 포함되는데, 시니어한테도 유병률이 높아 인지기능 장애를 나타내는 질환으로 여기서는 우울증과 쌍극성 장애(우울상태와 조급증상태 양쪽을 드러낸다), 즉 기분장애에 초점을 맞추겠다.

기분장애 환자수는 100만 명을 넘는다(국민건강보험공단 2021). 특히 중장년층에 많다고 보고되고 있다. 이런 장애를 가진 운전자는 인지기능 장애로 인해 운전기능이 떨어질 가능성이 있어서 의료자에게는 운전적성 판단이 요구된다. 영국이나 호주 등 여러 외국에서는 이런 장애에 대한 운전적성 판단기준이 가이드라인으로 공표되어서, 증상이나 인지기능 장애 정도에 따라 일시적으로 운전이 제한 받을 가능성이 있지만, 진단 유무에 따라 일률적으로 운용하지는 않는다.

(1) 정신장애의 인지기능 장애

우울증은 치료를 통해 개선될 가능성이 있기는 하지만 정신운동 속도나 주의, 시각적 기억, 수행기능 같은 복수의 인지기능 장애가 지적되면서 우울증의 중증 정도와도 관련된 것으로 알려져 있다. 또 쌍극성 장애도 시공간 인지나 수행기능, 시각기억, 언어기억, 주의 등과 같은 광범위한 인지기능 장애가 나타난다. 이런 인지기능 장애는 병 상태가 개선되어 안정된 다음에도 잔류해 일상생활 기능과도 관련되는 것으로 알려져 있다. 그러므로 교통사고나 운전기능 저하에 영향을 줄 가능성이 있지만 인지기능 장애도 개인차이가 커서 개별적인 평가가 필요하다.

하지만 현재 상태에서는 정신장애에 따른 어떤 인지기능 장애가 어느 정도로 운전기능을 저하시키는지는 명확하지 않다. 또 정신증상과 인지기능 장애 어느 쪽이 운전기능에 더 영향을 주는지도 명확하지 않다. 운전적성 판단은 오로지 주치의의 임상적 판단에 근거하고 있어서, 진찰실에서 판단하는데 정신증상이나 인지기능 장애, 운전능력에 대한 관계성 분석이 앞으로의 과제라 할 수 있다.

(2) 정신장애와 교통사고

운전에 끼치는 영향을 교통사고 리스트를 통해 검증하는 역학연구에서는 전화 조사나 경찰의 사고기록, 건강보험 데이터베이스 등으로 정신장애유무와 교통사고와의 관련을 검토한다. 불명확한 진단이나 정신장애중요도 등의 상태가 명확하지 않고 또 음주나 질환 유무, 애드히어런스(adherence), 약 병행에 따른 영향, 연령 등 다양한 교락인자를 고려할 필요가 있기 때문에, 역학연구 결과는 신중한 해석을 필요로 한다.

　우울병·우울상태에 대해서는 스크리닝 조사를 이용한 우울증상을 띠는 집단이 우울병으로 정의되는 경우가 많지만, 우울병 외에도 쌍극성 장애를 비롯해 다양한 질환이 우울증상을 띠는 경우도 있어서 연구결과가 일치하지는 않는다.

　근래의 메타해석에 따르면 우울증상을 띠는 집단은 $OR = 1.9$(95% $CI=1.06 \sim 3.39$)로 교통사고와 유의미한 관련이 보고되고 있다. 음주운전이나 물질사용 장애가 병존할 가능성이 있어서 해석에는 신중을 요한다. 쌍극성 장애에 대해서는 최근에 위험비율(HR, Hazard Ratio)$=1.66$(95% $CI=1.40 \sim 1.97$)으로 보고되어 리스크 증가와 관련되어 있다는 것을 보여주지만, 여성이나 시니어, 도시 주재, 항우울증약 사용에서는 리스크가 줄어드는 것으로 나타나 리스크에 관한 더 상세한 검토가 바람직하다.

　이들 역학적 상태와 교통사고 리스크에 대해서 검토한 유럽연합(EU)의 프로젝트에 따르면, 교통사고의 상대위험도(RR, Relative Risk)는 정신장애전반에서 1.71(95% $CI=1.48 \sim 1.99$)로서, 알코올 의존증 2.00, 신경질환 1.75, 위법약물·치료약 사용 1.58, 당뇨병 1.56과 함께 의학적 상태 중에서는 비교적 높은 편이다. 정신장애의 하위분류로서 중증정신장애가 2.07, 우울병·우울증상이 1.67로 보고되고 있는데, 최대 요인은 미성년 및 75세 이상 연령(약 3.0)이라는 사실도 나타났다.

　한정적 증거나 방법론적 한계도 있기 때문에 정신장애와 교통사고의 관계는 결론지을 수 없지만, 연령이나 다른 의학적 상태가 추가되면 리스크가 높아질 것이므로 어떤 운전 상황에서 리스크가 높아지는지를 명확히 하는 것은 앞으로의 과제라 할 수 있다.

(3) 정신장애와 운전기능

　질환이나 약제 같은 요인이 운전기능에 끼치는 영향에 대해서 검증하는 실험적 연구는 크게 실제 차량이나 DS를 통해 운전기능을 평가하는 방법과 운전과 관련이 있는 인지기능 검사 배터리에서 운전적성을 평가하는 방법으로 나뉜다.

실차 시험으로는 네덜란드의 고속도로 운전테스트 외에, 사전에 정해진 일반도로를 피험자가 운전하고 동승한 평가자가 운전솜씨뿐만 아니라 운전태도나 운전 중의 주의력 등 복합적인 운전능력을 평가하는 미국의 워싱턴대학 도로테스트, 독일의 WAFAB 등이 있다.

인지기능 검사 배터리는 지능과 지각, 결정, 반응, 주의 같이 적절한 안전운전 행동에 최저로 필요한 퍼포먼스 능력을 검사하는 ART90이라고 불리는 검사로, 복수의 테스트장치 유닛으로 구성되어 있다. 오스트리아에서 개발되어 주로 독일 등 유럽에서 이용된다. 심신장애가 없는 사람의 표준값을 참조해 운전적성을 판단하는 지표로 삼는다.

치료되지 않은 우울병 환자는 운전기능이 떨어져 우울병 중증도와 SDLP가 유의미하게 관련된 것으로 알려져 있다. 오히려 치료하지 않은 우울병 환자는 항우울증약이 운전기능이나 운전적성을 개선하는 것으로 확인되고 있다. 다만 항우울증약의 운전기능을 개선시키는 효과가 약제마다 다를 가능성이 있어서, 단독 항우울증약으로만 치료 중인 퇴원 직전의 우울병 입원환자의 운전적성을 평가한 연구에서는, 복용하는 항우울증약으로 인해 미르타자핀>SSRI>벤라팍신≒TCA 순으로 운전적성 비율이 떨어지는 것으로 보고되었다.

이 연구에서는 복용하는 항우울증약의 종류에 따라 영향이 다르다는 것을 시사했지만, 샘플 전체의 20% 조금 넘게만 운전적성이 있는 것으로 판단되어, 퇴원 전 상황에서는 아직껏 충분한 운전적성을 가질 정도로는 회복되지 않는다는 사실도 시사한다. 또 항우울증약 단독 치료에만 그치지 않고 실제 임상 하에서의 약물요법 중 부분완화에 있는 우울병 외래환자를 대상으로 한 DS를 이용한 검토에서는 증상이 안정된 환자그룹이 건강한 그룹보다 운전기능이 유의미하게 떨어지지 않아, 처방약 영향보다도 주행거리나 사회적응도 같은 심리사회적 요인이 영향을 끼치는 것으로 보고되었다.

최근에는 시니어의 우울상태 억제나 항우울증약 사용 같이 운전자 상황이 실제 차량 운전에서의 운전기능 저하와 관련되어 있는 것으로 알려지고 있다. 또 우울병이 인지증보다 앞서 나타난다는 점에서도 시니어는 특히 우울병이나 우울상태에 기초한 검토가 중요하다.

(4) 정신장애와 운전적성

해외에서는 정신장애까지 포함한 의학적 문제와 운전에 대해서 더 유연하게 대응한다. 운전적성 평가에 관한 포괄적인 가이드라인을 공개해 공공의 안전과 개인적 권리라는 균형을 유지한 시스템을 구축하는 것이다.

여기서는 영국과 오스트레일리아를 예를 들어 소개하겠다. 양국 가이드라인의 정신의학적 문제에 관한 장에서는 우울병이나 쌍극성 장애뿐만 아니라 통합 실조증(失調症)이나 불안증, 인격 장애, 신경발달증 등도 포함해, 각 정신장애나 상태마다 운전을 삼가도록 구체적이고 명료한 기준을 제시한다. 양국 가이드라인의 기분장애에 관해서는 운전적성 판단기준으로 제시한다(표 2-6). 만약 사용물질 장애가 병존하는 경우에는 물질사용 장애 기준도 참조하도록 지시하고 있다.

양국 모두 병상태의 안정성, 인지기능이 유지될 것, 전반적 기능이 양호해야 운전적성이 판단되도록 하고 있다. 명확한 가이드라인 기준을 바탕으로 환자와 치료자가 대화를 나누면 합리적이고 현실적인 판단이 가능하다. 국민적 합의형

표 2-6　해외 가이드라인의 기분장애 환자의 운전적성 판단기준

	영국	오스트레일리아
기준	Dirver & Vehicle Licensing Agency 2016	Austroads 2016
특징	질환·중증도마다 명료한 중지·재개 기준 있음	진단명보다도 중증도나 특성에 따라 개별적으로 판단한다.
우울상태	운전금지 : 기억·집중곤란/초조/행동장애/자살 염려가 있는 중중 우울상태 운전가능 : 상기 증상이 없는 경증에서 중간 정도	운전금지 : 중간 정도에서 중증급성기 우울·조급증 에피소드 …주의·처리·판단능력, 반응지연, 수면장애·피로, 자살염려, 무모함, 망상 등에 주목. 치료효과·부작용·물질난용·병적자각도 평가
가벼운 조급증·조급증 상태	운전금지 : 가벼운 조급증·조급증 급성상태 운전가능 : 3~6개원 안정, 치료준수, 병적자각 회복, 부작용없음, 전문가의 찬성 있음	

* 병 상태의 안정성, 인지기능, 전반적 기능에 따라 운전적성을 판단

성이나 임상현장에서의 유효한 관계를 촉진하기 때문에, 양국의 대체에는 참고할만한 부분이 적지 않다.

5. 운전 중의 컨디션 급변

5.1 심질환(부정맥), 뇌졸중, 간질

(1) 운전 중의 발작·급병으로 인한 교통사고 방지를 위해서

자동차 운전자의 발작·급병은 운전능력이나 의식 저하를 일으켜 본인뿐만 아니라 주변 사람들까지 끌어들이는 중대사고로 이어진다. 근래 이런 건강기인 교통사고가 증가하고 있다. 건강기인 교통사고를 일으키는 원인질환으로 심질환과 뇌혈관질환, 간질의 3대질환이 전체 가운데 약 절반을 차지하는 것으로 보고되고 있다.

이런 질환들은 노화에 따라 발증 비율이 올라가기 때문에 시니어 사회에 따른 건강기인 교통사고가 증가할 것으로 예상된다. 이런 상황을 배경으로 정부에서 추진하는 정책에 운전자 이상 시 대응시스템의 필요성이 반영되었다. 운전자 이상 시 대응시스템의 개발에는 질환발증·발작발생 때 관련된 데이터가 필수이다.

(2) 심질환(부정맥) 발증 시 생체 데이터

건강기인 사고를 일으킨 운전자가 사망하는 경우의 51%는 심질환 때문으로 알려져 있다. 심근경색 등과 같은 심질환은 부정맥이 발생하기 쉽고 부정맥은 돌연사의 주요 원인이다. 부정맥이 발생하면 심장은 충분히 혈액을 내보내지 못하기 때문에 혈압이 급격히 떨어져 뇌혈류를 유지하지 못하면서 의식을 잃는다(그림 2-13). 그 결과 치명적 사고로 이어진다고 생각할 수 있다.

그림 2-13　**치사성 부정맥에 따른 동맥혈압·뇌혈류 응답**

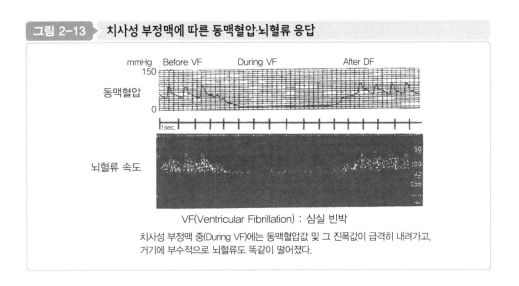

VF(Ventricular Fibrillation) : 심실 빈박

치사성 부정맥 중(During VF)에는 동맥혈압값 및 그 진폭값이 급격히 내려가고,
거기에 부수적으로 뇌혈류도 똑같이 떨어졌다.

차 안에서 부정맥을 검출하려면 심박수·혈압변화를 파악하는 것이 중요할 뿐
만 아니라 현실적이다. 심박수에 관해서는 스티어링 매립식 센서나 손목시계 타
입의 센서를 통한 계측이 있다. 차 안에서 혈압 값을 실측하는 것은 어렵지만 다
른 지표 변화로부터 추정할 수 있다.

예를 들어 부정맥으로 인해 혈압 값과 그 진폭이 내려가면 맥파도 똑같은 변
화를 보인다. 혈압과 대응하는 변화를 안면 피부혈류에서도 확인할 수 있다. 따
라서 녹색광이나 레이저 등을 이용해 맥파나 피부혈류를 계측함으로써 부정맥
에 수반되는 혈압변화 검출로 이어질 가능성이 있다.

한편 이들 지표에서는 의식상실 검출이 어렵다. 의식을 잃을 때는 눈깜빡임·
안구운동 상실, 안구 상전(上轉), 몸 경련 등이 발생하기 때문에 카메라를 통한
얼굴표정 분석이 유효한 검출수단이 될 수 있다.

(3) 뇌졸중 운전자의 생체·운전조작 데이터

건강기인 사고의 원인인 뇌혈관 질환으로는 주로 뇌졸중이 거론된다. 뇌졸중
은 뇌혈관의 출혈(뇌출혈) 또는 뇌혈관의 경색(뇌경색)으로 인해 뇌로 혈액이 공
급되지 않으면서 뇌신경 세포가 괴사하는 병이다. 뇌졸중이 되면 운동장애(예 :
마비), 감각장애(예 : 감각의 둔화, 실명), 인지인식장애(예 : 실어, 실인), 의식장

애 등, 괴사된 뇌영역에 대응하는 여러 가지 증상이 나타난다.

이런 증상들은 서서히 진행되다가 현저히 나타나는 경우부터 갑자기 발현하는 경우까지 다종다양하다. 또 일시적으로 뇌로의 혈액공급이 저해됨으로써 일과성으로 위와 같은 증상이 나타나는 경우도 있다.

이런 상태는 일과성 뇌허혈 발작(TIA, Transient Ischemic Attack)이라고 하는데, TIA가 나타난 사람의 10~15%가 3개월 이내에 뇌경색이 발생하는 것으로 보고되고 있다. 따라서 뇌졸중 운전자의 교통사고 방지 시스템을 개발하려면 뇌졸중에 따른 경증부터 중증까지의 증상이 생체·운전조작 데이터에 주는 영향을 명확히 할 필요가 있다.

자동차 운전은 운동기능·인지기능·시각기능 등 다양한 기능을 필요로 하는 행동이다. 뇌졸중이 생기면 마비로 인한 신체거동 변화나 시야결손·주의장애에 따른 시선 변화가 운전 중에 현저히 발생할 것이다.

운전조작에 대한 영향으로 뇌졸중 환자는 차량주행 위치가 한 쪽으로 쏠리는 현상이나 브레이크의 반응지체·성공률 저하가 발생한다는 보고가 있다(그림 2-14). 뇌졸중으로 인해 앞서와 같은 생체·운전조작 변화가 생기기 때문에, 운전자가 이상을 인식해 속도를 낮추거나 또는 운전중단을 판단하는 것도 상정되지만 실제로는 운전을 그대로 계속하는 경우도 많다.

이것은 뇌졸중에 의한 증상이 비교적 경증이었을 때 또는 인지기능에 관한 뇌영역이 괴사해 정상적으로 판단하지 못했을 가능성이 있다. 어떤 경우라도 교통사고나 TIA에서 뇌경색으로 진행될 위험성이 있기 때문에 생체·운전조작 데이터의 정상상태로부터의 일탈 등을 이용해 조기에 뇌졸중을 검출할 필요가 있다.

(4) 간질발작 시 생체·운전조작 데이터

일반 운전자의 건강기인 사고원인 질환에서 간질은 약 1/4를 차지한다. 간질로 인한 교통사고는 1900년대 초기에 처음 보고되었으며, 간질발작에 기인하는 교통사고로 인해 많은 보행자가 사상(死傷) 당하는 사고가 현재도 보도되고 있다.

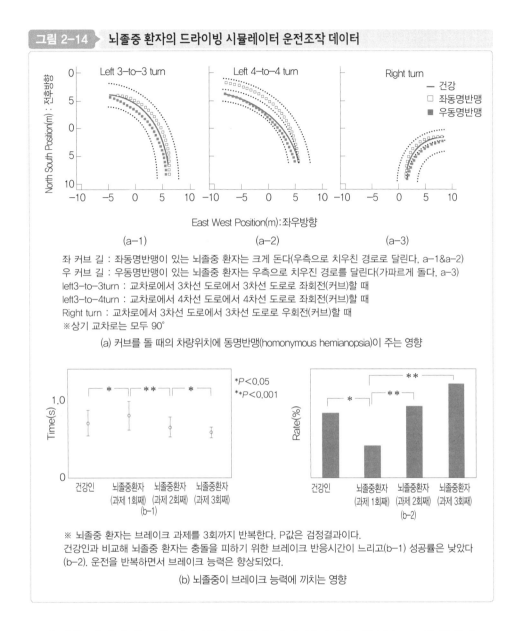

그림 2-14 뇌졸중 환자의 드라이빙 시뮬레이터 운전조작 데이터

좌 커브 길 : 좌동명반맹이 있는 뇌졸중 환자는 크게 돈다(우측으로 치우친 경로로 달린다. a-1&a-2)
우 커브 길 : 우동명반맹이 있는 뇌졸중 환자는 우측으로 치우진 경로를 달린다(가파르게 돌다. a-3)
left3-to-3turn : 교차로에서 3차선 도로에서 3차선 도로로 좌회전(커브)할 때
left3-to-4turn : 교차로에서 4차선 도로에서 4차선 도로로 좌회전(커브)할 때
Right turn : 교차로에서 3차선 도로에서 3차선 도로로 우회전(커브)할 때
※상기 교차로는 모두 90°

(a) 커브를 돌 때의 차량위치에 동명반맹(homonymous hemianopsia)이 주는 영향

※ 뇌졸중 환자는 브레이크 과제를 3회까지 반복한다. P값은 검정결과이다.
건강인과 비교해 뇌졸중 환자는 충돌을 피하기 위한 브레이크 반응시간이 느리고(b-1) 성공률은 낮았다
(b-2). 운전을 반복하면서 브레이크 능력은 향상되었다.

(b) 뇌졸중이 브레이크 능력에 끼치는 영향

　　간질은 뇌신경세포가 과도하게 활동하면서 일어나는 증상으로, 주위에서 모를 정도로 경증에 의식을 유지하는 발작부터 의식상실이나 마비를 일으킬 만큼 큰 발작이 갑자기 나타나는 등 여러 경우가 있다. 간질의 발증률은 소아와 60세 이상 시니어가 많다. 시니어한테서 발증률이 증가하는 요인은 뇌졸중이나 뇌종양 등 뇌혈관 장애를 원인으로 하는 증후군(2차성) 간질이 증가하기 때문이다. 특히 시니어에게는 불러도 반응하지 않는 의식상실이나 무의미한 동작을 반복

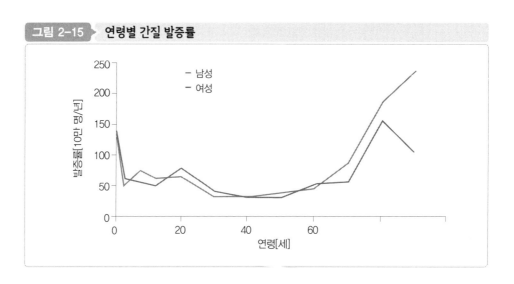

그림 2-15 연령별 간질 발증률

하는 자동증이 생기는 복잡부분발작이 자주 발생한다.

　이 발작은 몇 십 초~몇 분 동안 계속되는 경우가 많다. 나아가 대개의 경우는 의식상실·마비·경직 같은 증상이 생기는 대발작(강직 간 대발작)으로 발전한다. 따라서 간질에 의한 교통사고를 방지하기 위해서는 신체 거동이나 시선 등을 매개로 운전 중에 복잡부분발작이나 대발작을 감지하는 것이 중요하다.

　간질발작은 생체 데이터의 심박수를 이용하는 것으로도 감지가 가능하다. 간질이 자율신경활동에 관련된 뇌영역에 이르면 다양한 자율신경 증상이 나타나는데, 그 중에서도 간질이 나타났을 때는 높은 확률로 심박수의 급격한 변화나 부정맥이 발생한다. 심박수 변화를 해석함으로써 높은 정확도로 간질발작 예지가 가능하다는 보고도 있다.

　이상과 같이 운전 중의 신체거동·시선·심박수에서 간질발작 감지 및 예측으로 이어지는 것이다. 이런 지표들의 변화 정도로부터 대발작 같은 현저한 증상뿐만 아니라 복잡부분발작 같은 비교적 경증의 발작도 감지할 수 있는 가능성이 있다.

(5) 상정되는 운전자 이상 시 대응시스템

　운전자의 운전조작 정보·안면 정보·생리 정보를 바탕으로 한 운전지원 시스템이 개발·실용화되고 있다. 대개는 운전조작 정보와 운전자의 얼굴화상을 통해 운전곤란·불능상태를 감지한 다음 자동운전을 통해 개입하는 형태이다.

하지만 건강기인 사고를 줄이는 것이 아니라 사전에 방지한다는 측면에서 보면 의식상실에 이르기 전 상태를 감지해 더 빨리 개입하는 것이 중요하다. 그러기 위해서는 운전조작 데이터뿐만 아니라 생체 데이터를 포함해서 이용하는 것이 중요할 것이다. 앞으로의 과제 가운데 하나로 차량실내 환경에서 생체 데이터를 높은 정확도로 계측하는 기술 개발을 들 수 있다.

장래의 운전자 이상 시 대응시스템은 건강기인 사고 방지에만 그치지 않을 것이다. 운전 중에 상기 질환으로 인한 증상·발작이 발생했을 때는 운전자의 심신 정보를 병원으로 송신·연락하는 동시에, 병원 혹은 구급차와의 접속지점까지 수송하는 것도 가능해질 것이다. 그를 통해 사고뿐만 아니라 질환 자체로 인한 사망 리스크를 줄여 안전·안심한 운전이 가능할 것이다.

5.2 저혈당

당뇨병 약물치료로 인해 생기는 저혈당은 환자의 생활의 질을 떨어뜨릴 뿐만 아니라 심혈관 장애나 넘어짐, 나아가서는 사고 위험성도 있다. 그 중에서도 저혈당을 반복하면서 생기는 무자각성 저혈당은 빠른 심장고동(動悸)이나 손떨림, 발한(發汗) 등 통상적인 저혈당 초기증상이 나타나지 않으므로, 저혈당에 대해 적절히 대처하지 못한 채 의식을 갑자기 잃을 수 있는 위험한 상태이다. 특히 자동차 운전 중의 무자각성 저혈당은 매우 위험하므로 지금까지도 사망사고를 포함해 다수의 참사가 보고되고 있다.

당뇨병으로 인해 인슐린 치료를 받는 환자 가운데는 일상생활에서 저혈당을 경험한 적이 있다는 보고도 있다. 특히 운전 중에 저혈당을 경험했다는 운전자도 있었는데, 그 중에서 저혈당이 원인으로 작용해 사고를 일으킨 것은 많지 않았다.

당뇨병 외에는 드물긴 하지만 인슐린종양, 위 절제 후 증후군, 인슐린 자기면역 증후군, 부(副)위부전, 간경변(肝硬變) 등과 같은 병 상태나 당뇨병 치료약 이외의 약제나 서플리먼트에 의해서도 저혈당이 생기는 경우가 있다. 이런 질환이

◎ 표 2-7 저혈당 시 주요 증상

교감신경자극 증상	발한, 불안, 빠른 심장고동, 손가락 떨림, 안면창백
중추신경 증상	두통, 눈의 침침함, 공복감, 졸음, 이상행동, 마비, 혼수

나 약제에 의한 저혈당은 진단에 이르지 못하는 경우도 많아서, 저혈당 리스크가 있는 것 자체를 본인이 모른다거나 의식장애 원인이 저혈당일 수 있다는 사실을 모르는 경우도 많다.

건강한 사람의 혈당치는 70~140mg/dL 정도로서, 일반적으로 70mg/dL 미만으로 혈당치가 떨어진 상태를 저혈당이라고 부른다. 혈당치가 내려가면 통상은 50~70mg/dL에서 교감신경자극 증상이 나타나고, 혈당치가 더 떨어져 50mg/dL 미만이 되면 중추신경 증상으로 불리는 두통, 눈의 침침함, 졸음, 이상행동, 마비, 혼수 등의 증상이 나타난다(표 2-7).

운전에 영향을 끼치는 것으로 여겨지는 것은 이 가운데 중추신경 증상으로, 경고증상 단계에서 저혈당을 깨닫고 적절히 대처(당분 섭취)할 수 있으면 저혈당은 회복된다. 하지만 앞서 언급했듯이 저혈당을 반복하는 경우, 당뇨병에 의한 신경장애로 자율신경이 장애를 받는 경우, 교감신경을 억제하는 약제를 사용하는 경우 등은 경고증상이 거의 나타나지 않고 중추신경 증상에 이르는 경우가 있다. 이런 병 상태를 무자각성 저혈당이라고 한다.

한편 저혈당은 적절한 대처를 통해 어느 정도 예방이 가능하다. 구체적으로 보면 당뇨병 치료약을 사용 중인 환자가 자동차를 운전하는 경우에는 차 안에 반드시 포도당을 많이 포함한 식품을 상비시킨다거나, 운전 전에 혈당을 스스로 측정해 충분한 혈당치가 유지되고 있는지를 확인한다거나, 운전 중에 조금이라도 이상을 느꼈을 경우에는 비상깜빡이를 점멸시키고 즉각 차를 갓길로 붙여 정지한 다음 차에 있는 포도당 관련 식품을 신속히 섭취하는 등의 대처법이다.

미국당뇨병학회도 당뇨병과 운전에 관한 성명에서 안전하게 운전하기 위해서 주의해야 할 4가지 항목으로 (1) 운전할 때는 자기혈당 측정기와 포도당을 항상 갖고 다닐 것, (2) 혈당치가 90mg/dL 미만인 경우는 당질(糖質) 섭취 없이 운전을 하지 말 것, (3) 어떤 식으로든 저혈당 증상이 생겼을 경우에는 신속하게 차량을 세우고 혈당치를 측정해 당질을 섭취할 것, (4) 혈당치와 인지기능이 회복될 때까지 운전을 재개하지 않도록 할 것을 제시하고 있다.

하지만 운전할 때 저혈당 대책을 세우고 있다고 답한 것은 당뇨병 환자 전체의 52%에 그치고 있어서 더욱 강화된 홍보가 필요하다.

근래 당뇨값을 연속적으로 측정할 수 있는 지속 혈당측정기(CGM, Continuous Glucose Monitoring)가 다양하게 등장하고 있다. 이 기기는 아주 얇은 바늘을 갖춘 센서를 당뇨병 환자의 피부에 장착해 피하조직간 질액(質液) 속의 글루코오스 값(이후 혈당값으로 표기)을 지속적으로 측정하는 것으로, 전용 단말기를 센서에 끼울 때마다 혈당값을 측정할 수 있는 isCGM(intermittently scanned CGM)이나 연속적인 혈당측정과 표시가 가능한 rtCGM(real-time CGN) 등이 있다.

이런 기종들은 저혈당 유무나 빈도 확인에 도움이 될뿐만 아니라, 저혈당 시 경고 송신 기능을 갖춘 기기들도 등장하고 있다. 일부 기기는 혈당이 설정값 밑으로 떨어졌을 때 경고가 울리기도 한다. 또 인슐린을 지속적으로 주입하면서 혈당을 조정하는 인슐린 펌프와 rtCGM과 조합한 SAP(Sensor Augmented Pump)요법 치료는 저혈당이 예상될 때 자동적으로 인슐린 주입을 멈추는 기능도 있다. 현재 이런 경보기능은 1형 당뇨병 환자에게 한정적으로 사용 중이지만, 이런 기기의 사용은 운전할 때를 포함해서 저혈당 예방에 도움이 될 것이다.

5.3 수면장애

수면장애나 수면시간 부족에 기인하는 운전 중 졸음이나 부주의와 관련된 교통사고에 대해서 관심이 높다. 수명장애는 정의 상 주간에 어떠한 기능장애를 일으킨다는 점을 기본으로 하는데, 그 중에서도 자동차 운전기능에 영향을 줄수 있는 졸음이나 인지기능 저하를 일으키는 수면장애로 폐쇄성 수면 시 무호흡, 나르콜렙시(narcolepsy)/과도한 수면장애, 일일주기 리듬(대략 하루 주기로 바뀌는 생물의 몸의 리듬) 수면-각성장애, 불면장애 등이 있다.

여기에 수면 부족도 똑같은 영향을 초래할 수 있다. 어떤 식의 수면장애도 운전기능을 떨어뜨려 교통사고 리스크를 증대시키는 것으로 알려져 있다.

근래에 수명장애로 인한 교통사고 위험성 상승에 대한 관심이 높다. 2002년에는 면허정지·보류 조건에 중증의 졸음을 가진 수면장애가 포함되어, 졸음을 일으키는 수면 시 무호흡 스크리닝이나 장시간 노동의 개선 등 대책이 마련되고 있다. 졸음에 기인하는 교통사고 비율은 미국, 프랑스, 뉴질랜드의 조사에 따르면 3.9%에서 33%로 나라마다 다르지만, 운전 중의 졸음이 교통사고에 기여하는 중요한 인자라는 사실을 보여준다.

국내를 비롯해 여러 나라에서 이루어진 졸음과 교통사고와의 관련에 대한 17가지 역학연구의 메타분석을 통해 운전 중의 졸음이 교통사고 리스크를 2.5배 높이는 것으로 나타났다. 운전 중 졸음은 교통사고와 관련된 부상율과 사망률 증대에 크게 기여하기 때문에 현재 공중위생 상 주요한 문제로 다뤄지고 있다 (그림 2-16).

졸음 원인으로는 수면장애, 사회활동 등에 따른 수면부족이나 교대근무 등을 들 수 있다. 이어서 수면장애 요인과 앞으로의 방향성에 대해 살펴보겠다.

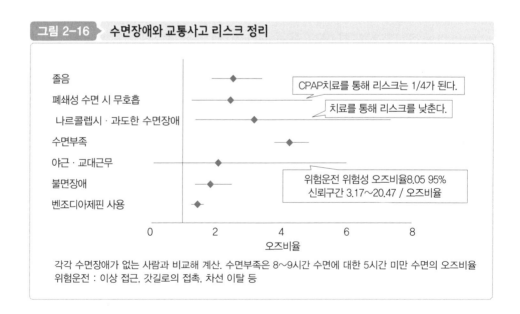

그림 2-16 **수면장애와 교통사고 리스크 정리**

각각 수면장애가 없는 사람과 비교해 계산. 수면부족은 8~9시간 수면에 대한 5시간 미만 수면의 오즈비율
위험운전 : 이상 접근, 갓길로의 접촉, 차선 이탈 등

(1) 폐쇄성 수면 시 무호흡

폐쇄성 수면 시 무호흡(OSA, Obstructive Sleep Apnea)은 수면 중 상(上)기도폐쇄로 인한 주기적 호흡기류 정지가 특징인 질환이다. OSA의 하루 중 증상으로 졸음, 두통, 구갈, 집중력 저하가 있다. OSA의 유병률은 50대까지는 여성보다 남성에게 많고, 폐경 이후 여성은 유병률이 상승한다. 중장년 때의 유병률이 높아서 30~70세를 대상으로 성별이나 연령층에 맞춰 수면호흡 장애의 유병률을 검토한 결과, 수면호흡 장애의 유병률이 노화에 따라 14~55% 증가했다.

OSA 미치료(未治療) 운전자의 메타분석에서는 OSA가 없는 운전자보다 OSA 환자의 교통사고 위험성이 2.4배 높은 것으로 나타났다. 일반 운전자의 잠재적 사고 위험성이 한 명 당 연간 0.08회인데 반해 OSA 환자의 위험성은 한 명 당 0.10~0.39회 범위라고 추정된다(그림 2-16).

DS를 이용한 연구에서도 OSA 환자는 컨트롤에 비해 운전기능이 떨어져, 25분 동안 테스트하는 동안 처음 시작할 때는 컨트롤과 비슷했지만 시간이 지나면서 퍼포먼스가 계속해서 떨어졌다. 여기에는 야근의 무호흡에 의한 수면장애로 인해 발생한 주의력 저하가 관계되어 있다(표 2-8).

OSA가 있는 운전자의 교통사고 위험성을 지속 기도양압 요법(CPAP, Continuous Positive Airway Pressure) 개시 전후로 조사한 9개 관찰연구의 메타분석에 따르면, CPAP 치료 후에 교통사고 위험성이 약 1/4로 감소된 것으로 나타났다(위험성비율=0.278, 95% 신뢰구간 : 0.22~0.35). 또 하룻밤의 CPAP 치료를 통해 낮 동안의 졸음이 크게 개선되어, CPAP 치료개시 후 2~7일 이내에 DS의 운전퍼포먼스가 대폭 향상되었다.

수면 중의 무호흡·저호흡에 의한 단편화는 야간의 수면 질을 떨어뜨려 낮 동안의 각성에 악영향을 끼친다. 따라서 수면 중에 자주 깨거나 하면 OSA에서의 자동차 사고 위험성이 높아질 가능성이 크다. 자각적 졸음 척도인 엡워스 졸음 척도(ESS, Epworth Sleepiness Scale)의 스코어와 교통사고 발생과의 관련성을 OSA 환자한테서 검토한 결과, ESS 상승과 교통사고 스코어(교통사고 2점,

표 2-8 수면장애의 운전기능에 대한 영향

폐쇄성 수면 시 무호흡	차체의 횡흔들림 증대(시간 경과와 함께 증대) 운전 중 주의결여 증대(시간 경과와 함께 증대)
나르콜렙시·과도한 수면장애	장애물에 대한 충돌비율 증가 퍼포먼스 저하와 실제 교통사고율은 관련
수면부족	브레이크 반응시간의 연장
야근/교대근무	차체의 횡흔들림 증가 차선이탈 증가
불면장애	차체의 횡흔들림 증가 차선이탈 증가
수면약 사용 조피클론 7.5mg 라멜테온 8mg 수보렉산트 20mg·40mg, 15mg·30mg	차체의 횡흔들림 증가 속도편차 증가 차선이탈 증가 차선 벗어남 차체의 횡흔들림이 약간 증가

이상 접근을 1점으로 계산) 상승에 유의미한 관계를 찾아냈다. 나아가 수면 폴리그래프 검사를 통해 평가한 신체동작을 동반한 각성반응은 자각적 졸음ESS와 깊이 관련되어 교통사고 스코어 상승에 기여했다.

(2) 나르콜렙시·과도한 수면장애

나르콜렙시(발작성 수면)나 과도한 수면장애 환자는 하루 중에 과도하게 졸음이 많아 졸음운전 위험성이 높다. 나르콜렙시 환자의 졸음으로 인한 교통사고 비율은 수면장애가 없는 컨트롤보다 약 4배가 높다. 또 강한 졸음을 일으키는 나르콜렙시·과도한 수면장애 직업 운전자의 교통사고 리스크는 수면장애가 없는 운전자보다 약 4배가 높은 것으로 보고되고 있다(그림 2-16). 자각적 졸음 평가지표 ESS가 16점 이상인 나르콜렙시·과도한 수명장애 환자에서는 교통사고·이상 근접 위험성과 ESS 스코어 사이에 유의미한 상관관계를 보인다.

30분 동안의 DS 연구를 통해 미치료 나르콜렙시 환자가 컨트롤에 비해 도로상 장애물에 자주 충돌하면서 충돌비율이 높은 것으로 나타났다. 심지어 시뮬레이터 성적이 나쁠수록 실제 교통사고 발생율도 높았다. 대만의 나르콜렙시 역학 조사에서는 나르콜렙시 환자의 교통사고로 인한 입원 리스크가 나르콜렙시가 없는 환자보다 약 6배나 되었다. 이때 나르콜렙시 치료로서의 모다피닐(각성제) 또는 메틸페니데이트(중추신경계 각성제) 사용은 교통사고 위험성을 떨어뜨렸다.

(3) 수면시간 부족

일본의 한 연구조사에 따르면 단시간 수면으로 간주되는 6시간 미만으로 잠을 자는 남녀 비율이 남성 36.1%, 여성 42.1%로 나타났다. 성·연령 별로 보면 남녀 모두 40대에서 가장 높아 각각 48.5%, 52.4%이다. 이는 10년 전 단시간 수면비율 조사 때보다 약 10% 증가한 수치이다. 평균수면 시간이 짧아진 요인들로는 24시간 영업 점포나 컴퓨터·스마트폰 보급에 따른 생활패턴 변화, 장시간 노동이나 장시간 통근·통학으로 인해 숙면시간이 늦어진 것들을 들 수 있다. 한국도 이와 비슷한 수치로 보인다.

미국질병대책 센터 데이터에 따르면 하루 5시간 이하로 잠을 자는 운전자가 하루에 7시간 이상 자는 운전자보다 운전 중에 졸았다고 보고된 비율이 3.3배 높은 것으로 나타났다(9.1% vs 2.7%). 수면시간 감소는 교통사고 위험성의 상승과 유의미하게 관련되어 있어서, 하루에 7~8시간 수면을 취하는 것보다 하루에 6시간을 자는 것이 교통사고 위험성을 33%나 증가시킨다. 이런 관련성은 과도한 졸음을 자각하지 못하는 사람도 마찬가지로 단시간 수면이 교통사고 위험성을 상승시켰다. 심지어 교통사고의 인구기여 비율은 7시간 미만 수면에서 9%였다.

DS를 이용한 도로 옆에서 뛰어들어오는 사람에 대한 브레이크 반응시간을 보는 테스트서는 지속적 주의과제에 대한 정답률을 떨어뜨리고, 수면부족으로 인한 낮 동안의 뇌기능 저하가 보고되고 있다.

(4) 일일주기 리듬 수면−각성장애(야근·교대근무)

야근이나 교대근무로 인해 생활리듬이 깨지면서 일일주기 리듬 기능이 흐트

러지면 야간이나 이른 아침의 근로업무를 포함해 낮 동안에 자주 과도한 졸음을 경험하게 된다. 야근전문 간호사 및 교대근무를 하는 간호사를 대상으로 한 연구에서는 자각적 졸음평가와 타각적 졸음지표의 증대가 야근이나 교대근무 후에 운전하는 동안 이벤트 발생률 증대와 관련되어 있었다. 또 8~10시간 근무 후에 도로 측면에 충돌하거나 이상 접근 등 위험한 운전을 경험할 위험성이 8배 이상으로, 각성시간이 길어지면(16시간 이상) 위험운전 위험성은 더 상승한다.

야근 후 및 평균 7.6시간 수면 후의 운전기능을 DS에서 평가한 연구에서는 수면 후에는 충돌사고를 일으키지 않았지만 야근 후에는 16번 시행 중에 11번 사고가 났으며, 시험시작 이후 45분 정도에서 발생했다. 게다가 야근 후에는 야근수면 후보다 차선일탈 회수가 많이 나타났다.

교대근무 간호사에게 있어서 근무이동 타입과 운전 이벤트와의 관련성을 검토한 결과에서는 주간근무나 준야간 근무보다도 야근근무 후의 교통이벤트와 자각적 음 사이에 강한 관련성이 있는 것으로 나타났다. 연속된 야간근무에서는 야근 첫날 뒤에 운전이벤트 증대가 있었던 한편으로, 연속 야근일수가 길어지자 운전 중의 주의력 저하가 증대되었다. 나아가 야근근무 후에는 다른 근무이동보다 기상할 때의 각성시간이 길어져, 졸음 증대와 함께 운전 중 눈깜빡임이나 정지신호 때의 졸음, 연석 충돌이나 이상 접근 등도 많아지면서 교통사고 위험성이 높아졌다.

(5) 불면장애

불면장애는 일반인에게 가장 높은 빈도로 나타나는 수면장애이다. 일반인구 가운데 13~30%가 불면장애 증상(수면곤란, 중도각성, 새벽각성, 숙면감 결여)을 호소한다. 이런 불면장애 호소는 노화와 함께 증가한다. 10개국 5,293명의 데이터를 바탕으로 불면장애와 교통사고와의 관련을 검토한 연구에 따르면, 불면장애로 인해 교통사고 발생률이 높아진다는 사실이 드러났다. 또 불면 증상인 수면곤란이나 새벽각성, 숙면감 결여가 있는 사람은 사고 발생률이 높았지만, 중도각성의 있고 없고는 사고 발생률에서 유의미한 차이가 없었다.

트럭운전자를 대상으로 한 연구에서도 불면장애가 있는 트럭운전자는 불면장애가 없는 운전자보다 조사 3년 이전의 교통사고수가 유의미하게 많았으며, 과거 6개월 동안에는 더 많은 이상 접근이 나타났다. 폐쇄성 수면 시 무호흡, 낮 동안의 과도한 졸음, 단시간 수면 및 기타 합병질환을 변화량으로 보정한 뒤에도 불면장애가 있는 트럭운전자는 불면장애가 없는 운전자보다 교통사고 위험성이 약 2배, 이상 접근 위험성이 3배 이상이었다.

자각적 운전 퍼포먼스에 대해 불면장애 환자와 수면에 문제가 없는 사람에게 유의미한 차이가 없었음에도 불구하고, 불면장애 환자는 수면에 문제가 없는 사람보다 차체의 횡흔들림이나 차선일탈 빈도가 유의미하게 많았다. 나아가 불면장애 환자는 과제 시작 20분 정도 때 운전 퍼포먼스 저하가 나타났다.

불면장애 치료에 이용되는 벤조디아제핀 등 수면약과 교통사고 위험성과의 관련성은 몇몇 연구에서 일관된 결과가 나타났다. 벤조디아제핀을 사용하는 운전자는 1.4배 교통사고 위험성이 높다(그림 2-16). 조피클론 7.5mg 및 멜라토닌(호르몬) 수용체 작동약인 라멜테온 8mg의 취침 전 투여에서도 다음날 아침의 운전기능에 대한 악영향이 나타났다.

또 라멜테온 8mg의 급성효과를 평가한 연구에서는 도로 옆으로 쏠리는 비율이 높아서, 시각적 주의·정신운동 속도 저하나 신체 균형 저하, 인지과제 중 뇌혈류 증대반응 억제가 나타났다. 오렉신 수용체 길항약인 수보렉산트는 건강한 청년 및 건강한 시니어에게 있어서는 차체의 횡흔들림은 증가 경향에 있지만 임상적으로는 문제가 없는 범위였다.

(6) 수면장애와 인지기능 저하

근래에 시니어의 인지기능 저하에 기인하는 것으로 생각되는 교통사고가 문제로 떠오르고 있다. 다양한 수면장애가 인지기능 저하와 관련되었다는 사실은 잘 알려져 있는데, 시니어뿐만 아니라 청년·중장년도 수면장애로 인해 집중력 저하 등 교통사고로 이어지는 인지기능 저하가 보고되고 있다.

수면호흡장애, 특히 무호흡에 따른 저산소 혈증이 노년여성의 인지기능 저하에 영향을 끼쳐서, 그 발증 위험성이 수면호흡장애가 없는 여성과 비교했을 때 약1.8배이다. 또 횡단연구에서도 수면 시 무호흡은 고차원의 뇌기능 저하나 인지기능 저하와 유의미하게 관련되어 있었다. 수면시간이 짧은 시니어(7시간 미만)는 인지과제 중의 뇌혈류 증대반응 억제가 나타났으며, 단시간 수면(5시간 미만) 또는 수면효율 저하(85% 미만)로 인해 기억능력 저하가 나타났다. 수면부족이 시니어의 뇌기능 저하에 영향을 끼치는 것이다.

또 젊은 층도 수면시간이 짧으면 인지과제 중의 뇌혈류 증대반응이 억제되어 지속적인 집중력이 떨어진다. 나아가 수면시간이 짧아져도 수면 형태가 나빠진다. 즉 기상시각이 늦어질수록 인지과제 중의 뇌혈류 증대반응이 억제되어 낮동안에 졸음이 많아지고, 지속적인 집중력이 떨어진다. 7.7년 동안의 추적연구를 통해 불면장애가 인지기능 저하나 알츠하이머병의 발증에 영향이 있다는 것이 명확히 드러났다.

(7) 앞으로의 방향성

수면장애나 수면시간 부족과 관련된 교통사고 발생률이나 운전기능에 대한 영향에 대해서 살펴보았다. 수면의 질이나 양은 수면 폴리그램 검사(PSG, Polysomnography)를 통해 객관적 측정이 가능하지만 PSG의 번잡함 때문에, 종래의 본인 주관적 수면감각이나 수면시간에 기초해 교통사고나 운전기능과의 관계를 검토하는 경우가 많다.

게다가 수면장애에는 매일매일 변동이 있다고 알려져 있지만, PSG가 이루어진 경우도 반복적으로는 기록되지 않는다. PSG 이외에도 간편하게 집에서 반복해서 기록 가능한 수면평가 기기로 신체동작으로부터 수면을 평가하는 진단테스트(actigraphy)나 소형뇌파계가 개발·활용되고 있다. 앞으로 이런 기기들을 이용해 객관적이고 반복적으로 수면을 평가한 상태에서, 수면장애나 수면시간 부족과 교통사고의 발생률이나 운전기능과의 관련성이 명확해질 것으로 기대된다.

제 3 장

이동과 심리적 웰빙

1. 자동차 운전의 즐거움 : Driving Pleasure
2. 심리적 웰빙 개념과 측정방법
3. 이동의 즐거움

제3장

이동과 심리적 웰빙

3장에서는 이동이라는 현상과 인간의 심리에 대해 다각적으로 살펴보겠다. 인간의 이동은 산업 발전과 함께 비약적으로 변모해 왔다. 특히 자동차가 불러온 변화는 혁신적이었다. 인간이 자동차를 운전하는 행위에서 느끼는 즐거움은 심리학적으로도 다양하게 연구되고 있다. 나아가 자율주행 기술의 발전으로 인해 이동이라는 현상의 심리적 의미도 다양해지고 있다. 이 장에서는 이와같은 점에 대해서 운전하는 즐거움, 움직이는 즐거움이라는 시점에서 관련된 연구동향을 살펴보고 심리적 즐거움이나 행복감에 관한 개념에 대해서 알아보겠다.

1. 자동차 운전의 즐거움 : Driving Pleasure

1.1 자동차가 가진 기능과 가치

가솔린 엔진 자동차가 탄생한 것이 19세기말이었지만 그 후 100여 년 동안에 전 세계로 퍼져나갔다. 20세기는 자동차의 세기라고 말하는 사람도 있을 정도이다. 자동차의 등장은 마차나 철도에 이은 이동 혁명으로, 출발지에서 도착지까지(door to door) 제약이 없는 이동을 제공했다.

철도나 역마차는 역까지 가지 않으면 이용할 수 없고, 열차 등의 시간에 맞춰서 역으로 갈 필요가 있다. 그렇다고 그 역이 지리적으로 접근성이 좋은 편도 아니어서, 그 때문에 집이나 가려던 곳까지는 교통수단을 바꿀 필요가 있었다. 기다리는 시간까지 포함해 원활한 이동은 아니었던 것이다.

그에 반해 자동차는 환승할 필요도 없고 열차 등의 출발시간 같은 제약도 없는 원활한 이동수단이었다. 이런 이동수단으로서의 우월성 외에 자동차는 사회적 상징으로서의 의미도 갖고 있었다.

초기 자동차는 부유한 사람들의 취미 대상이었다. 이런 사람들은 개인 마차를 소유하던 사람들로, 마차는 상류층임을 보여주는 기호 또는 상징이었다. 그런 세태는 자동차로도 이어져 자동차도 사회적 상징으로 여겼다.

차종에 따라 사회적 의미가 달라져 고급차를 소유하는 것은 사회적으로 신분상승을 의미하게 되었다. 그리고 제2차 세계대전 후에 대중차량이 등장하면서 일반인들도 자동차에 손이 미치게 되었다. 게다가 자동차가 탄생한 이후 더 빠르고, 더 쾌적하며, 운전하기 쉽도록 기술적으로 개선되어 왔다. 기술자들은 시장의 요구에 호응하기 위해서 다양한 노력을 기울여 새로운 모델을 만들어왔다. 새로운 모델은 구형 모델보다 기술적으로 진보했다고 느껴졌다.

바꿔서 말하면 진보가 느껴지기 때문에 그것을 새로운 모델이라고 부르는 것이다. 새로운 모델의 자동차를 구입하는 것은 기술진보를 맛보는 것이기도 하지만, 그것은 진보주의적인 시점이다. 기술개발은 본질적으로 진보주의적이다. 자동차는 그것을 가까이서 구현하고 있어서 자동차를 소유하고 운전함으로써 진보주의적인 가치를 느낄 수 있는 것이다.

자동차는 이동 시스템으로서의 기능과 상징화된 사회적 가치 나아가 진보주의적 가치를 갖긴 했지만, 자동차가 퍼져나간 원인을 이런 것들로만 귀착된다고 하는 것은 너무 단순하다고 할 수 있을 것이다. 이 외에도 예를 들면, 공장노동자에 대한 휴가를 줌으로써 바캉스라는 개념이 생겨나고, 그것을 누리기 위해서 그때까지 상류계급이 휴양지에서 했던 것을 따라서하기 위한 도구로서의 가치를 자동차가 갖고 있었던 측면도 있을 것이다. 하지만 그런 기능적 또는 사회적 가치뿐만 아니라 자동차를 운전하는 것 자체에서도 우리는 어떤 가치를 찾아낸다고 생각할 수 있다. 그것을 대표하는 말로 운전하는 즐거움(Driving Pleasure)이라는 것이 있다.

자동차가 탄생했을 무렵인 1896년에 프랜시스 언더힐은 "Driving For Pleasure"라는 책을 썼다. 이것은 자동차에 대해서가 아니라 마차에 대해서 쓴 책이다. 이 책은 마차 조종을 즐기기 위해서 필요한 것들로 채워져 있는데, 마구 선정이나 마구 장착, 줄잡는 방법, 마차 선정 등의 내용이 들어가 있었다.

이 무렵 영국 상류계급에서는 파크 드랙(Park Drag)이라고 해서 마차로 공원 안에서 달리는, 즉 어딘가로 이동하는 것이 아니라 마차를 모는 놀이가 유행이어서 마차를 기분 좋게 달리게 하기 위해서는 무엇이 필요한지를 해설한 것이다. A지점에서 B지점까지 이동하기 위한 수단으로의 마차 조종이 아니라, 즐거움을 추구하기 위해서 마차를 조종했다는 사실을 알 수 있다. 탈 것을 조종하는 것 자체를 즐기는 일은 이미 이 무렵부터 있었던 것이다.

1.2 몰입 이론

즐거움에 대한 이론으로 대표적인 것은 심리학자 미하이 칙센트미하이(Mihaly Csikszentmihaly)가 주장한 플로우 사고방식이 있다. 칙센트미하이는 프로스포츠 선수, 외과의, 체스 선수, 등산가, 댄서 등을 대상으로 인터뷰했다. 어떤 상태일 때 그 태스크에 완전히 몰두해, 주위에 전혀 신경을 쓰지 않고 방해도 받지 않으면서 자연스럽게 몸이 움직이는 상태가 되는지를 조사한 것이다.

그리고 각각 대상은 다르지만 공통적인 특징을 찾아냈다. 칙센트미하이는 이것을 플로우 상태(몰입상태)라고 불렀다. 옥스퍼드 사전에 따르면 플로어란 말은 Flow of spirits에서 왔다. 18세기 무렵에는 갑자기 즐거운 기분이 드는 것을 지향했는데, 그대로 즐거움으로 차 있는 상태를 의미하는 말이 되었다.

칙센트미하이의 연구는 자체발현 동기부여 측면에서 이루어진 것이다. 자체발현 동기부여란 외부에 의한 동기부여가 아니라, 즉 어떠한 외적기준을 충족하기 위해서 하는 것이 아니라 그 행위를 하는 것 자체가 목적인, 다시 말하면 자기목적인 것이다.

 유희라고 하는 것이 그런 전형으로, 어떠한 일에 도움이 되고 싶다는 동기가 없는 행동이다. 외과의나 프로스포츠 선수는 언뜻 보면 환자를 치료하고 상금을 차지하는 식의 외부적 동기가 바탕인 것처럼 보이지만, 실제로 몰두상태가 됐을 때는 외부적 성격은 사라지고 행위 자체의 수행만 목적이 된다. 그리고 그렇게 몰두해 있는 상태의 공통점은 자신이 갖고 있는 능력을 발휘하고 있다는 느낌, 하고 있는 행위에 대한 반응 그리고 대상과 하나가 되어 완전히 상황을 지배한다고 느끼는 상태가 된다는 것이다.

 첫 번째의 능력을 발휘하고 있다고 느낀다는 것은, 자신이 가진 능력과 과제의 어려움이 일치하는 것이 기본이다. 여기서 말하는 과제의 어려움이란 도전을 해야 하는 수준을 말한다. 갖고 있는 능력으로 과제를 풀 수 있다는 의미가 아니라, 갖고 있는 능력을 최대로 발휘해야 비로소 풀 수 있는 과제의 어려움인 것이다. 갖고 있는 능력보다 과제가 간단하면 지루해지고, 능력보다 너무 높으면 불안해진다. 간단히 풀 수 있다면 시시해지고, 노력해도 풀릴 것 같지 않으면 그만두고 싶어지는 것이다.

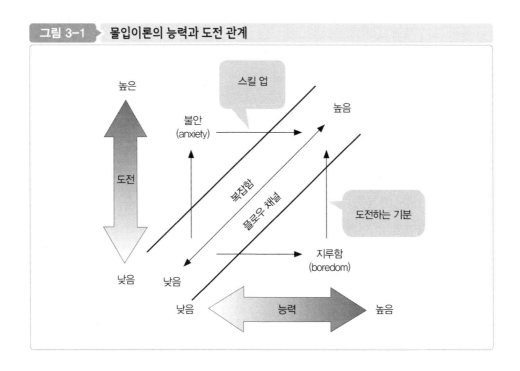

그림 3-1 **몰입이론의 능력과 도전 관계**

전자 같은 경우에 즐겁게 하기 위해서는 더 어려운 과제에 도전할 필요가 있고, 후자는 스킬 업을 할 필요가 있다. 위와 같은 조건이 갖춰지면 태스크에 완전히 집중해 대상과의 일체감이 생겨 행위와 의식이 융합된 느낌을 얻을 수 있다(그림 3-1).

1.3 능력과 어려운 태스크와의 균형

앞서 언급한 것처럼 즐거움을 느끼기 위해서는 먼저 능력과 어려운 태스크와의 균형을 잡을 필요가 있다. 심리학자 레이먼드 풀러(Raymond Fuller)는 자동차 운전에 있어서 자신의 운전능력(capability)과 도로교통 환경 속 디맨드와의 균형을 잡도록 운전자가 행동한다는 TCI Model(Task Capability Interface Model)을 주장했다(그림 3-2).

여기서 운전능력이란 어느 범위로 어느 정도의 주의를 기울이는지, 세세한 움직임까지 보는지, 어느 정도의 앞까지 예측하는지, 어느 정도로 꼼꼼히 핸들이나 페달을 조작하는지 같은 지각·인지와 운전조작 수준을 말한다.

한편 디맨드란 해야 할 태스크의 공간적 또는 시간적 어려움으로, 도로구조와 다른 교통참가자에 의존한다. 예를 들면 도로 폭이 넓으면 디맨드는 낮고, 도로 폭이 좁고 구불구불하면 디맨드는 높아진다. 그리고 디맨드가 낮으면 세밀한 부분까지 주의를 기울이지 않아도 되지만, 디맨드가 높으면 그거에 맞게 주의를 꼼꼼하게 기울이고 차분히 핸들 등을 조작한다.

또한 도로 상에 차량이 없으면 디맨드는 낮지만, 주위에 다른 차량이 많으면 디맨드는 높아져 주의를 기울이게 된다. 좁은 도로에서 자전거나 보행자가 있으면 충분한 주의를 기울여 필요하다고 생각되는 거리가 확보되도록 자동차를 조작한다.

운전 스킬이 어느 수준으로 올라가면 디맨드를 짐작해 거기에 맞는 운전능력을 발휘하게 된다. 바꿔 말하면 디맨드 짐작을 적절히 하지 못하고 또 어디에 얼

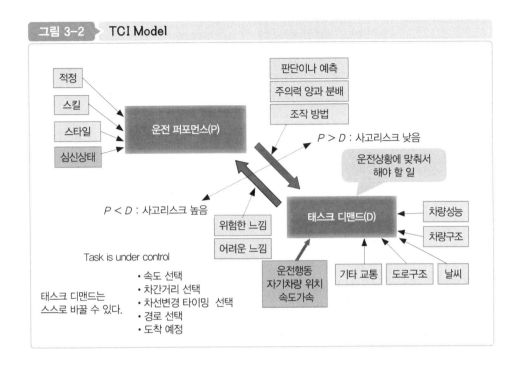

그림 3-2   TCI Model

마만큼 주의를 기울여야 할지 이해하지 못하는 사람이 초보자인 것이다.

이처럼 운전능력 발휘는 어려운 운전 태스크에 맞춰서 이루어지기 때문에, 자동차 운전은 본질적으로 능력과 어려운 태스크의 균형이 맞춰지는 것이라고 할 수 있다.

도로교통 상황은 시시각각 변화하므로 어느 일정한 능력을 계속 발휘하는 것은 불필요할 뿐만 아니라 그것을 유지할 수도 없다. 운전경험을 쌓았을 때 어느 정도로 침착하게 핸들·페달을 조작해야 하는지 또 다른 교통참가자가 어떻게 행동하는지, 나아가 그 거동을 일으킬 확률은 어느 정도인지를 예측·판단할 수 있는 상태가 된다.

그 상태는 선행차량의 감속이나 옆에서 끼어드는 등의 상황이 발생해도 대처가 가능한 상태를 말하는 것으로, 바꿔 말하면 리스크는 높아도 사고에는 이르지 않는 상태를 유지할 수 있다는 것이다.

어떤 일이 발생했을 때의 대처 방법은 그 사람의 운전 스킬마다 제각각이라 디맨드와의 균형을 잡는 방법은 사람에 따라 달라지지만, 저마다 디맨드에 맞춰서 운전능력을 발휘하고 있다.

디맨드에 대한 적절한 능력의 발휘는 자동차 운전에만 한정된 것이 아니라 일상적인 일에 있어서도 이루어지는 것이기도 하다. 어려운 일이라고 생각되면 더 노력하게 되고, 간단한 일이라고 생각되면 힘을 빼고 대처하는 것은 일상적으로 다반사이다. 다만 같은 일이라도 고객이나 상사가 그 일에 어느 만큼의 질을 요구하는지에 대한 판단은 쉽지 않다. 그것을 짐작하는 능력이 일에 대한 능력 가운데 하나이다.

일 같은 경우에는 이 짐작을 잘못했을 때 일에 대판 평가가 떨어지지만, 자동차 운전은 사고 위험성이 높아지게 된다. 일 등에서는 요구 수준(디맨드)이 분명하게 명확하다고 할 수는 없지만, 자동차 운전은 도로 폭이나 도로의 굴절 정도 또 다른 사람과의 충돌에 대한 위험한 느낌을 디맨드로 지각(知覺)할 수 있다. 도로교통 상황은 주행에 따라 시시각각 바뀐다. 이 디맨드의 다이내믹한 변화를 지각해 거기에 맞춰서 운전 퍼포먼스를 발휘한다. 요컨대 자동차 운전이란 상황에 맞춰서 완급을 주어 활동하는 것이다. 칙센트미하이의 즐거움을 느끼는 조건 가운데, 능력과 어려운 태스크의 균형이라는 것은 자동차 운전에 충족되어 있다고 할 수 있을 것이다.

1.4 운전 반응

몰입 상태가 되려면 하고 있는 행위에 대한 반응이 필요하다. 자동차 운전에 관해서 말한다면, 시각과 체성감각(촉각·통각 등) 그리고 청각을 매개로 항상 감각 피드백이 오고 있다.

자동차를 운전하려면 페달과 핸들을 조작한다. 각각에는 반발력이 있어서 손(발) 반응이 있다. 페달은 밟는 양이 커지면 반발력도 강해진다. 핸들의 조작 시작은 랙&피니언 등의 가동부분을 움직이기 시작하기 위한 정(靜)마찰로 인한 저항으로, 앞바퀴가 조향을 시작하면 동(動)마찰에 의한 저항이 된다. 정마찰에서 동마찰로의 변화는 근력 감각을 중심으로 한 체성감각을 지각함으로써 핸들이 작동하기 시작한 감각으로 느낀다.

앞바퀴가 주행방향에 대해 각도가 생기면 앞바퀴가 직진방향으로 돌아오려는 힘이 발생하고 그것이 핸들을 돌린 상태를 유지하기 위한 조향 유지력으로 지각된다. 핸들을 더 돌리면 타이어 고무가 비틀리면서 그것이 회전 조향력으로 지각된다. 운전자는 이런 반발력을 운전조작에 대한 직접 반응으로 느끼게 되는 것이다.

핸들이나 페달의 반발력은 조작 자체에 대한 반응으로 이 조작들로 인해 자동차 상태가 바뀐다. 차량의 움직임을 지각할 수 있는 것도 반응 측면에서는 중요하다. 핸들과 페달을 조작하는 신속함이나 양으로 발생하는 앞뒤방향의 가속·감속 및 커브 주행 시의 횡방향 가속은 주로 전정기관(평형감각을 맡고 있는 기관)에 의해 지각된다.

가속·감속 속도는 전정기관뿐만 아니라 가속·감속에 수반되어 머리나 상체의 움직임을 안정화시키기 위해서 근력활동과 같이 생기는 근력에 대한 운동지령의 원심성 복사나 힘줄, 관절 같은 수용기관의 감각정보도 얻을 수 있다. 나아가 시트로부터 밀착감이나 시트 표면과의 횡 유격을 통해 피부감각 정보도 생긴다. 감속할 때는 앞쪽으로 상체에 힘이 들어가는데, 그것을 지탱하기 위해서 핸들을 잡은 손으로도 감각정보가 생긴다. 이런 체성감각들을 중심으로 한 감각정보는 차량의 미분적 움직임과 관련된 것이어서 조작을 시작함으로써 피드백되는 감각이다. 체성감각 가운데 하나인 피부감각에도 창을 열고 있으면 바람이 부딪치면서 이동하는 감각을 만들어낸다.

자동차의 전체적 움직임에 관해서는 시각정보가 주로 사용된다. 주행 중의 앞쪽 풍경은 진행방향을 용출구로 해서 확대(expansion) 되듯이 시각적인 형상의 흐름(optical flow)이 발생한 운전자 또는 탑승객이 앞쪽을 보면 이 형상의 흐름은 망막 상의 형상 흐름(retinal flow)이 되어 자기운동으로 지각된다. 즉 자신이 이동하고 있다는 감각이 생기는 것이다.

이 형상 흐름의 크기(정확하게는 흐름의 양)로 인해 이동하는 속도가 지각된다. 형상 흐름의 크기는 흐름의 시작점에서는 제로이지만 주변으로 가면서 커진다. 그 때문에 시계(視界)가 넓은 것이 속도감이 높다. 뒷자리에 앉아 있으면 시계 주변부가 캐빈에 의해 차단되지만, 앞자리에 앉으면 주변의 형상 흐름이 시계로 들어와 속도감이 높아진다. 자동차가 핸들을 돌려서 회전하면 차량의 요(yaw) 회전이 발생하고 그에 따라 차체를 중심으로 한 요(yaw) 방향의 형상 흐름이 생긴다. 직진하면서 요 회전이 생기면 직진에 의해 생기는 형상 흐름과 회전에 의한 흐름이 합성되어옵티컬 플로우가 된다. 운전자가 어디를 주시하느냐에 따라 렌틸 플로우는 달라지지만, 앞쪽을 보고 있으면 차체의 회전 정도를 지각할 수 있다. 또 커브주행에서는 서스펜션이 내려감으로써 차체가 기우는데(롤링하는데), 그로 인해 시각적으로 수평선이 기울게 된다. 이런 것들이 시각적인 피드백이 되어 핸들 조작에 대한 응답으로 지각할 수 있다.

이밖에 청각도 사용된다. 액셀러레이터 페달 조작으로 인해 높아진 엔진소리는 조작 피드백에 효과적이다. 가솔린엔진은 실린더별 폭발음과 흡기음, 배기음이 중심이지만 거기에 보조기기의 공진음이 추가된 소리가 엔진소리이다.

회전수에 따라 바로 바뀌는 소리 성분이 지각되면 액셀러레이터 페달을 조작한 결과로 느낀다. 그러므로 회전수와 상관없이 항상 어느 주파수대로 소리가 발생하는 공진음을 줄이는 동시에 회전수에 직접 배음(倍音)성분이 바뀌도록 하면 청각적으로 액셀러레이터 페달의 반응을 느낄 수 있다. 또 주행 시 진동은 청각 또는 체성감각을 매개로 지각되어 속도에 대한 단서가 된다.

이들 피드백 타이밍에 의해 응답이 좋다고 느낀다거나 응답이 나쁘다고 느낀다. 응답이 너무 빨라도 운전하기 어렵고, 너무 늦으면 조작 응답성이 나빠진다. 이렇게 자동차 운전에 있어서 운전조작에 대한 반응은 다양한 감각 채널을 매개로 운전자나 탑승객에게 돌아오기 때문에 자동차 운전 행위에 대한 응답성은 아마도 인간이 일상적으로 하는 행위 가운데서도 가장 풍부하다고 할 수 있을 것이다.

1.5 상황을 지배하고 있는 느낌

상황을 지배하고 있다는 것은, 스포츠에서 말하면 시합을 장악하고 있다고 느끼는 것이다. 시합의 주도권을 잡는다는 표현도 이것을 가리키는 것이라고 할 수 있다. 공격 시점, 풀어줘야 하는 시점을 자신이 결정할 수 있어서, 언제 힘을 쏟을 것인지 언제 편하게 할지에 대한 흐름을 자신이 만들어낼 수 있다는 것이다. 이것은 어려운 태스크를 결정하는 재량을 갖고 있다는 말과도 같다.

자동차 운전의 레이몬드 풀러 모델에서는 디맨드와 능력이 균형을 이룬다. 이 운전 디맨드는 도로 폭이나 선 형태, 다른 차량 숫자나 움직임에 따라 달라진다. 게다가 이것뿐만 아니라, 예를 들면 차간거리를 짧게 하면 선행차량의 거동에 주의를 많이 기울어야 하므로 운전 디맨드가 높아진다. 또 같은 길이라도 속도를 높이면 더 많은 것에 주의를 기울여야 할 뿐만 아니라 운전조작도 신중하게 해야 한다. 이것도 디맨드가 높은 상태이다.

이렇게 자동차 운전의 디맨드는 타인의 존재뿐만 아니라 자기 자신의 운전 방식에 의해서도 달라진다. 이것은 자기 자신이 운전 디맨드의 고저를 컨트롤할 수 있다는 것이다. 자신이 빨리 달리고 싶으면 디맨드를 높이면 되는 것이고, 천천히 달리고 싶으면 디맨드를 낮추면 된다.

실제로 고속도로를 달리다 보면 후방의 느린 차가 멀어지다가, 조금 달리다보면 같은 차가 따라 붙는 경우가 있다. 속도를 자유롭게 바꿀 수 있는 고속도로에서는 자신이 하고 싶은 대로 완급을 조절하며 달리는 것이다.

속도나 차간거리는 디맨드를 바꾸는 단순한 예이지만, 복수 차선에서 같이 달리는 차량과의 위치 관계도 디맨드에 영향을 끼친다.

대형트럭과 같은 속도로 달리면 압박감도 생기고, 휘청거리지 않도록 핸들을 조작할 필요가 있다. 또한 나를 못 보고 차선을 변경할 가능성까지 염두에 두고 운전해야 하는 것은 디맨드가 높은 상태이다. 이런 경우에는 나란히 달리지 말고 앞뒤로 어긋난 상태에서 달리면 피할 수 있는 여유까지 포함해서 디맨드를 낮출 수 있다.

또 안정적으로 달리는 차라면 같은 속도로 따라가기가 쉽지만, 휴게소를 찾듯이 움직임이 이상한 차의 바로 뒤에 있으면 디맨드가 높아진다. 이럴 때는 차간거리를 조금 벌려 두면 디맨드를 낮출 수 있다.

디맨드가 가장 낮은 상태는 차량을 정지시킨 상태로서, 그것은 주행을 하지 않는, 즉 차를 세우고 쉴 때이다. 이렇게 자동차 운전은 자신의 운전 스타일로 높은 디맨드 상태에서 낮은 디맨드 상태까지 자유롭게 만들어낼 수 있다. 어려운 태스크를 결정하는 재량을 갖고 있는 것이다. 자동차를 자유로운 탈 것이라고 할 때는 어디든지 갈 수 있다는 의미뿐만 아니라, 태스크의 자유로움까지 포함해서 자유라고 느끼는 것이라고 생각한다.

일에 있어서 상사로부터 지시 받은 대로만 해서는 일에 대한 흥미가 떨어진다. 하지만 상사로부터 재량권을 받고 일을 할 수 있으면 즐겁게 할 수도 있다. 조직의 계층구조에서 아래쪽에 있으면 상층의 지시에 따라야 하는 경우가 더 많지만, 상층으로 올라가면 재량이 많아진다.

일반적으로 계층이 위에 있는 사람이 즐겁게 일하고 하층에 있으면 즐겁지 않다고 느끼기 쉽다. 전문가는 의뢰인에게 부탁 받지 않은 일까지 공을 들여 하기도 하는데, 이것도 주체적인 디맨드의 컨트롤로서, 이런 것이 가능한 사람은 일을 즐길 수 있다. 사회적 활동은 각각의 입장에 따라 디맨드를 컨트롤하거나 하지 못하기도 하지만, 자동차 운전에서는 누구나 디맨드를 컨트롤할 수 있는 것이다.

재량과 스트레스에는 깊은 관계가 있다. 로버트 카라섹(Robert Karasek)팀의 역학연구에 따르면 업무량이 많고 재량이 없는 사람의 심혈관계 질환의 증후 비율은 높지만, 마찬가지로 업무량은 많아도 재량이 있는 사람의 증후비율은 낮아진다. 재량권이 없는, 즉 업무에 자유가 없는 것이 스트레스로 작용해 병에 걸리기가 쉽다고 생각할 수 있다.

이런 사실로부터 카라섹은 디맨드 컨트롤 모델(Demand Control Model)을 주장했다. 자동차를 운전해 스트레스를 푼다고 해석하는 사람도 있어서 스피드를 내면 속이 후련해진다는 이미지로 파악하기 쉽지만, 자동차 운전은 누구나가 재량을 갖고 운전할 수 있기 때문에 (혼잡해서 자유롭지 않은 도로를 피하면) 스트레스를 느끼기 어려운 상황에 자신을 둘 수 있다고 할 수 있을 것이다.

1.6 운전하는 재미에 대한 조사

일상적으로 자동차를 운전하는 사람들을 대상으로 운전하는 재미에 대해 조사해 보았다. 먼저 10명 정도의 그룹으로 브레인스토밍을 해, 운전이 재미있다고 느끼는 상황을 찾아내고 거기서 139항목 가운데 유사한 항목을 제외하고 최종적으로 79항목을 선정했다. 이것을 바탕으로 질문지를 만든 다음, 인터넷 조사를 이용해 20대부터 70대까지 남녀 1,000명을 대상으로 어떤 상황에서 운전이 재미있다고 느끼는지에 대해 회신을 받았다. 그 결과를 이용해 인자 분석한 결과 크게 4가지 인자가 추출되었다.

첫 번째 인자는 「친구와 함께 목적지로 가고 있을 때」, 「멋진 도시를 보면서 지나갈 때」 등으로 나타났다. 여기서는 이것을 「비일상감(非日常感)」이라고 한다.

두 번째 인자는 「정지선에 조용히 서 있을 때」, 「차선을 변경하고 싶은데 마침 옆 차선이 비어 있을 때」, 「보행자에게 길을 양보할 때」 등으로 나타났다. 이것을 「여유감」이라고 한다.

세 번째 인자는 「다른 차를 추월하는 스릴을 느꼈을 때」, 「커브에서 횡G를 느꼈을 때」 등으로 나타났다. 이것을 「속도감」이라고 한다.

네 번째 인자는 「자동차를 의도한 대로 움직이고 있다고 느꼈을 때」, 「달리면서 노면에 달라붙는 안심감·안정감을 얻었을 때」 등으로 나타났다. 이것을 「일체감」이라고 한다.

이들 4가지 인자의 스코어를 남녀 사이에서 비교하면, 속도감과 일체감에서 여성보다 남성이 스코어가 높았다. 나이에 따른 차이를 보면 일체감은 나이에 따른 차이가 조금 밖에 안 났지만, 비일상감과 속도감은 세대가 높을수록 스코어가 떨어진다. 다만 속도감은 40대까지는 별로 변화가 없다. 일체감은 전 연령층에서 운전의 재미로 느끼는 인자이지만, 속도감은 50대 이후에는 중요하지 않게 나타났다. 또 젊은 층은 자동차에 의한 비일상감이 큰 요인이라는 것을 알수 있다.

여유감은 40~50대에서 낮은 편이고, 연령이 젊거나 높아도 스코어가 올라간다(그림 3-3).

이들 4가지 인자와 몰입이론과의 대응을 생각하면 「일체감」은 「행위의 반응」에 대응하고, 「속도감」은 「높은 디맨드와 거기에 대응하는 능력발휘」에 대응한다고 할 수 있을 것이다. 「여유감」은 달리기 쉬운 상황이 만들어졌다는 점에서

그림 3-3 ▶ 운전하는 재미의 연령별 차이

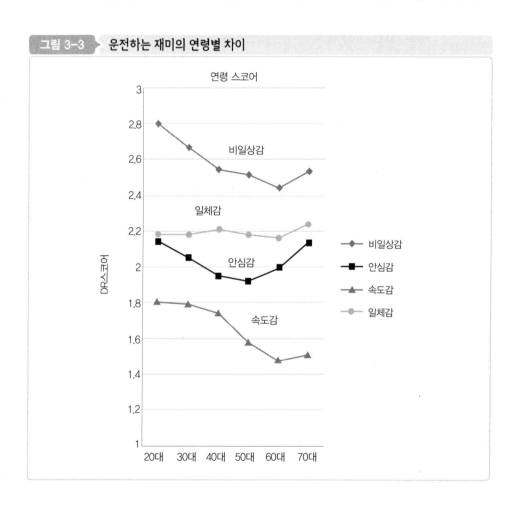

보면 「상황의 지배」에 가깝다고 생각된다. 이 조사에서도 자동차 운전의 재미는 몰입이론 적용이 가능하다고 생각할 수 있다.

한편 몰입이론에서 「비일상감」에 대한특별한 언급이 없지만, 애초에 스포츠 경기장이나 등산할 때의 산 또 외과수술의 수술실은 모두 비일상적 공간으로, 비일상적인 장소도 몰입의 요인이라고 생각할 수 있다. 하지만 사실 무엇이 비일상인가에 대해서는 명확하지 않다.

적어도 일상적으로 없는 분위기는 비일상감에 필요한데, 집이나 사무실에 나와 눈앞에 펼쳐진 도로를 중심으로 한 해방된 배경 자체는 비일상이다. 자동차의 앞유리로 보이는 풍경은 입체파(cubism)의 대가인 앙리 마티스(Henri Matisse)가 그림으로 그렸을 정도의 새로운 풍경이었다(그림 3-4).

풍경에 관해서는 지리학자 제이 애플턴(Jay Appleton)이 주장한 조망과 피신 이론이 있다. 이론에 따르면 자신의 모습을 숨기고 상대를 볼 수 있는 장소에 있으면 자신이 습격 받을 걱정이 없어서 안심된 상태에서 바라봄으로써 개방된다는 것이다. 자동차 안에서 바라보는 풍경은 여기에 해당되기 때문에 이런 관점에서 파악하는 것도 가능할 것이다.

그림 3-4 앙리 마티스의 「앞유리, 비러클 해안으로 가는 길에서, 1917년 작」

1.7 몰입이론과 자동차 운전

이렇게 보면 몰입상태를 만드는 조건이 어려운 태스크와 능력의 균형이 잡혀 있다는 점, 태스크를 수행하는 반응이 있다는 점, 상황을 지배할 수 있다는 점 이런 것들이 자동차 운전에서는 충족된다는 것을 알 수 있다. 운전 디맨드와 운전능력의 균형, 시각·체성감각을 중심으로 한 조작이나 주행상태의 피드백 그리고 운전 디맨드를 컨트롤할 수 있는 자동차 운전의 특징이 즐거움을 만들어내는 조건을 충족하고 있다고 할 수 있을 것이다.

그러나 예를 들면 초보자는 도로교통 환경의 디맨드를 어림잡기 힘들어 그냥 운전이 무섭다고 느낀다. 또 운전조작에 따른 반응도 주의를 기울이지 못하고 운전하면 특별히 체성감각의 피드백은 느끼기 힘들지도 모른다. 나아가 디맨드를 제어할 수 있으려면 스킬이 필요해서, 다른 사람이 어떻게 행동할지 예측하는 능력은 경험을 적절히 축적해 나가지 않으면 얻을 수 없는 것이라고도 생각할 수 있다. 이런 것의 차이로 인해 자동차 운전을 즐기기도 하고 그러지 못하기도 하는 것이다.

디맨드와 운전능력의 균형을 잡거나 디맨드 컨트롤이 가능하기 위해서는 디맨드를 적절히 짐작할 수 있어야 하고, 자신의 운전 스타일을 자유롭게 컨트롤하는 것이 필요할 것이다. 운전 스타일을 제어하는 일은 능력발휘 상태를 제어하는 것이기도 하다. 이것이 디맨드에 대해 수동적으로 이루어지는, 즉 "여기는 디맨드가 높을 것 같으니까 더 긴장하고 운전하지 않으면"하는 수신적 형태에서는 재량감도 없어지고 운전이 재미있어지지 않을 것이다.

이때 시간적으로나 양적 모두 여유를 갖고 능력을 발휘하게 되면 능동적인 운전이 된다. 여기서 능력발휘라고 부르는 것의 기초는 태스크에 대한 주의자원(attentional resource) 또는 인지적 자원(mental resource)으로 불리는 것의 투입이다. 눈앞 상황의 디맨드가 높은 것을 보고나서 자원투입을 늘리는 것이 아니라 선도적으로 사전에 투입을 늘릴 필요가 있다.

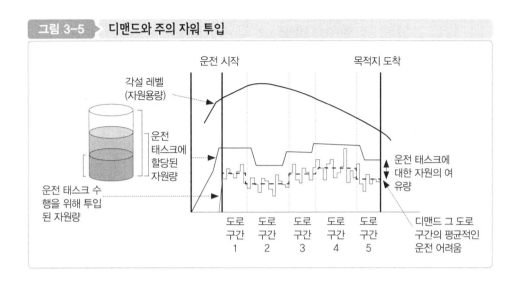

그림 3-5 디맨드와 주의 자원 투입

스포츠 등에서의 시합 전이나 레이스 전의 정신집중 같은 것이 여기에 해당한다. 인지적 자원이나 신체 운동적 자원도 마찬가지로 분명 자원투입이라는 것은 시간상수가 길어 단시간에 높이기는 어렵다고 생각된다.

이것은 혈액 등으로 대표되는 에너지원이 뇌 전체 또는 전신에 퍼져서 그것을 어느 태스크 때문에 모으는데 시간이 걸리기 때문이 아닐까 하고 추측된다. 특히 자동차 운전은 상황의 불확정성이 존재한다. 그러므로 무엇이 갑자기 발생해도 문제없도록 짐작한 디맨드보다 조금 크게 또 빨리 자원을 투입하는 것이 바람직하다(그림 3-5). 그렇게 하면 어떤 일이 일어나도 여유를 갖고 대처할 수 있기 때문이다.

이렇게 여유를 갖고 자원을 투입할 수 있으면 능력을 발휘하는데 여유가 생긴다. 이것을 몰입이론의 플로우 채널 폭 가운데서도 능력이 높은 쪽으로 자신을 갖고 가는 상태라고 할 수 있다. 이런 상태를 만들면 지금보다 높은 곳에 도전할 수 있게 되면서 플로우 채널 위쪽까지 올라갈 수 있게 된다고 생각된다. 이것이 성장되는 것이다. 이것은 긍정심리학자 바버라 프레드릭슨(Barbara Frederickson)의 확장 및 구축이론(Broaden and Build Theory)에서 이야기하고 있는 것에 대응해, 자원을 증대했을 때 성장할 수 있다는 긍정적 감정이 만들어지고 나아가 도전하고 싶어지는 긍정적 선순환이 돌아가게 된다.

2. 심리적 웰빙 개념과 측정방법

어떤 학문이나 상업, 행정이든 대개 모든 인간활동은 행복을 추구해 이루어진다고 해도 무방하다. 좋은 인생이란 무엇인가 또 어떻게 하면 행복해질 수 있을까 같은 물음은 다양한 분야에서 이루지고 있는, 항상 인간의 근간에 있는 문제이다.

이 절에서는 역사적으로 계속 질문 해온 행복이라는 과제에 관해 심리학적인 웰빙(well-being)이라는 관점에서 살펴보겠다. 우리의 심리적 적응상태인 웰빙에는 다양한 요인이 서로 영향을 주고받는다. 일이 순조롭더라도 대인관계에 문제가 있으면 행복하다고만 하기는 힘들다. 또 일시적 고난을 노력 끝에 극복했을 때는 강한 성취감으로 이어질 때도 있다.

개인을 둘러싼 상황이나 시간적 축에 의해서도 웰빙의 모습은 다종다양하다. 또 신체적으로 좋지 않은 상태(ill-being)라고 해서 심리적 웰빙 상태도 낮다고만은 할 수 없다. 웰빙의 어떤 측면에 초점을 맞추느냐에 따라서 연구에서 밝혀진 사실은 달라진다.

즉 분명히 한 인간의 행복이나 웰빙이라는 것을 한 가지 상태로서 조작적으로 정의할 수는 있겠지만, 항상 초점이 맞춰지지 않은 부분의 가능성이나 다른 검토 요인의 존재에 대해서도 무시할 수 없다는 점의 복잡성까지 주의할 필요가 있다. 웰빙을 검토하는데 있어서 어느 정도로 논의하느냐에 대해서는 항상 자각적이어야 하는 것이 중요하다.

이상과 같은 것을 확인한 상태에서, 이 절에서는 웰빙에 대한 개념적 정리와 선행연구를 살펴보겠다. 정신적 건강이나 대인관계 만족도처럼 개인의 쾌적한 상태에 초점을 맞춘 웰빙뿐만 아니라, 노력이나 고난을 극복함으로써 얻어지는 인간의 이성적이고 도덕적인 측면에 초점을 맞춘 웰빙 연구도 존재한다. 고대 그리스 철학자 아리스토텔레스가 지적했듯이 어느 한 측면에서만 좋다고 좋은 것이 아니라, 다양한 관점에서 총체적으로 웰빙을 폭넓게 파악하는 것이 중요하다.

구체적으로는 웰빙에 관한 역사적 기원을 개관해 기존에 논의되어 온 웰빙의 쾌락주의(hedonism)와 행복주의(eudaimonism) 두 가지 측면에서 검토한다. 종래의 사회심리학에서는 웰빙을 검토할 때 억울함이나 정신적 건강, 스트레스, 관계만족도 같이 개인의 긍정적 상태의 향상을 지향하는 것이 주류였다. 이렇게 개인의 인지나 감정 측면에서 더 좋은(快) 상태를 웰빙으로 간주하는 개념을 쾌락주의라고 하고, 정신적 건강이나 스트레스, 만족도 등의 변수를 쾌락적인 웰빙이라고 한다.

한편으로 웰빙에 대해서 쾌락 상태에 초점을 맞출 뿐만 아니라 인생에서의 의미 같은 다른 시점에서 사회심리학적 주장을 내놓고 있다. 즉 건강적으로 만족하는 것만이 웰빙이 아니라 이성적인 삶이나 인간으로서 성숙된 모습의 중요성을 지적하는 주장이다. 이런 관점에서는 인간이 특유의 잠재성을 완전히 실현하는 것을 웰빙으로 파악한 것으로, 쾌락주의와 달리 행복주의라고 한다.

이 절에서는 사회심리학에 있어서 이들 웰빙 개념과 관련된 실증연구에 대해 주로 라이언&대시(Ryan & Desi)의 자기결정성 이론에 기초해 정리하겠다. 더불어 웰빙의 측정방법에 대해서도 살펴보겠다. 또 책 시리즈가 자율주행에 초점을 맞춘 것을 감안해 마지막으로 선진적인 기술과 웰빙의 관련성에 대해서 살펴보겠다.

2.1 웰빙 개념에 관한 사고

웰빙 개념을 단적으로 말하면 심리적 기능이 최적인 상태이고 또 인생이나 경험이 좋은 상태임을 가리킨다. 하지만 이런 단순화에 의한 이해가 충분하다고는 할 수 없다. 지식의 역사가 시작된 이후, 무엇이 최적의 경험을 구성하고 무엇이 「좋은 인생」을 형성하는지에 대해서는 지금까지 다양한 논의가 이루어져 왔다. 이렇게 웰빙을 정의한다는 것은 우리의 정치나 교육, 심리요법, 육아 등 다양한 실천상황과 서로 연관되어서, 인간에게는 「더 좋은」것이 어떤 것인지에 대한 비전 제시가 필요하다는 사실을 시사한다.

근대 이후의 심리학에서도 웰빙이란 무엇인가에 관해서 많은 분야에서 활발히 논의되어 왔다. 인간의 심리적 현상(現象)의 의식적 과정을 통찰해 적응 상태로의 개선을 지향한 지그문트 프로이트(Sigmund Freud)의 정신분석학, 주체적 자기와 객체적 자기의 일치로부터 웰빙을 생각한 칼 로저스(Carl Rogers) 이론, 또한 개인의 인품이 어떻게 형성되는지를 파악해 문제를 해소하려고 한 장 피아제(Jean Piaget)의 발달이론 등, 웰빙이라는 폭넓은 개념을 공통점으로 해서 잘 사는 것에 관한 연구가 축적되고 있다. 이들 연구에서는 특히 적응하지 못한 사람들이 대상이다. 부적응 상태에서 어떻게 웰빙을 회복, 획득하느냐는 임상적 관점이 특징이다.

한편 부적응한 사람들뿐만 아니라 일반 사람들이 점점 행복하게, 좋은 인생을 보내는 것에 주목한 포지티브 심리학이 체적화되었다. 시마이 사토시(島井 哲志)가 지적하듯이 포지티브 심리학은 특정한 심리학 분야를 가리키는 것이 아니라, 웰빙의 향상을 지향하는 심리학적 운동이나 행동을 나타내는 것이다. 앞서의 임상심리학은 물론이고 인지나 감정, 교육, 임상노화 등 외에 다양한 분야에 관련된 사회심리학도 그 가운데 한 분야이다.

예를 들어 사회심리학적 연구를 들여다보면 인생 만족도나 주관적 행복감, 정신적 건강 등과 같이 웰빙에 초점을 맞춘 연구가 많다. 자기개념과 웰빙의 관련성에 대해서는 상당히 오랫동안 연구가 이어져 와, 자기복잡성 연구의 조절변수를 검토한 연구나 평균적 타인과 비교한 상태에서 환상으로서의 자기 고양적(高揚的) 인지가 웰빙과 관련된 것으로 보고되고 있다.

또 자발적으로 동기 부여된 자기의 몰입감각을 수반하는 즐거운 경험(몰입 경험) 시점에서 주관적 행복관이나 일생생활의 충실감에 대해 검토가 이루어져, 적극적인 환경과의 상호작용(자신 능력과 균형을 이루어 도전하는 것)이 즐거움이나 만족도에 영향을 끼치는 것으로 나타났다.

이들 연구에 공통되는 점으로는 웰빙은 높으면 높을수록 좋아서, 이른바 행복이라는 개념과 거의 똑같이 간주한다는 것이다. 그만큼 행복은 넓고 일반적으로 요구되는 것으로, 행복하다는 것이 어느 정도 중요한지 자체를 문제로 삼는 일은 거의 없다.

나아가 웰빙에 대한 연구가 부흥한 두 시기가 특징적이다. 미국 출판사가 심리적 성장이나 건강에 대해 강한 흥미를 나타냈던 시기, 특히 1960년대(인간의 잠재성에 관한 연구동향이 미국에서 주류였던 시기)와 2000년대(포지티브 심리학이 매우 주목 받던 시기) 두 시기를 말한다.

이 두 시기가 생활이 비교적 풍부한 시기를 나타내는 것은 우연이 아니다. 이들 시기에 경제적으로 풍족해진 사람들이 물질적 안전이나 풍요로움 자체로는 행복을 유지할 수 없다는 사실을 깨달았다고 보는 것이 타당하다. 그런 의미에서 웰빙에 대한 급격한 관심은 여분의 문화에 의해 초래되었다고 해도 무방하다.

그런 점에서 이 책이 초점을 맞추고 있는 자율주행은 경제성이나 편리성의 상징으로도 생각할 수 있어서, 웰빙과 어떻게 관련되어 가는지를 고찰하는데 일정 부분 의의가 있을 것 같다. 그 논의는 잠깐 접어두고, 다음으로 웰빙을 측정하기 위한 지표에 대해 살펴보다.

2.2 웰빙을 측정하기 위한 지표

기존 연구에서는 웰빙을 측정하기 위해서 정신적 건강이나 인생 만족도, 주관적 행복관 등이 이용되었지만, 웰빙을 측정하는 척도 자체를 세련되게 검토하는 것부터 웰빙의 내용이나 구조에 대해 명확하게 하려던 연구도 있다. 특히 주관적 웰빙 지표의 구조에 대해서 다양한 검토가 이루어지고 있다.

주관적 웰빙 지표에 관한 연구는 지표 신뢰성과 타당성에 주목해 검토한다. 웰빙을 단일 차원으로 다루는 지표는 다차원 척도보다 신뢰성이 낮아 사회적으로 바람직한지가 애매하다는 것이다.

즉 웰빙은 다차원적으로 파악해야 한다는 점을 시사한다고 할 수 있다. 또 웰빙의 내용으로는 인생 만족도에 대한 평가나 감정적 측면 등에 있어서, 전자의 평가가 후자보다 안정적이라고 알려져 있다. 이런 사실 때문에 심리적 웰빙의 기본적 구조로서 긍정적 감정, 부정적 감정과 인생 만족도를 비교하는 연구가 존재한다. 이 3가지 요소는 웰빙에 관한 초기 연구에서 볼 수 있는 기초적인 것들이다. 그래서 심리적 웰빙 측정에 관한 역사를 알아보겠다.

(1) 웰빙 측정에 관한 초기 연구

사회학자 노먼 브래드번(Norman Bradburn)의 웰빙에 관한 고전적 연구에서는 웰빙과 관련해 긍정적·부정적 감정을 구별했다. 이 연구의 목적은 거시수준의 사회적 변화(예를 들면 교육수준, 고용패턴, 도시화, 정치적 긴장 변화 등)가 국민 개인의 인생 그리고 그들의 심리적 웰빙에 어떻게 영향을 끼치는지를 알기 위한 것이었다. 그래서 브래드번은 경험적인 직감으로 종속 변수로서 국민의 행복에 주목하기로 결정했다. 나아가 이런 경험적인 직감으로 행복을 긍정적 감정과 부정적 감정의 균형이라고 조작적으로 정의했다.

그 결과 긍정적 기능에 관한 질문의 대답(예를 들면 「최근 몇 주 동안 당신은 뭔가를 완수한 일에 기쁨을 느꼈습니까?」)이 부정적 기능에 대한 대답(에를 들면 「최근 몇 주 동안 당신은 누군가에게 비판을 받고 언짢은 적이 있었습니까?」)을 예측하지 않는다는 것이다. 거기서 긍정적·부정적 감정은 웰빙의 독립된 차원으로, 그 균형이 행복의 지표로서 도움이 된다고 논의되었다.

하지만 브래드번의 목적은 사회적 변화와 개인 행복의 관련성을 밝히는 것이지 개인의 행복 구조를 밝히는 것이 아니었다. 한편 연구가 실시된 1년 동안에는 중요한 사회적 변화가 거의 발생하지 않았다. 그 때문에 긍정적·부정적 감정이 독립되어 있다는 실증은 우연적 결과로 생각될 가능성도 있다.

이런 웰빙에 대한 개념적 이론의 결여에도 불구하고 웰빙 지표의 구조를 정의하려는 노력은 계속된다. 이후 연구에서는 주관적 웰빙의 다양한 모델이 검토되면서 the Affect Balance 척도, the Philadelphia Geriatric Center Morale

척도 등과 같은 다변량(多變量)분석이 이루어진다. 이들 구조분석은 긍정적·부정적 감정의 기본적인 변별성을 나타내 브래드번의 고전적 연구와 결과가 일치한다. 다만 이들 연구가 웰빙의 구성요소에 관한 이론적 측면을 무시한다는 문제는 남아 있다.

(2) 웰빙 측정에 관한 이론적 연구

긍정적인 심리적 기능에 대한 이론 연구로는 심리학자 애이브러햄 매슬로(Abraham Maslow)의 자기실현 개념, 로저스의 완전한 심리적 기능에 대한 고찰, 심리학자 고든 올포트(Gordon Allport)의 성숙개념 등을 들 수 있다.

사회심리학자 마리 야호다(Marie Jahoda)의 정신적 건강에 대한 논의도 웰빙을 병에 걸리지 않은 상태로 정의한 것이지만, 웰빙이 무엇을 의미하느냐는 넓은 범위에서의 이론적 설명을 한 것이다. 앞선 고전적 연구와는 대조적으로 이들 이론연구는 실증적 측면이 거의 없다.

즉 인간의 긍정성이란 무엇인가에 대해 톱다운 식으로 논의되면서, 이들 연구 가운데 신빙성이 있는 절차를 통해 실증된 것은 거의 없다. 또 각 이론의 웰빙 기준이 광범위해서 어떤 것이 긍정적인 심리 기능의 중요한 특징인지를 결정하기가 어렵다는 점도 공통된 귀결이다.

그래서 심리학자 캐롤 리프(Carol Ryff)는 종래의 웰빙 개념을 더욱 이론적으로 재정리함으로써 통합할 수 있다고 주장했다. 종래의 다양한 시각에서 웰빙의 특징을 기술한 것을 개관하면, 많은 이론가가 긍정적인 심리 기능에 대해 명백하게 유사한 특징을 기술하고 있다고 주장한다. 나아가 리프는 이런 이론적 배경에서 추출된 웰빙의 차원에 대해 실증적으로 연구해 웰빙 차원의 타당성과 신뢰성이 높다는 것을 나타내고 있다(표 3-1).

지금까지 웰빙 개념과 측정지표에 관한 연구동향을 살펴보았다. 웰빙이 개념적으로나 이론적으로 복잡한 한편, 인간의 행복에 관한 대부분의 심리학적 연구의 축적도 동시에 확인할 수 있었다. 다음은 현대 사회의 선진적 기술과의 관

표 3-1　주관적 웰빙의 6차원 설명과 척도가 나타내는 것

차원	척도 설명
자기수용	• 고득점 : 자기에 대한 긍정적인 태도를 갖고 있다 ; 좋은 성질, 나쁜 성질을 포함해 자기의 다양한 측면에 대해 알고 있고 받아들이고 있다 ; 과거의 인생에 대해 긍정적으로 느끼고 있다. • 저득점 : 자기에 대해 불만을 느끼고 있다 ; 과거의 인생에 대해 실망하고 있다 ; 어느 개인적인 성질에 대해 곤혹스러워 하고 있다 ; 현재의 자신과는 달라지고 싶다고 생각한다.
긍정적 대인 관계	• 고득점 : 타인과 따뜻하고 만족스러운, 신뢰할 수 있는 관계를 갖고 있다 ; 타인과 쾌적한 생활에 관심이 있다 ; 강한 공감, 애정, 친밀감을 느끼는 능력이 있다 ; 인간관계의 상호 양보를 이해하고 있다. • 저득점 : 타인과 친밀하고 신뢰할 수 있는 관계가 거의 없다 ; 타인에 대해 따뜻하고 열려 있으며, 배려하는 것을 어렵게 느낀다 ; 대인관계에 있어서 고립적이고, 불만을 느끼고 있다 ; 타인과의 중요한 유대를 지속하기 위한 양보를 하려고 하지 않는다.
자율성	• 고득점 : 자기 결정적이고 독립적이다 ; 어떤 방법으로 생각하고 행동하는 사회적 압력에 저항할 수 있다 ; 내면에서 행동을 조정할 수 있다 ; 자신의 기준으로 자기를 평가할 수 있다. • 저득점 : 타인의 기대나 평가를 걱정한다 ; 중요한 결정을 하는데 타인의 판단에 의지한다 ; 어떤 방법으로 생각하고 행동하는 사회적 압력에 순종한다.
환경 통제	• 고득점 : 환경을 다루는 능력이 있고, 통제 센스가 있다 ; 외적 활동의 복잡성을 통제한다 ; 주위의 기회를 효과적으로 이용한다 ; 개인적 필요성이나 가치에 맞춰서 문맥을 만들거나 선택할 수 있다. • 저득점 : 일상사를 다루기 힘들어 한다 ; 주위의 문맥을 바꾸거나 개선할 수 없다고 느낀다 ; 주위의 기회를 깨닫지 못한다 ; 외적 세계에 대한 통제 센스가 부족하다.
인생의 목적	• 고득점 : 인생의 목적이 있어서 지향성 센스가 있다 ; 현재와 과거의 인생에 대해 의의를 느낀다 ; 인생에 목적을 부여한다는 신념이 있다 ; 사는 것에 대한 목표나 문제의식을 갖고 있다. • 저득점 : 인생에 대한 의의의 센스가 결여되어 있다 ; 목적이나 목표가 거의 없고 지향성 센스가 결여되어 있다 ; 과거의 인생에서 목적을 찾지 않는다 ; 인생에 의의를 부여한다는 신념이 없다.
개인적 성장	• 고득점 : 지속적 발달을 느끼고 있다 ; 자신을 성장하고 확대해 나가는 존재로 파악한다 ; 새로운 경험에 대해 열려 있다 ; 자신의 잠재성을 실현할 센스를 갖고 있다 ; 자기의 개선점을 찾아내 시간을 두고 행동한다 ; 자신의 지식이나 효력을 더 반영시키려고 계속 변화한다. • 저득점 : 개인적으로 침체되는 경향이 있다 ; 시간을 두고 개선한다거나 확대하려는 센스가 없다 ; 지루함을 느끼면서 인생에 흥미가 없다 ; 새로운 태도나 행동을 개발할 수 없다고 느낀다.

련 측면에서 웰빙에 대해 살펴보겠다.

2.3 선진적인 기술과 웰빙

기술의 발전과 더불어 점점 편리해지는 사회 속에서 우리의 행복도 점점 증대되고 있다고 할 수 있을까. 여기서는 기술발전 속에서 인간의 지향성에 관한 심

리학적 지식·견문을 개관하면서 웰빙과 고도 기술과의 관련성을 어떻게 이해할 수 있는지에 대해 논의해 보겠다.

(1) 기술적 풍부함에 대한 지향성

사회심리학자 에리히 프롬(Erich Fromm)은 인간이 살아가는 방식은 「소유」나 「존재」 어느 한 쪽이라고 지적했다. 소유에 대한 지향이란 자신이 무엇을 갖고 있느냐, 무엇을 앞으로 획득할 수 있느냐는 것으로, 자신의 인생이나 살아가는 것을 규정하는 삶의 방식이다. 소유를 지향하는 경우, 물질뿐만 아니라 타인이나 모든 것이 「소유」대상으로 인식된다. 즉 대상은 소비되고 구매되는 것이어서, 상실했을 경우에는 생활의 기반이 무너져 버린다. 소유를 지향하는 사람은 획득과 상실이라는 영원히 이어지는 싸움을 스스로 떠맡게 된다.

존재를 지향하는 것은 소유를 지향하는 것과는 다른 차원이다. 소유에서는 갖는 것이 그 목적이지만 존재하는 것은 「있다는(being)」자체의 작용에 무게를 둔다. 즉 그저 실천하고 기능하는 동적 작용만이 있다는 것의 의의이다. 심적 능력의 실천은 그 기능이 지속되는 이상 계속해서 성장하는 것이라, 소유처럼 그냥 소비되는 것이 아니고 또 외부에 의존하는 일도 없다.

현대는 「소유」의 시대라고 할 수 있다. 서브스크립션같이 언뜻 소유를 동반하지 않는 서비스가 주류인 것처럼 보이지만, 거기서의 활동목적이 소비인 이상은 소유의 시대가 아니라고 하기는 무리이다. 우리는 과학기술이 낳은 고도의 기기와 공생적 관계에 있다. 기기 없이는 자신이 무력해지는 동시에, 기기가 있어서 인간이 다른 동물보다도 강하고 역량 있는 생물인 것처럼 믿게 되었다.

기기를 발명하고 완성한 것은 분명 인간이다. 기기는 인간의 심적 능력인 창조성의 산물로서, 과학기술로서 성립해 현실적으로 풍부한 사회를 만들어 왔다. 하지만 동시에 기기 없이는 생활이 안 되는 무력한 인간도 만들어냄으로써, 인간이 기기에 지배 받고 있다는 폐쇄적 상황에도 빠져 있다. 물론 이것은 살아가는 방식의 지향이 소유를 향하고 있기 때문에 진행되어온 결과이다.

한편으로 노력이나 수고에 대한 존중의 생각도 강하다. 기술적 풍요로움을 누리는 한편에서 빈곤이나 고생이 있다 하더라도 그것을 뛰어넘어 배우면서 성장하는 것을 인생의 의의라고 하는 생각이 견고하게 있다. 쾌락을 버리고 노력하는 것이 바람직하다는 것은 사후 세계를 상정하는 개념에서는 기본 사상으로, 예를 들면 무사물욕(無私物欲)과 자기희생의 전형적 사례인 테레사 수녀가 천국에 갔다고 믿는 사람이 79%나 된다.

한편 선행연구에 따르면 대학생 70% 이상은 금전이나 풍부함을 중요시한다. 고생을 뛰어넘어 노력하는 것이 인생의 의의라고 느끼는 한편으로, 실제로는 그 노력이라는 행위가 "간단히" 수행할 수 있는 경우에만 부딪치려고 한다. 심지어는 열심히 노력해가며 항상 힘들게 일하는 것을, 반대로 능력이 떨어진다고 부정적으로 평가함으로써 노력하는 것이 천대받는 풍조조차 보인다. 이상과 같은 사실로부터 「과학기술의 발전으로 인해 인간의 에너지 사용은 효율화되었지만, 사람들은 아무것도 하지 않아도 되기를 바라면서 사실상 노력하지 않는, 고통 없는 인생을 지향하게 되었다」는 프롬의 지적은 점점 현실로 다가오고 있다.

(2) 기술을 활용한 웰빙 대처

기술이 선진적으로 나아가는 현대사회에 있어서 풍요로운 웰빙을 경험하는 사람들은 어떤 특징을 가진 사람들일까. 이런 시각에서 기술사회에서 더 좋은 삶의 방식을 생각하는 것이 가능할 것이다.

여기서는 자전적 이야기에 주목해 웰빙과의 관련을 보여준 연구를 참고하겠다. 자전적 이야기란 인생에서 일어나는 다양한 일들을 어떻게 내재화하느냐는 해석의 과정이다. 일에 대해서 여러 시각으로 고찰하고, 다원적 견해를 추상적으로 통합하는 사람은 자아발달(인지적 성숙이나 복잡성, 충돌억제 등) 정도가 높다는 것이 밝혀졌다.

동시에 돈이나 사회적 지위 등과 같은 외재적인 것이 아니라 개인적 성장이나 가치 있는 대인관계, 사회공헌 등의 내재성을 중시하는 것은 프롬이 말하는 존재를 지향하는 삶의 방식에 해당한다. 프롬은 단순히 기술이 발전하는 사회의 대립으로 존재를 설명한 것이 아니다. 웰빙에 사실상 기여할 수 있는 것은 소유가 아니라 존재에 대한 지향성이라는 의미에서 논의를 전개했던 것이다.

돈의 획득이나 자동차 구입 등과 같은 외재적인 것은 돌발성 이벤트에 지나지 않고, 순간에 소실되는 표면적 만족도밖에 얻지 못한다. 결국은 얻어진 만족도에도 바로 익숙해지기 때문에 행복감은 오래가지 않는다.

또 외재적 관심이 강한 사람은 개인적 성장이나 대인관계 등 원래부터 갖고 있던 존재를 무시하는 경우가 많아서, 웰빙이 낮아지는 것도 명백하다고 해석한다. 그렇다면 고도 기술과의 연관성에 있어서 웰빙을 유지·향상할 수 있는 삶의 방식이란 어떤 것일까.

자전적 이야기의 연구에 따르면 복잡하고 통합적인 해석이 웰빙과 관련되어 있다는 점에서, 선진적 기술이 인간을 지원한다 하더라도 인간이 사고하는 것을 방기(放棄)시키는 식으로 사용해서는 안 된다고 할 수 있다. 예를 들면 로봇이나 인공지능에게 숙제를 시켜서는 안 되는 이유는, 게을러지면 안 된다는 것보다 실제로 사용자의 인지발달을 저해한다는 점 때문이다.

로봇에게 공부를 맡기는 것이 아니라 로봇과 함께 배워서 이과계 지식을 키우는 실증실험 등이 있는데, 이것은 웰빙에 이바지하는 인간-로봇 관계의 전형적 사례라고 할 수 있다. 새로운 게임이나 로봇으로 학습자의 시선을 끄는 걸로만 끝나는 것이 아니라, 어디까지나 학습자의 자발적 인지활동을 전제로 한 기술 사용법이 중요하다.

내재적 가치관이 웰빙 수준과 연관되어 있다는 점에서 기술이 가진 가치를 어떻게 보느냐가 중요한 시각이라 할 수 있다. 프롬은 일관되게 풍부한 기술의 범람에 경종을 울렸지만, 기술에 대한 가치관이나 연관 방법을 자세히 논의할 필요가 있을 것 같다.

예를 들어 자율주행 자동차를 구입한 사람이 타인에게 자랑할 수 있는 고가의 편리한 기계를 손에 넣었다고만 해석해서는 그 사람의 웰빙은 서서히 떨어질지도 모른다. 하지만 그런 기술 사용법을 통해 개인적인 성장 기회를 찾아내고 타인과의 관계에도 플러스로 응용하는 식으로 사용한다면 이야기는 달라진다. 자전적 이야기의 연구가 객관적인 인생의 상황이 아니라 해석을 중시한 이유가 여기에 있다. 자동차 구입이라는 객관적 상황은 똑같더라도 자기성장이나 타인에 대한 배려를 배운 사람은 웰빙이 풍요로운 인생을 산다. 한편으로 사회적 위치로 해석하는 사람은 점점 부정적 사고에 갇힐 가능성이 있다. 물론 양쪽은 배반적인 것이 아니라 쉽게 주목하기 쉬운 외재성에만 초점을 맞추지 않는 것이 중요하다.

기술만 앞서가지 사람의 마음은 쫓아가지 못한다는 우려에 있어서 기술의 발전 자체는 문제가 아니다. 인간이 선진적 기술을 어떻게 바라보고 어떻게 사용하느냐가 모든 것을 결정한다. 나아가 이런 논의를 듣고 당연하다고 판단하는 것과 자신의 일로 실천해 나가는 것 사이에는 큰 차이가 있다.

기술적 산물은 인간보다 하위에 위치하는 대체 가능한 단순 도구일 뿐이라고 해석하는 것이 아니라, 인간의 인지기능을 촉진해 마음을 풍요롭게 하는 주어진 기회로 파악하는 마음가짐이 필요하다. 기술은 단순히 사용되고 소비되는 것이 아니라 인간이 주체적으로 관여한다는 존재로 활용할 때 비로소 인간의 웰빙에 이바지하게 된다.

3. ▶ 이동의 즐거움

이 절에서는 먼저 자율주행 기술의 침투가 사회에 가져온 편익에 대해 고찰하면서도, 종래의 자동차 운전과 비교해 체험 차원의 질적 차이에 대해서도 생각해 보겠다. 디자인 평가 현장에서 수동운전 자동차가 디자인 전문가들에게 높이 평가 받은 사례로부터 「자율적 이동」이라는 개념을 도입한다.

그리고 웰빙연구 이론을 이용하면서 자기 능동성을 수반하는 행위가 지속적

적응과 학습을 만들어내는 것에 주목하는 한편, 운전의 자동·수동에 머물지 않고 널리 인간의 이동이 불러오는 인지적 작용에 대해 살펴보겠다. 최종적으로 테크놀로지와 인간관계의 자율성이 갖는 이율배반이라는 명제를 제출한다.

3.1 자율주행으로 가는 과도기

자율주행 자동차에 대한 구상이 사회에 적용되고 있는 현재, 새롭게 사람의 이동에 관한 다양한 논의나 제안이 활발해지고 있다. 크게 나누면 안전성 향상과 생활방식의 변화로 구분할 수 있겠지만, 여기서는 특히 후자 쪽에 초점을 맞춰서 새로운 모빌리티 기술이 인간에게 가져다 줄 유익한 가능성에 대해 고찰해 보겠다. 그 가운데 이동이라는 현상이 인간의 심리적 충족과 웰빙에 있어서 어떤 역할을 하는지에 대한 물음에 관해서도 살펴보겠다.

3.2 자율주행에 따른 안전향상

우선 자율주행 기술에서는 안전측면의 역할이 특히 기대된다고 할 수 있다. 노년운전자에 의한 자동차 사고가 증가하는 추세 속에서 인지능력이 떨어진 사람이 운전하는 것보다 자율주행 자동차 쪽이 안전하지 않겠느냐는 목소리도 커지고 있다.

그와 동시에 미국에서는 일부 도시에서 자율주행 자동차의 일반도로 주행테스트를 하고 있는데, 애리조나 주에서는 2018년 3월에 50대 여성이 우버사의 자율주행 자동차에 치여 사망하는 사고가 발생하기도 했다. 자율주행의 안전 성능에 있어서는 센서나 기계학습 기술이 날로 발전하는 상황이기는 하지만 아직도 가야할 길은 멀다. 그런 의미에서 현재 사회는 인간이 운전하는 자동차에서 자율주행 자동차로 이행하는 과도기에 있다고 할 수 있을 것이다.

3.3 자율주행으로 인해 바뀌는 생활방식

다른 한편으로 자율주행 자동차와 관련해 긴급성이 조금 낮은 논의도 존재한다. 그것은 자율주행으로 인해 우리의 라이프스타일이 어떻게 바뀌어 나갈 것인가 하는 질문이다.

자율주행은 단순히 인간에서 계산기로 운전사가 대체된다는 사실 외에, 도시 인프라나 인터넷 상의 서비스와 접속된 차를 통해 우리의 이동 개념이 크게 변화될 가능성이 있는 것이다.

철도가 19세기 유럽에 깔리면서 지방에서 도시로 엄청난 인구가 유입되었듯이 자율주행이 기본이 된 사회에서는 우리의 거주지나 직장개념도 혁명적으로 바뀔 것이다.

(1) 자동차 공유

애초에 자동차를 소유한다는 종래의 사회통념이 도시에서는 이미 카 셰어링 서비스가 보급되면서 약해지고 있기는 하지만, 자율주행 자동차가 보급되면 더 약해질 것으로 보인다. 운전이라는 행위로부터 인간이 해방되면 자율주행 자동차는 자택의 주차장으로 돌아올 필요도 없고, 다만 필요할 때 적절한 장소로 와서 목적지까지 태워다 주면 된다.

그렇게 되면 한 대의 차를 한 사람이 전용하는 의미도 약해져 현재의 카 셰어와 택시가 혼합된 형태가 만들어질지도 모른다. 자신이 사용하지 않을 때는 다른 공동 소유자가 사용하거나 또는 불특정 다수가 이용함으로써 돈을 버는 공유 형태도 생각해 볼 수 있다.

자동차가 자율적으로 이동함으로써 차를 둘러싼 사유(私有)와 공유(共有) 그리고 공유의 경계선이 무너지는 것이다.

(2) 이동범위의 확장

또 자율주행은 인간의 이동가능 범위를 확대할 것이다. 운전이라는 피로를 수반한 노동으로부터 해방되면 그때까지는 불가능했던 장거리 이동을 계획할 수도 있다.

대도시에서 일을 끝낸 뒤 직장까지 찾아온 자율주행 자동차를 타고는 잠이라도 들었다가 눈을 떴더니 먼 바닷가에 도착해 있더라는 시나리오도 가능한 것이다. 심지어는 일요일 밤에라도 여행을 떠났다가 올라오면서 차에서 자고는 월요일 아침에 바로 직장으로 출근하는 등, 더 오래 여유 시간을 즐길 수도 있을 것이다.

또는 지금까지의 단체 여행과 달리 새로운 관광 일정을 자동적으로 제안해 순서대로 목적지로 데려다 주는 식의 「개인 맞춤형 관광」기능이 인기를 끌지도 모른다. 지금까지 갔었던 여행지의 특징에서 당사자의 기호성을 파악해 가보지 않은 유사한 장소라든가 또 굳이 다른 장르의 장소를 제안하는 것도 가능하다. 자율주행 자동차는 이런 정보 서비스와 직접 접속해 행동을 실행할 수 있는 것이다.

(3) 거주범위의 다양화

자율주행 자동차는 동시에 「집」이나 「직장」이 될 가능성도 있다. 차는 이동형 개인실이다. 화장실이나 냉장고, 샤워 같은 인프라는 없지만 그런 기능을 공공 시설이나 셰어 하우스를 이용하면 된다.

이 이동형 개인실은 현재는 인간이 운전하는 차이지만, 자율주행이 가능해지면 그런 비전이 현실화될 것이다. 그러면 우리는 아파트나 단독주택을 비싸게 구입해 특정한 장소에 오랫동안 고정되는 제약으로부터 해방되어, 사는 동안 다양한 지역에서 살면서 일하는 풍요로운 선택지를 손에 넣게 되는 것이다.

3.4 모빌리티와 웰빙

지금까지 자율주행 자동차의 사회보급이 불러올 새로운 라이프스타일에 대한 가능성과 장점에 대해 살펴보았다. 그런데 자율주행 자동차가 종래의 이동형식과 비교했을 때 모든 점에서 뛰어나다고 할 수 있을까?

예를 들면 자율주행 자동차가 보급되면서 인간이 운전하는 차는 소멸되는 것일까? 다른 이동수단은 어떻게 될까? 이런 물음에 답하기 위해서라도 대체 이동이라는 행위가 인간의 웰빙, 즉 심리적 충족에 어떤 영향을 불러올지에 대해서 생각해 볼 필요가 있다.

3.5 인간 운전의 자율성

자동차에 대한 인간의 감정에 대해 깊은 생각을 하게 만든 이야기 한 가지를 소개하겠다. 필자는 2016년도부터 2018년까지 3년 동안 굿 디자인상의 심사위원을 맡았다. 굿 디자인상은 일본 국내외에서 디자인된 제품이나 건축, 소프트웨어, 시스템, 서비스를 심사해 특히 우수한 작품에 대해 상을 주는 제도이다.

2018년도 응모작품을 심사하는 가운데, 20년 만에 모델 체인지된 스즈키 주식회사의 짐니라는 차가 심사위원들 사이에서 화제가 되었다(그림 3-7). 70명 이상의 심사위원들 가운데 담당 부문을 넘어 스즈키 짐니의 디자인을 호평하는 목소리가 다수였고, 필자도 그 가운데 한 사람이었다.

짐니는 당연히 자율주행 자동차는 아니다. 분류로 따지면 경자동차에 해당한다. 하지만 2017년도에 응모한 테슬라의 고급 전기자동차 때보다 「운전해 보고 싶은 차」라는 목소리가 많았던 것이다. 실제로 이 차종은 판매 이후 큰 인기를 끌었다. 그렇다면 대체 짐니의 무엇이 운전자의 마음을 사로잡았던 것일까?

먼저 짐니는 사륜구동이면서 경자동차라고 하는, 강력함과 컴팩트함을 겸비했다는 점이 특징이다. 자신의 몸에 맞췄다고 할 만큼 적당한 사이즈는 운전을 좋아하는 사람에게 짧은 회전반경이나 일체감을 통해 운전하는 재미를 주었던 것

그림 3-7 **스즈키 짐니 시에라(왼쪽), 짐니(오른쪽)**

이다.

이런 점은 일반적으로 단점으로 받아들여질 때도 많다. 전용 트렁크 공간도 없기 때문에 물건을 싣고 싶을 때는 뒷자리를 눕혀야 한다. 하지만 도쿄 같이 도로 폭이 좁은 도시에서는 대형 SUV보다 이런 소형 SUV가 매력적이다.

또 짐니를 타보고 싶은 사람들의 공통점은 이 차를 스스로 운전해 여행을 떠나고 싶어 하는 욕구이다. 실제로 짐니의 팬들은 자동미션 차가 아니라 수동미션 차를 선택하는 사람이 많다. 필자가 짐니에 마음이 끌린 것도 20대 초에 수동미션 차를 운전하면서 재미 있어 하던 경험 때문일 것이다.

그리고 자동차 외관 디자인도 또 산길이나 오프로드를 모험하는 이미지를 연상시킨다. 「나라면 이 차를 타고 어디를 갈까?」하는 상상을 불러일으킨다는 점에서 짐니가 굿 디자인 심사장에 있던 많은 운전자의 관심을 끌었던 것 같다.

이 이야기에 있는 것은 자율주행 자동차가 불러올 새로운 가능성과는 다른 차원의 심리적 충동 시나리오이다. 한편에서는 자율주행 자동차로 인해 운전이라고 하는 노동에서 해방된다는 장점이 존재하지만, 다른 한편에서는 차와 하나가 되어 이동이라는 노동을 즐기려는 운전자 심리도 존재한다는 것이다.

자율주행은 목적지에 도착한다는 결과에 초점을 둔 시각으로, 거기서는 종래의 운전을 통한 이동 프로세스에서 느껴졌던 가치는 끼어들 여지가 없다. 자율주행에서는 인간의 신체적, 인지적 비용을 줄임으로써 이동에 대한 인간의 관여를 차단한다. 거기서는 목적지를 향하는 프로세스에서 인간의 주체성을 찾아볼 수 없다.

반대로 말하면 사람이 운전해서 이동하는 행위에는 그야말로 스스로 이동한다는 주체적 감각으로부터 생기는 가치가 있다고 할 수 있다. 그 가치는 어떻게 생각할 수 있을까.

3.6 이동의 웰빙

여기서 웰빙 이론으로 눈을 돌려 보자. 사람의 심리적 충족을 연구하는 웰빙 영역은 다양한 인자가 인간의 심리적 충족을 구성한다고 파악한다. 공학연구자인 라파엘 칼보(Rafael Calvo)와 디자이너 도리안 피터스(Dorian Peters)의 비평에 따르면 웰빙 인자를 파악하는 방법은 주로 3가지 측면이 있다.

첫 번째는 의학적 웰빙으로, 이것은 신체와 정신 양쪽이 건강한 상태에 있는 것을 가리키는데, 양쪽을 의학적 정의에 따라서 부상이나 병에 걸리지 않은 상태로 파악한다.

두 번째는 쾌락적 웰빙으로, 이것은 순간적 또는 단기적 감정의 기복 속에서 긍정적 감정(기쁨, 흥분, 즐거움 등)이 부정적 감정(슬픔, 고통, 지루함 등)보다 많은 상태를 가리킨다.

세 번째는 지속적 웰빙으로, 중장기적으로 정신이 만족하는 것을 가리킨다. 예를 들면 일에 대해 보람을 느끼는지, 양호한 인간관계를 구축하고 있는지 같은 문제가 해당한다.

운전 그리고 이동이라는 행위에서 웰빙을 어떻게 파악해야 할까. 그리고 운전에 따른 운전하는 즐거움 외에도 이동 전반으로 인해 생기는 움직이는 즐거움을 생각할 수는 없을까. 여기서는 쾌락 지향(hedonic well-being)과 자기결정 이론(self-determination theory)의 두 가지 웰빙 파악법을 기초로 하여 살펴보겠다.

(1) 이동의 쾌락

긍정적 감정과 부정적 감정의 전문가인 바버라 프레드릭슨은 독자적으로 확장-구축 이론을 발전시켰다. 이론에 따르면 부정적 감정이란 위기에 대응하도록 인간을 긴장시킨 다음, 선택지를 좁힘으로써 생존확률을 높이기 위한 것이다. 그리고 긍정적 감정이란 반대로 자유로운 선택지를 넓혀(확장) 안전한 상태 속에서 스스로의 사고나 존재를 키우는(형성) 역할이 있다고 한다.

그렇기 때문에 부정적 감정은 소멸시켜서는 안 되고 긍정적 감정과 적절하게 균형을 이루도록 하는 것이 중요하다. 그리고 찰나적으로 일어나는 긍정적 감정에는 사실은 장기적 학습 작용을 일으키는 힘이 있다고 한다.

확장-구축 이론에 따르면 기쁨은 「놀고 싶은 기분이나 창조성에 대한 의욕」, 흥미는 「탐구나 학습에 대한 의욕」, 자랑은 「성취한 것을 타인에게 알리고 싶은 의욕이나 더욱 발전하려는 욕망」으로 이어진다. 그리고 만족은 「체험한 것을 새로운 세계관이나 자기감정에 반영·통합하고 싶어하는 의욕」을 만들어내고, 사랑은 여러 가지 긍정적 감정의 조합으로, 친밀한 사람과 놀거나 하면서 「상대를 더 알고 싶어 하는, 경험을 공유하고 싶어 하는 욕구」를 만들어낸다.

이동과 관련된 긍정적 감정을 통한 확장과 사고의 형성에는 어떤 형태가 있을까. 예를 들면 매일 같은 출퇴근길을 다니는 것이 아니라 조망이 좋거나 정체가 없을 것 같은 관점 외에, 아직 다녀본 적이 없는 길을 선택함으로써 자신이 살고 있는 지역 안에서 새로운 가게나 공원을 발견하기도 한다. 이때 우리는 자신의 생활권이 확장되는 만족을 맛보게 되고, 능동적인 발견에 달성감을 느껴 가족이나 친구와 공유하게 되는 것이다.

그리고 긍정적 감정의 생성은 다양한 생체 센싱 기술을 통해 포착할 수 있다. 예를 들면 미지의 경로를 지나갈 때 자신의 흥분 정도가 생체 센서를 통해 계측됨으로써, 어떤 장소에서 자신의 호기심이 자극되는지 하는 것을 인간이 의식하지 않아도 정보 시스템이 파악해 유사한 장소로 데려가도록 학습한다.

이런 시스템은 기존 자동차나 자율주행 자동차에도 적용할 수 있으며, 더 나아가서는 산책의 도구로 사용하는 것도 가능할 것이다. 중요한 것은 이동하는 사람이 스스로 이동하는 즐거움의 패턴을 학습해 주변세계의 정보에 대한 인지적 파악능력을 향상시켜 가는 것이다. 이렇게 해야 그냥 무조건 걷는 것도 아니고 또 기계에 의한 최적화 제시에 따르는 것도 아닌 세계와 이동하는 사람의 적응적인 관계성이 구축된다.

또 프레데릭슨은 3대 1의 「긍정적 대 부정적」최적비율이 심리적인 확장-구축에 중요하다고 주장한다. 이 관점에서 이동에 대해 말하자면, 때로는 일부러 기호에 맞지 않는 경로를 선택하는 식의 체험도 필요하다는 말이 된다. 다른 연구에서도 긍정과 부정 양쪽의 체험 발생이 웰빙의 생성과 관련되어 있다고 주장한다. 긍정적인 체험만 계속 지향하는 것은 지속적 웰빙 측면에서는 바람직하지 않다고 할 수 있다.

(2) 이동의 자율성

심리학자 리처드 라이언(Richard Lyon)과 에드워드 데시(Edward Deci)는 교육이나 지도 현장의 연구를 통해 「자기결정 이론(Self Determination Theory)」을 주장했다. 거기서 「사람의 의욕」은 제3자에 의해 발휘되는 것이 아니라, 당사자가 자율적으로 하고자 하는 마음을 낼 수 있는 상황을 준비해야 한다고 보았다. 이것은 당근과 채찍 방식의 교육론이 지속가능한 웰빙에서 폐해라는 것을 의미한다.

데시팀은 타율적 동기로 움직이는 사람은 목적을 달성하기 위해서 가장 빠른 방법을 취하는 경향이 있다고 관찰했다. 그런 사람은 수단을 가리지 않게 되는데, 그러면 과정을 즐긴다거나 행위 과정에서 배우려고도 하지 않는다는 것이다. 그리고 자발적 동기를 갖기 위해서는 자신의 행동 결과가 자신의 의도에 따른 것이라고 생각할 수 있다.

즉 자신의 자율성을 인지하는 것이 중요하다고 생각한 것이다. 스스로의 의도에 따라 문제를 해결하거나 학습을 통해 자기 유능감을 얻는 것이 자신을 둘러싼 상황의 안심감으로 이어져 타인과의 긍정적 관계를 느낄 수 있게 된다.

자기결정 이론의 가이드라인에는 다음과 같은 항목들이 들어가 있다. 상대방 입장에 설 것, 선택지를 줄 것, 탐색하도록 할 것, 자신이 결단하도록 할 것 그리고 근거를 제시할 것.

이것을 그대로 인간의 이동이나 운전에 대입해 보는 것은 어렵지 않다. 종래의 운전을 생각해보면, 운전자의 물리적·정신적 상태를 감지해 그 운전 실력을 실시간으로 평가한 다음, 수동운전 시 아무렇지도 않게 어시스트하는 기능은 「상대의 입장에 선다」에 대응될 것이다.

게임 세계에서는 동적 난이도 조정(DDA, Dynamic Difficulty Adjustment)이라는 설계법이 있는데, 게임 디자이너 제노바 첸(Jennova Chen)은 칙센트미하이의 몰입이론과 능동적 DDA에 입각한 체험 디자인을 주장한다. 게임을 하는 중간에 시스템이 플레이어의 능력 수준을 판정해 적절한 난이도를 설정하면 플레이어는 체험에 쉽게 몰두한다는 것이다. 이른바 자신을 잊을 정도로 체험에 몰입하는 상태(몰두)는 여러 이론에 있어서 웰빙 인자로 언급된다.

운전의 능동적 DDA 시나리오는 다음과 같을 것이다. 급정거를 한다거나, 급출발을 한다거나, 심하게 커브를 돈다거나, 속도를 과도하게 내면서 운전자뿐만 아니라 동승자까지 위험에 노출시켜 안심감을 떨어뜨리는 경우에는 운전이 서툴다고 시스템이 판정한다. 그런 사람한테도 맘대로 조종당하고 있다거나, 보조받고 있다고 느끼지 않을 정도의 아슬아슬한 수준에서 급격한 운전을 천천히 하도록 어시스트한다.

그 결과 운전자는 능숙한 운전을 스스로 하고 있다고 인지함으로써 자기 유능감을 느끼게 되고, 나아가서는 동승자의 안심감이 커짐으로써 가족이나 친구의 운전 체험이 좋아질 것이다. 그리고 처음에는 서투른 운전자일지라도 항상 모범적인 주행을 따라하도록 체험함으로써 자신이나 동승자 모두 기분 좋은 운전 패턴을 인식해 무의식적으로 운전기술이 늘어나는 것도 기대할 수 있다.

3.7 전체로서의 이동하는 즐거움을 향해

모빌리티 영역은 자율주행뿐만 아니라 모든 이동형태에 있어서 정보기술을 적용함으로써 이동을 확장하는 것이라고 할 수 있다. 이때 "효율성이나 합목적성 같은 객관적 지표 이외의 주관적 웰빙 요소를 모빌리티에 접목하는 디자인"이 앞으로 더 많이 요구될 것이다.

이 절에서 살펴본 확장-구축 이론이나 자기결정 이론은 그를 위해서 참조 가능한 모델의 한 사례에 지나지 않지만, 이미 거기에는 이동자의 자기 유능감이나 달성감 같은 공통의 가치가 부각되어 있다. 그러므로 자율성이나 능동성이 중요하다는 사실을 알게 되었다. 이러한 관점에서 자율주행 자동차의 디자인을 생각하면, 운전의 수고로부터 사람을 해방시켜 기계의 자율성을 높일 뿐만 아니라 별도의 자율성을 인간에게 제공해야 한다는 과제가 부상할 것이다.

그것은 자율주행 개별적으로 다른 이동형태와 비교하는 것이 아니라, 조합을 통해 전체적인 이동체험을 설계하는 발상으로 이어진다.

예를 들면 사람 손에 의한 운전 피로가 없어지는 만큼 여행지에서의 산책이나 사이클링 같은 신체적 이동을 통해 시간을 보낼 수 있다면, 자율적인 이동 체험은 오히려 증가한다고도 말할 수 있다. 요는 전체적 생활 사이클 속에서 자율적 이동의 균형을 설계함으로서 신체적 이동의 즐거움을 동반하는 웰빙을 생각하는 것이 중요하다는 것이다.

이때 이동이라는 행위 전반이 인간의 심리적 충족이나 인지적 학습에서 어떤 장기적 영향을 불러오느냐는 전체론적인 논의가 필요할 것이다. 정보기술이 아무리 빠른 속도로 발전하더라도 우리의 생물학적 신체는 물리적 세계와의 상호작용 속에서 계속해서 제약 받는다.

정신의학이나 장애자 치료 세계에서도 장애를 가진 사람에게 과도하게 약을 먹게 한다거나, 사회와 단절된 장소에 가두는 종래의 의학모델이 재검토되고 있다. 통합 실조증(失調症) 사람들과 공동으로 생활하는 커뮤니티 「베텔의 집」 자원봉사자인 무카이야치 이쿠요시(向谷地 生良)는 종래의 의학모델은 장애자가 사회 안에서 자율성을 발휘할 권리를 빼앗고 있어서 당사자로 하여금 수고를 회복할 필요가 있다고 주장하지만, 이 시각은 블랙박스화한 정보기술을 추종하는 건강한 사람에 대해서도 유효할지도 모른다.

공학자 가와카미 히로시(川上 浩司)는 자동화기술과 인간의 상호작용 관찰을 통해 불편한 체험에서 생기는 이익인 「불편익(不便益)」연구에 이르렀다. 가와카미가 고안한 「희미해지는 내비」는 몇 번이나 지나간 길이 점점 희미해지다가 끝내는 보이지 않게 되는 내비게이션 지도 시스템으로, 적절한 불편을 통해 인간의 인지적 자율성을 향상시키려는 설계이다.

이렇게 의도적으로 불편이나 비효율성을 설계함으로써 인간의 인지작용을 끌어내려는 설계방법으로는 그밖에도 공학자 오카다 도모오(岡田 智男)가 주장하는 「약한 로봇」 모델이 있다. 의도적으로 기능이 부족한 로봇을 인간집단에 투입해 인간이 보완적으로 행동하는, 상호작용의 장이 생기도록 하는 「약한 로봇」의 접근방식도 인간의 자율성을 무의식적으로 끌어내는 방법이라고 할 수 있을 것이다. 불편익이나 약한 로봇에 기초해 어떤 자율주행 자동차를 설계할 수 있을까.

고도·노년화 사회에서는 신체능력이 떨어진 시니어의 안전한 이동 지원도 요구되지만, 그런 바탕에서 자율적 이동의 즐거움을 디자인하는 것도 중요한 부분을 차지할 것이다. 가장 기본적인 이동형태인 걷기 그리고 휠체어 같은 이동보조 기구 설계에서 자율성을 어떻게 파악할 수 있을까.

주식회사 테스(TESS)가 개발한 휠체어 코기(COGY)는 다리에 거의 힘을 주지 못하는 장애자라도 약간의 힘을 증폭시키는 기구를 이용하면 자력으로 휠체어를 움직이게 하는 체험이 가능하다(그림 3-8). 스스로 휠체어를 작동시킬 수 없다고 생각했던 당사자가 코기를 작동시켰을 때 받은 놀라움은 그야말로 수고가 고생이 아닌 인간의 기쁨을 나타낸다. 그것은 동시에 주위 도우미나 가족에게도 공유되어 관계자 모두의 유능감을 향상시킨다.

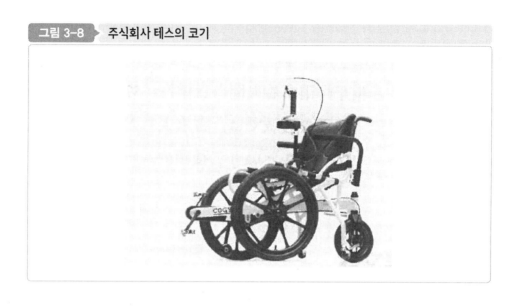

그림 3-8 주식회사 테스의 코기

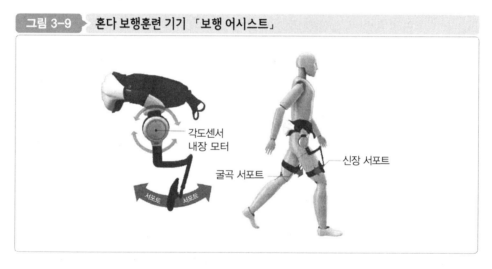

그림 3-9 혼다 보행훈련 기기 「보행 어시스트」

각도센서
내장 모터

신장 서포트

굴곡 서포트

서포트 서포트

혼다기연공업 주식회사가 개발하는 전동형 보행훈련 기기 「보행 어시스트」(그림 3-9)는 보행기능이 떨어진 시니어용 기구이다. 사지(四肢) 운동을 외피 시스템을 통해 완전히 자동화하는 것이 아니라, 필요한 부분만 최소한으로서포트함으로써 보행자가 자율적으로 걷는 감각을 갖게 하는 시스템이다.

걷기라는 가장 기본적인 이동형태는 신체적 자율성과 밀접하게 관련되지만 시니어뿐만 아니라 전체 연령의 건강에 관련된 문제이다. 시니어나 병자의 재활 외에 건강한 사람으로 분류되는 사람들에게도 더 건강한 자세나 폼으로 걷도록 지원하는 보행 어시스트 형태를 생각할 수 있을 것이다.

기계가 인간의 이동 프로세스를 모두 대체하는 것이 아니라 인간의 자율성 인지를 돕는 피드백 순환의 일부로 머무르도록 하는 설계철학은, 자동화 기술의 침투가 현저한 현대사회 속에서 광의의 정보기술에 의해서도 점점 중요성이 커지고 있다.

따라서 자율주행 자동차에 대해 생각하는 것은 기계의 자율성뿐만 아니라 그와 상호작용하는 인간의 자율성에 대한 재고도 촉진할 것이다. 앞으로 점점 발전할 모빌리티 기술 영역에서는 옛날부터 인간이 키워온 문화와 가까운 장래에 등장하는 새로운 라이프스타일 2종류의 이동 즐거움이 서로 연결되기를 기대해 본다.

제 4 장

모빌리티의 철학적 문제

1. 날개 없는 이족보행 동물
2. 상상이라는 흡인력
3. 이동과 커뮤니케이션
4. 모빌리티와 모더니티
5. 다음은 무엇이?
6. 지속가능한 발전과 끝없는 불만족

제4장

모빌리티의 철학적 문제

이 장에서는 이동이 우리들에게 있어서 어떤 의미와 가치를 가지는가에 대해, 인류사적 관점에서 살펴보겠다. 4.1절에서는 인류 진화상의 큰 변화로서 직립보행에 주목한다. 4.2절에서는 호모 사피엔스가 획득한 뛰어난 인지능력, 특히 미래와 아직 보지 못한 토지에 대한 전망을 가질 수 있게 한 상상력이 인류확산의 열쇠였다는 점을 설명한다. 4.3절에서는 문명의 초기부터 근대까지, 떨어진 사회 사이의 이동에 따른 커뮤니케이션이 문명발전을 구동한 주요 요인이었다는 점을 설명한다. 4.4절에서는 근대화 과정에서 개인이 더 큰 자유를 얻어 전통적인 권위로부터 해방된 반면, 새로운 경제사회질서 속에 편입되었다는 점을 설명한다. 4.5절에서는 현재 상태를 살펴본다. 4.6절에서는 인류사를 문명의 발전과 끝없는 욕구 비대화에 따른 치열한 생존경쟁으로 파악하고, 그 연장으로 우주로의 이주나 트랜스휴머니즘의 관점을 제시한다. 다만 필자는 인류의 미래가 이렇게 될 것이라는 비관적 또는 낙관적 예상을 갖고 있지 않다. 또 보수적이든 진보적이든 간에 이래야 한다는 확신도 갖고 있지 않다.

1. 날개 없는 이족보행 동물

르네상스 시기의 인문주의자 에라스무스는 『우신예찬』 안에서 「인간 이외의 자연 전체는 그 한계에 만족하는데 인간만이 그 정해진 한계를 넘어서려고 한다」고 지적하면서, 거기서 인간 불행의 근원을 찾는다. 여기서 에라스무스가 「한계를 넘어서려고 한다」가 의미하는 것은 학술 습득이나 지혜탐구이다. 인간은 미지의 대상이나 불가능한 현상과 맞닥뜨리면 그에 대해서 알려고 하고 이해하려고 한다. 하지만 "지혜를 얻는다고 해서 인간이 행복해질까. 사물을 모르고 이것저것 생각하지 않아도 그냥 살아있기만 한 것이 행복한 것은 아닐까"라고 에라스무스는 묻는다. 그렇지만 현재와 같이 문명이 번영하고 있는 것은 인간이 지식을 탐욕스럽게 추구한 결과인 것도 또한 사실이다.

지식뿐만 아니라 아직 손에 쥐지 못한 것들을 얻고 싶은, 지금 현재 놓인 상황보다 좋은 상황으로 만들고 싶은, 「한계」를 넘어서고 싶은 인간의 욕구가 좋든 나쁘든지 간에 인간을 현재의 인간으로 만들었다.

「한계」를 극복하려는 인간의 보다 근원적인 노력은 익숙한 환경에서 벗어나 더 좋은 장소를 찾아다니는 것인지도 모른다. 다른 동물과 비교해 인간의 특수성을 특징짓는 다양한 언어가 있다. 요컨대 인간은 「이성적 동물」, 「정치적 동물」, 「상징을 이용하는 동물」, 「도구를 만드는 동물」 등등으로도 부른다. 하지만 실제로는 이런 표현들이 강조하는 능력이 인간만의 전매특허라고는 할 수 없다.

물론 확실히 인간만큼 고도의 또 복잡한 방법으로 추론한다거나, 언어를 사용한다거나, 사회를 형성한다거나, 도구를 사용하는 동물은 우리가 아는 한 인간 외에는 존재하지 않는다. 그런데 이런 능력들의 발전보다 앞서서 나타난 그리고 이들 능력의 기초가 된 것이 직립 이족보행(二足步行)과 그에 따른 이동능력의 향상이었다.

인간의 조상이 직립해서 걷기 시작한 것은 대략 600만 년 전이고, 석기를 사용하기 시작한 것은 250만 년 전, 언어에 대해서는 물리적 증거가 없기 때문에 입이나 목 등과 같은 기관의 구조를 갖고 추정하는 수밖에 없지만 500만 년 전부터 5만 년 전 등이라는 해석이 있다. 어떤 식이든 인간의 특징을 결정짓는 다양한 능력은 우리 조상이 직립보행을 하게 된 뒤에 발달했다는 사실이다.

그리고 직립보행이야 말로 그 후 인류가 걸어온 장대한 여정의 시작이자 다른 뛰어난 능력을 얻게 되는 기초였다. 철학자 플라톤은 인간을 「날개 없는 이족 동물」이라고 정의했다. 플라톤은 인간에게 있어서 이족이라는 사실이 중요한 특징이라고 생각하지 않았겠지만, 이런 정의는 뜻밖에도 인간의 매우 중요한 특징 가운데 한 가지를 정확히 짚은 것이었다.

인간 이외의 동물은 자신이 적응해 온 환경을 굳이 떠나는 일은 절대로 없다. 그런 일은 많은 동물에게 애초부터 불가능하다. 대부분의 종은 종으로서의 동일성을 포기하고 다른 생물종이 되지 않는 한, 자신들이 적응해온 환경과 크게 다른 환경에서 살아남기가 힘들다.

인간은 자신들 종으로서의 동일성을 유지하면서 다른 환경으로 이동했을 뿐만 아니라 오늘날까지 살아남은 매우 희한한 생물이다. 그런 특징이 인간으로 하여금 현재와 같은 번영을 가져온 것도 사실이지만, 한편으로 그런 「한계」를 넘어선 노력이 에라스무스가 말하는 인간의 불행의 원천이라고 한다면 아이러니가 아닐 수 없다.

진화 계통이라는 관점에서 봤을 때 현존하는 생물 가운데 가장 인간과 유사한 것은 침팬지속(屬)이다. 인간과 침팬지는 놀랍게도 유전자 코드의 98% 이상을 공유하고 있다. 그렇기는 하지만 신체능력이나 지능에 있어서는 인간과 침팬지 사이에는 큰 차이가 있다.

신체능력에서는 인간이 침팬지의 근력이나 민첩함에 미치지 못한다. 하지만 보행이나 주행능력(특히 장거리 주행)에 있어서는 인간이 침팬지나 다른 유인원보다 뛰어나다. 특히 40km 정도의 장거리를 쉬지 않고 달리는 일은 다른 유인원은 (또는 다른 많은 육상 생물도) 불가능하다.

인간은 효율적으로 장거리를 걷거나 달리는데 적합한 신체를 갖고 있다. 사람과(科) 계통수 중에서 현재 시점에서 가장 오래된 것으로 알려진 사헬란트로푸스 차덴시스는 600만 년 전쯤의 화석으로, 두개골 화석에서는 직립 유인원에게 특징적으로 나타나는 수직 후두공(後頭孔)을 볼 수 있다.

대략 400만 년 전부터 250만 년 전에 번성한 오스트랄로피테쿠스도 직립보행을 쉽게 하는 특징을 갖고 있었다. 그렇지만 그들은 아직 걷기보다 나무타기를 더 잘하는 다른 유인원에 가까운 체형을 하고 있었다. 230만 년 전에 나타난 호모 하빌리스 또는 오스트랄로피테쿠스 하빌리스도 표본이 조금밖에 발견되지 않아서 어떤 신체적 특징을 갖고 있었는지는 확실하지 않다. 그러나 현존하는 유인원과 비교해 2배 정도의 뇌 용량을 가졌던 것으로 추측된다.

또 하빌리스는 고기를 중요한 영양원으로 삼아서 도구를 사용해 사슴 같은 동물 고기를 잘라먹었다는 사실을 화석을 통해 알 수 있다. 다만 살아 있는 동물을 사냥했는지 또는 사체를 찾아다녔는지는 확실하지 않다. 사냥을 했다면 보행능력도 인간과 비슷했을 것으로 추측된다. 더 효율적인 직립보행을 가능하게 한 특징은 200만 년 정도 전에 등장한 호모 에렉투스 이후에 두드러지게 나타난다.

침팬지가 이족보행을 할 때는 양쪽 다리를 바깥으로 향하고 좌우로 크게 몸을 흔들면서 걷는데 반해, 인간은 걸을 때 몸을 좌우로 흔들지 않고 전방을 향해 다리를 똑바로 뻗어서 진자처럼 교대로 앞으로 내딛는다. 그때는 허리 위치를 높여 그 위치 에너지를 전진하기 위한 운동 에너지로 바꾼다. 달릴 때는 허리를 약간 낮추고 다리나 손을 크게 신축시키면서 강한 추진력을 얻는다.

일반적으로 동물은 이동 속도와 비례해 이동효율(소비 칼로리 당 이동거리)이 떨어지게 마련인데, 인간이 달릴 때는 속도를 올려도 그에 비례해 이동효율이 떨어지지 않는다. 이런 구조에 대한 구체적 사실은 아직 잘 알려져 있지 않지만, 인간 이외의 예외적 동물로는 역시나 두 다리로 이동하는 캥거루가 있다. 캥거루는 저속보다 고속으로 도약할 때가 이동효율이 좋다. 캥거루의 이동효율은 무릎이나 인대를 스프링처럼 이용함으로써 얻는다.

인간의 이동효율도 다리뼈나 인대, 근육의 탄성을 이용하는 것과 관련됐을 것으로 생각된다. 특히 두드러진 것이 발바닥 한가운데의 굴곡진 부분(장심)과 아킬레스건이다. 평발인 인간은 병역을 면제받을 정도로 장심은 걷기나 달리기에 있어서 중요하다.

침팬지 같은 유인원은 장심(掌心)이 없고, 오스트랄로피테쿠스는 호모 에렉투스만큼 발달하지 않았다. 침팬지나 고릴라 등의 아킬레스건은 1cm 정도이지만 인간은 10cm나 된다. 화석에는 아킬레스건이 남지 않지만 족근골(足根骨)의 구조를 통해 호모 에렉투스가 오스트랄로피테쿠스보다 발달된 아키렐스건을 갖고 있었던 것으로 추측된다. 또 사족보행 동물은 보조와 호흡간격을 맞추지만 인간은 보조와 호흡 간격을 분리한다. 이것도 인간이 효율적으로 걷는 것과 관계되었을 것으로 추측된다.

여기에 속귀(內耳)의 반고리관도 직립한 상태를 유지하는데 중요한데, 오스트랄로피테쿠스와 호모 에렉투스를 비교하면 에렉투스가 반고리관을 포함해 속귀의 전정기관을 둘러싼 조직이 크게 발달한 것을 알 수 있다.

이런 모든 것들이 인간을 뛰어난 장거리 보행자와 장거리 주행자로 만들고 있다. 침팬지나 고릴라가 하루에 2~3km밖에 걷지 않는데 반해 인간은 수렵채집 활동을 위해서 그 몇 배나 되는 거리를 걷고 달린다. 대부분의 인간은 훈련을 통해 몇 십 km의 거리를 쉬지 않고 달릴 수도 있다. 그런데 인간은 장거리 이동능력을 얻은 대가로 잃은 것도 크다.

앞서도 언급했듯이 인간은 사족으로 걷는 침팬지보다 민첩성 측면에서 훨씬 뒤떨어진다. 나무타기도 힘들다. 이런 사실은 당연히 초기 인간이 포식자의 먹이가 될 위험성을 증대시켰을 것이다. 또 직립보행을 쉽게 해주는 골반구조는 출산에 따른 리스크도 증대시켰다. 이러한 리스크를 보완할만한 무엇을 장거리 이동능력이 가져다주지 않았을까.

여기에 관해서는 여러 가지 주장이 있다. 그 가운데 한 가지는 양손을 보행이라는 부담으로부터 해방시킴으로써 인류는 도구를 만들어 사용하게 되었다 그리고 그런 일이 인간의 생존을 확대시켰다는 주장이다. 하지만 이 주장으로는 최초의 석기가 발견되었던 것이 인류가 직립보행을 시작하고 나서 몇 백만 년이나 뒤란 사실을 설명하지 못한다.

몇 백만 년 동안 인간이 그저 불리한 직립보행만 하면서 살아남았다고는 생각하기 어렵다. 자유로워진 손이 도구를 다루기 위해서가 아니라 음식물을 운반하는데 도움이 되었다는 주장도 있다. 하지만 왜 그들이 음식물을 운반할 필요가 있었는가에 대해서는 의문이 남는다. 운반설을 주장한 인류학자 오웬 러브조이의 설명은 다음과 같다. 대형 영장류의 약점 가운데 하나는 번식 빈도가 낮다는 것이다. 그래서 초기 인류는 생식 빈도를 높이기 위해서 암컷이 음식물을 찾는 노동을 멈추고 생식하는데 더 노동을 집중했다. 그렇게 암컷은 수컷이 가져온 음식물에 의존하게 된 것이다. 당시는 날씨가 추워져가는 시대라 점차 삼림이 초원으로 바뀌어갔고, 드문드문해진 과일을 찾아서 수컷은 장거리를 걷게 되었다. 그래서 이족보행을 통해 해방된 양손을 암컷에게 음식물을 가져다주기 위해서 사용했다는 설명이다.

그런데 과학 작가 크레이그 스탠포드는 운반설도 설득력이 떨어진다고 주장한다. 첫 번째로 직립보행이 최초로 일어났을 때, 초기인류는 주로 삼림 속에서살았다(같은 이유로 직립보행이 초원을 이동할 때 포식자를 빨리 발견하는데 기여했기 때문에 발달했다는 설도 부정된다). 또 러브조이의 주장은 초기 인류가자연스럽게 일부일처제였다는 점을 전제하고 있지만, 사실 초기 인류는 침팬지와 마찬가지로 일부다처제였음을 나타내는 증거가 있다.

스탠포드에 따르면 타당한 설명은 훨씬 단순하다는 것이다. 야생 침팬지를 관찰해 보면 그들도 때때로 직립해서 걷기도 한다. 그리고 걷는 대부분은 서서 손을 뻗지 않으면 닿지 않는 과실을 딸 때라고 한다. 인류의 직립보행 시작도 똑같은 상황이었을 것이라는 것이 스탠포드의 추측이다. 즉 먼저 숲속에서 높은 곳에 있는 과실을 채취하는 것이 다른 개체보다 조금 더 능숙한 개체가 나타났고,그들은 두 다리로 서서 머리 위에 있는 과실을 따고는 그 자세 그대로 근처의 가지까지 어렵지 않게 움직이면서 다른 과실도 채취했다. 이것이 스탠포드가 생각하는 직립보행의 시작이다.

그렇다고 하면 최초의 직립보행은 그것을 한 개체에 뭔가 극적인 우위를 불러올 만한 것이 아니었다는 뜻이다. 그 시작이 그들에게 있어서는 아주 작은 한 걸음에 불과했지만, 인류에게는 그야말로 위대한 한 걸음이다. 이런 행동이 수십만 년, 수백만 년 반복되면서 그 행동에 적합한 신체적 구조가 서서히 선택받아왔다는 것이 스탠포드의 주장이다.

숲에서 나와 초원으로 장거리 이동하는 일, 높은 위치에서 포식자를 발견하는 일, 음식물을 옮기는 일, 도구를 만들어 사용하는 일, 뿌리줄기나 고기를 먹게 된 일, 복잡한 언어를 말하게 된 일 등 이런 모든 것이 인류가 조금씩 장거리 보행에 적응해 나가는 과정과 함께, 행동과 신체구조의 복잡한 상호작용 과정을 거치면서 발달했다. 초기 인류가 일어서서 땄던 과실이 사과는 아니었지만 그것은 확실히 지혜의 과일로서, 그들이 익숙하게 살았던 낙원(풍부한 음식물에 포식자로부터 쉽게 도망갈 수 있는 숲)에서 밖으로 나온 계기였다.

초기 인류 가운데 일부는 지금으로부터 200만 년도 전에, 다른 유사한 종에게 서는 유사한 예를 찾아 볼 수 없는 장거리 이동능력을 몸에 익혔다. 그들은 조금씩 이동거리를 확대해 숲에서 초원으로 진출하게 되고, 그러면서 도구나 언어를 사용하는 고도의 능력을 몸에 익혔다. 이런 능력은 인류로 하여금 더 먼 곳으로 대이동을 가능하게 했다. 아프리카에서 유라시아로의 이동, 즉 탈출(脫出) 아프리카이다.

인류사에서 탈출 아프리카는 여러 종에 의해 몇 번이고 반복적으로 일어난 흔적이 있다. 그 이동은 처음에는 날씨 변동에 맞춰서 이동범위를 조금씩 넓혀가거나 때로 좁히거나를 반복하는, 느릿느릿한 이동이었다. 호모 에렉투스가 180만 년 전에 아프리카를 벗어난 이후, 50만 년에서 100만 년의 시간에 걸쳐 유럽부터 자바섬, 심지어는 유라시아 대륙의 동쪽 끝인 현재의 북경까지 생식범위를 넓혀갔다.

호모 하이델베르겐시스는 대략 80만 년 전에 아프리카를 벗어나 빙하기의 유럽으로 이주했기 때문에 큰 기후 변화로 신체나 행동습관을 적응시키지 않을 수 없었다. 그러다가 그들 안에서는 더 혹독한 기후에 적응한 네안데르탈인이 등장했다. 하지만 역시나 가장 극적이었던 것은 신인(新人) 호모 사피엔스의 이동이다.

2. ▶ 상상이라는 흡인력

아프리카 외에서 발견되고 있는 호모 사피엔스의 가장 오래된 기록은 현재 시점에서 21만 년 전의 것이다. 그러나 아프리카 밖으로의 대규모 이동이 이루어진 것은 5만 년 전 무렵으로 보인다. 호모 사피엔스의 이동이 그 이전의 인류(猿人, 舊人)와 다른 점은 다음 두 가지를 통해 알 수 있다.

첫 번째로 호모 사피엔스는 그때까지 인류가 발을 내딛지 않았던 시베리아 지방까지 생식지역을 확대했다는 점. 그들은 2만 년 전에 일어난 혹독한 추위에 맞서 유럽에 머무는 길을 선택하고는 거기서 살아갔다. 그들은 가혹한 환경 변화 또는 그때까지 살았던 환경과 전혀 다른 환경으로 이동했는데도 그것을 견뎌낼 수 있을 정도의 적응능력을 갖췄음을 알 수 있다.

두 번째로 호모 사피엔스는 처음으로 바다를 건너서 먼 섬으로 이동했다는 점. 대략 4만 5천 년 무렵에 오세아니아 근방으로 진출한 사람들은 길면 80km는 되는 육지와 육지 사이의 바다를 간단한 항해장비(대개는 간단한 뗏목)를 사용해 건넜다. 그때 그들은 식용 동물을 이동하려는 섬에까지 데리고 가려고 했다. 이런 일은 미지의 세계를 상상하고는 그곳으로 이동해 생활할 수 있도록 준비하고, 집단을 조직하고 그리고 리스크를 무릅쓰고 계획을 실행하는 능력이 필요하다.

그렇다고 그들의 계획이 항상 제대로 돌아갔던 것만은 아니다. 사람들은 정착지의 환경을 파괴하고 그 때문에 자신들의 생존을 위험에 빠뜨리는 일도 있었다. 유명한 것이 이스터섬(현지어로는 라파·누이) 같은 사례이다. 라파·누이에서는 이주한 사람들이 섬으로 가져간 남방 쥐(Polynesian rats)가 대량으로 번식해 야자나무 열매와 어린 나무를 전부 먹어버리면서 짧은 시기에 숲이 황폐화된 것으로 추측된다.

라파·누이 문명의 붕괴에 대해서 처음에는 인간이 나무를 과도하게 벌채했던 것이 주된 원인이라는 가설이 유력했다. 숲이 없어졌기 때문에 토양이 유실되었을 뿐만 아니라 물고기를 잡기 위한 카누도 만들지 못하게 되었고, 그러면서 굶주린 사람들이 부족한 먹을 것을 둘러싸고 서로 싸우고 죽이면서 심지어는 인육까지 먹었을 것으로 추측되었다.

하지만 최근에는 이주자들과 함께 들어간 남방 쥐가 환경파괴의 주요 원인이었다는 것을 밝혀주는 증거들이 발견되고 있다. 또 사람들 사이의 치열한 싸움이나 인육까지 먹었다는 가설에 대해서는 고고학적 증거가 빈약해서, 오히려 라파·누이 사람들은 환경을 적절히 관리하고 서로 협력하면서 살았을지도 모른다는 가설이 최근 조사를 통해 제기되고 있다.

여하튼 호모 사피엔스들은 지구의 육지 전역으로 퍼져나갔다. 이들이 급격히 생식범위를 넓혔던 시기(대략 5만 년 전)는 그들 사이에 「현대적 행동」으로 불리는 행동을 볼 수 있는 시기와 일치한다고 일본 고고학자 니시아키 요시히로(西秋 良宏)는 지적한다. 여기서 말하는 현대적 행동이란 다음과 같은 특징을 가진 행동을 말한다.

- 추상적 개념의 이해
- 계획성
- 창조성
- 상징능력

이 특징들은 예를 들면 벽화를 그리고, 고도의 도구(도구를 만들기 위한 도구)를 만들고, 장신구를 만들고, 매장 등의 예식을 벌이는 행동에서 볼 수 있다. 현대적 행동은 호모 사피엔스 이전에는 거의 볼 수 없고 호모 사피엔스한테서나 볼 수 있는 행동이었다. 니시아키는 이런 현대적 행동이야말로 신인(新人), 호모 사피엔스 이동의 관건이었다고 이야기한다.

현대적 행동은 어떻게 발달했던 것일까. 그것은 우리들 유전자에 코드화된 행동으로, 어느 시기에 갑자기 이변에 의해 호모 사피엔스 안에 생겨서는 그들의 생존을 도왔기 때문에 현재까지 이어져 온 것일까. 아마 실제로는 더 복잡한 프로세스가 있었을 것이다.

인류가 먼저 현대적 행동을 가능하게 하는 행동을 얻고 나서 이후에 지구 구석구석까지 퍼져나갈 수 있었다는 단순한 시나리오보다는, 우리들의 조상이 조금씩 생식범위를 넓히고 새로운 환경에서 주어진 어려운 과제를 극복해 나가면서 자신들의 인식과 행동 및 환경을 조정했고, 그리고 그 결과로 다시 새로운 이동이 촉진되었을 가능성이 더 있을 것 같다.

그런 과정에서 인간은 서서히 환경에 맞춰 도구를 만들고, 경우에 따라서는 환경을 자신들에게 유리하게 변화시키는 능력을 발달시켜 왔다. 그런 능력 덕분에 인간은 생물종으로서의 동일성을 유지하면서 자신들을 지배하던 환경과 크게 다른 환경 속에서도 적응할 수 있게 되었다. 인간은 환경이 유전자에 가하는 도태압박을 이겨내고, 생물학적 신체 밖에 있는 도구나 행동양식으로 환경이 가하는 도태압박을 흡수시켰다.

문화전달을 담당하는 가공적 유전자인 밈(Meme, 意傳子)이 마음에 든다면, 인간은 도태압박을 유전자로부터 밈으로 돌려놓았다고 말해도 괜찮다. 밈은 유전자보다 훨씬 빠르고 지속적으로 유연하게 환경에 대처할 수 있다. 이것이 인간이 놀랄 만큼 짧은 기간에 아프리카 삼림에서 눈으로 뒤덮인 시베리아까지 생식범위를 넓힐 수 있었던 이유 가운데 하나이다.

뇌신경 과학자 이리키 아츠시(入來 篤史)박사는 도구 사용과 뇌 발달 관계에 주목한다. 그는 일본원숭이를 이용한 실험에서 도구를 사용하는 중에 대뇌피질의 특정 부위가 팽창하는 것을 관찰했다. 그 부위는 인간 특유의 언어등과 같은 고도의 인지기능을 담당하는 부위라고 한다. 여기서 이리키 박사는 도구 사용이 대뇌에 고도의 발달을 촉진시켰고, 그것이 인간으로 하여금 환경에 대한 작용을 촉진했다고 주장한다. 또 환경·신경·인지라고 하는 「세 가지 틈새구축」개념을 세우고는 영장류의 뇌가 「성장을 전제로 디자인되었다」고 주장한다.

이족보행은 이리키 박사팀의 이론에 있어서도 중요한 역할을 차지한다. 수많은 동물(포유류뿐만 아니라 어류, 파충류, 양서류, 조류 등을 포함)에게 있어서 이동과 시선, 물체(대개의 경우는 먹이)를 포착하는 기관을 대상으로 커지는 동작이 동일한 공간 축 상에서 겹치게 되지 독립적으로는 움직이지 않는다. 하지만 인간은 직립 이족보행을 하면서 상반신이 이동과는 독립적으로 움직이게 되면서 이동과 시선, 물체를 잡는 움직임 각각이 세 가지의 독립된 축을 따라 이루어지게 되었다. 이런 복잡한 운동 조정이 뇌의 발달을 촉진시켰다고 이리키 박사팀은 생각한다.

도구 사용에 따른 신경적 기반과 인지의 변화 그리고 그로 인한 새로운 환경의 적응, 이런 것은 인간의 유전자에도 다양한 피드백을 불러왔을 것이다. 인류가 살아가는 환경과 인류의 유전자는 테크놀로지에 의해 확장된 인지와 행동을 매개로 복잡하게 상호작용해 왔다. 그리고 그것이 인류가 살아가는 새로운 장소와 방법의 가능성을 넓혀 왔다.

환경에 적응한 새로운 도구나 새로운 행동을 생각해 내는 능력, 환경을 살기 쉽게 바꾸는 능력이 이동을 쉽게 했을 것임은 물론이다. 하지만 그와 마찬가지로, 아니 어쩌면 그 이상으로 중요했던 것은 새로운 환경으로 옮겨서 새로운 삶을 꾸리는 것을 상상하고 그런 생활이 바람직하다고 추구하는 능력이었을지도 모른다. 5만 년 전의 호모 사피엔스는 우리들과 비슷한 인지나 감정의 잠재력을 갖고 있었을 것이다.

우리들처럼 무언가를 아름답다고 생각하고, 망자를 추모하고, 자연에 대해 경외심을 품고, 미래나 과거의 일을 떠올리기도 했을 것이다. 그 때문에 그들은 「지금」과 「이곳」에 연연해하지 않고 먼 미래나 미지의 토지에서의 삶을 그려낼 수 있었다. 그리고 그런 삶에 「지금」과 「이곳」에서의 삶 이상의 가치를 찾아내 그것을 손에 넣기 위한 노력을 할 수 있었다.

이 대목이 그 이전의 초기 인류와 신인(新人)의 이동과 관련된 큰 차이점이다. 눈앞에 존재하지 않는 상황, 그때까지 자신이 경험한 적이 없는 상황, 그뿐 아니라 집단이나 종의 역사에 있어서도 누구도 경험한 적이 없는 상황을 상상한다. 그리고 그 상황에 자신이 들어가는 것을 두려워하지 않는다. 말하자면 「상상이라는 흡인력」에 따른 이동이다.

이리키 박사는 또 이 시대의 인간이「자연을 인간에게 맞게 바꿀 수 있다」는 생각을 갖기 시작했고, 그런 사상이 사람들을 새로운 이동의 단계로 넘어가게 한 추동력이 아닐까 하는 생각을 밝히고 있다. 심지어는 보지도 못한 땅으로 이동하는 것 자체가 좋다고 생각하는 가치관도 인류사의 어딘가에서 생겨났을 것이다.

미크로네시아나 폴리네시아 사회에서는 최초의 이주자를 선조로 경배하는 문화가 있어서, 그런 특권이 이동의 동기를 높이는 요소였다고 주장하는 학자도 있다. 그런 가치관은 새로운 곳으로 가고자 하는 개인적 충동과 하나가 되어 사람들을 이동으로 이끌었을 것이다. 그런 충동과 가치관은 현대를 살아가는 우리들 안에도 분명히 존재한다. 예를 들면「프런티어 정신」이라는 말이 사회적으로 통상 긍정적인 의미로 사용된다는 것에서도 유추할 수 있는 것이다.

이동에 대한 개인적 충동과 사회적 가치관은 어떻게 생겨났을까. 뭔가 우리들 마음의 밑바닥에서 솟아오르는, 새로운 곳에 가보고 싶다는 충동이 사회적으로 공유되는 가치로서 외면화되었기 때문일까. 아니면 반대로 사회가 가진 이동성을 격려하는 가치관이 개인에게 내면화되어서 개인이 그런 충동을 갖게 된 것일까. 아마 여기서도 어느 쪽이든 한 쪽의 단순한 인과관계가 존재했다기보다 복잡한 상호작용이 있어서 조금씩 우리들로 하여금 그런 가치관과 욕구를 발달하게 만들었을 것이다.

어찌되었건 인류는 어느 시기부터 새로운 프런티어를 추구하는 강력한 욕구를 갖게 되었고, 사회가 그런 욕구를 긍정하는 가치관을 키워주었다. 그리고 그런 일이 인간을 끊임없는 프런티어 추구로 이끌어 왔다.

3. 이동과 커뮤니케이션

　지구의 육지 구석구석까지 인간의 진출이 끝난 시기는 인간이 농경에 기초를 둔 대규모 정착사회를 형성하기 시작한 시기이기도 하다. 여기서 이동은 새로운 패턴으로서 의미를 갖게 된다. 자신들이 정착해 살고 있는 사회로부터 다른 인간이 정착한 사회로 이동하는 이동패턴을 보이는 것이다.

　그것은 다른 사회, 다른 문명 사이에서 커뮤니케이션이 가능해진 이동이라고 봐도 무방하다. 여기서의 「커뮤니케이션」은 인간, 정보, 아이디어 또는 가치가 있는 자원이나 생산물 등이 여러 사회 사이에서 유통되었다는 것을 의미한다.

　물론 서로 떨어진 두 개 사회의 만남이 항상 우호적이고 서로에게 이익만 가져다주지는 않았다. 오히려 고대 사회끼리의 접촉은 자주 폭력적이고, 무력행사를 통한 약탈의 형태를 띠었다(이것이 꼭 고대에만 해당하지는 않지만). 하지만 폭력에 의한 약탈로는 지속적으로 먼 곳으로부터 가치 있는 생산물을 손에 넣기 힘들다. 대규모 군대를 조직해 장거리 원정을 하는 것은 막대한 비용과 리스크를 수반하기 때문이다. 윌리엄 H 맥닐은 『길가메시 서사시』에서 한 가지 에피소드로 멀리 떨어진 지역(원격지)과 교류하는 어려움을 그리고 있다.

　고대 메소포타미아의 도시국가 우루크의 전설의 왕 길가메시는 삼나무 목재를 구하기 위해서 거인 훔바바가 지키는 삼나무 숲으로 원정을 떠난다. 길가메시와 그의 친구 엔키두는 순조롭게 삼나무 숲을 지키던 훔바바를 굴복시켰다. 훔바바는 목숨을 구걸하며 앞으로 길가메시를 숭상해 삼나무 목재를 진상하겠다고 약속한다. 하지만 엔키두는 단호히 훔바바를 죽일 것을 주장한다. 결국 훔바바는 죽임을 당한다.

　이때의 길가메시와 엔키두의 결단을 맥닐은 「어떤 매우 불안정한 역학관계를 반영한 것이었다」고 진단한다. 만약 그들이 훔바바를 살려둔 채 우루크로 돌아왔더라도 우루크의 권위가 언제까지나 훔바바를 잡아놓지는 못했을 것이다. 훔바바가 우루크에 계속해서 순종하기로 한 것은 양자 사이의 거리를 감안하면 기대하기 어려웠기 때문이다. 따라서 홈바바를 살리고 죽이는 것과 상관없이 무력은 원격지의 가치 있는 생산물을 안정적으로 손에 넣는 효율적인 수단이 아니었다. 무력행사보다 좋은 수단이 교역이라는 것은 명백했다.

실제로 우루쿠는 근처에서 손에 넣기 힘든 자원(목재나 광석, 귀금석 등)을 얻기 위해서 원격지와 교류를 했다. 예를 들면 우루쿠는 카프카스 산맥을 사이에 두고 2,000km 이상 떨어진 흑해동부 연안의 사람들과 자주 교역을 했다. 우루쿠는 신전 건축이나 장식품을 제조하기 위해서 대량의 귀금속을 원격지에서 확보할 필요가 있었는데, 북 가프카스를 귀금속 산지와 우루쿠와의 중계지점으로 이용했던 것으로 추측된다. 한편 북 가프카스 수장에게는 우루쿠의 특수한 기술자가 만든 사치품을 제공했다. 북 카프카스 수장 묘지에서 우루쿠로부터 보내온 다수의 매장품이 발굴되고 있다. 이런 물건들은 원격 도시 우루쿠와의 밀접한 연대의 상징으로서, 수장의 권위를 높이는 효과가 있었을 것이라고 인류학과 교수인 데이비드 W 앤소니는 말한다.

멀리 떨어진 지역들 사이에서 가치있게 이동할 수 있게 된 것은 문명의 발전에 큰 의미를 갖는다. 기후나 손에 들어오는 천연자원의 종류는 토지마다 다르다. 그 때문에 생산할 수 있는 물품, 발달할 수 있는 기술, 만들어지는 아이디어도 사회에 따라 다르다. 다른 가치가 있는 생산품을 원격지 사이에서 거래함으로써 양쪽 사회는 더 풍부해진다.

그뿐만 아니라 다른 생산품, 다른 아이디어가 조합됨으로써 더 새로운 가치 있는 생산품이나 아이디어가 만들어진다. 문명비평가인 매트 리들리는 이런 생산품이나 기술, 아이디어의 교환이 문명 발전에 있어서 결정적인 역할을 했다(그리고 미래에도 마찬가지로 중요한 역할을 할 것)고 주장한다.

예를 들어 말을 훈련시켜서 운반이나 이동하는데 이용한 기술에 대해 생각해 보자. 그 기술은 애초에 야생말이 존재하지 않는 지역에서는 발달할 수가 없다. 따라서 그 기술을 처음 발달시킨 것은 야생말이 많이 존재했던 지역 사람들이었을 것이다. 유력한 후보는 흑해나 카스피해 북쪽으로 펼쳐진 대초원 지대, 폰토스·카스피해 초원지대의 사람들이다. 이 지역에서는 기원전 3700년 전, 어쩌면 기원전 4200년 이전부터 말을 타고 다녔을 가능성이 제기되고 있다.

어느새 가축으로서의 말과 승마의 기술은 다른 지역으로 전해져 처음에는 말이 존재하지 않았던 지역 사람들도 말을 이용하게 되었다. 많은 지역으로 말 이용기술이 퍼지자 말에 수레를 끌게 하면 더 효율적으로 물건을 운반할 수 있다는 아이디어가 생겼다.

바퀴나 바퀴축 기술은 기원전 3400년 무렵부터 3000년경에 걸쳐 유럽과 근동으로 퍼져나갔다. 바퀴 기술과 말을 이용하는 기술이 조합되어 마차라는 새로운 기술을 가져왔다. 마차는 인간의 생활, 활동 패턴에 큰 변화를 불러왔다. 사람들이 상당한 양의 짐과 함께 장거리를 이동할 수 있게 된 것이다.

아이디어나 기술이 많은 사람들에게 전달·공유됨에 따라, 말의 이용은 더 새로운 아이디어가 만들어져가는 좋은 사례이다. 하나의 발견이나 아이디어가 사람들에게 전해져감으로써 눈덩이가 구르면 커지듯이 계속해서 새로운 발견이나 아이디어의 창출을 촉진했다. 그뿐만 아니라 그 프로세서는 자기를 증강하는 방식이기도 했다. 즉 그 프로세스에서 만들어진 것이 프로세스를 더욱 가속시키는, 긍정적 피드백 효과를 갖는 것이다.

앞에서 언급한 말이나 바퀴 사례를 다시 생각해 보자. 멀리 떨어진 지역 사이에서의 사람들의 이동이 생산품이나 기술 그리고 아이디어의 전달(커뮤니케이션)을 매개로 한다는 사실은 언급한 바와 같다. 마차나 바퀴 기술은 운반과 이동을 향상시킴으로써 멀리 떨어진 사람들 사이의 커뮤니케이션을 촉진한다. 그로 인해 다시 기술의 발전이 점점 진행된다(그림 4-1).

철학자 앤디 클라크는 인간의 가장 큰 특징은 테크놀로지를 통해 스스로의 행동능력이나 인지능력 심지어는 신체를 확장할 수 있다는 점이라고 주장한다. 이렇게 테크놀로지를 통한 능력확장 프로세스도 또한 자기증강적이다.

왜냐하면 테크놀로지를 통해 확장된 인지능력을 사용해 우리는 더 새로운 발견을 할 수 있고 또 그것이 다시 새로운 테크놀로지를 만들고, 그것이 다시 우리

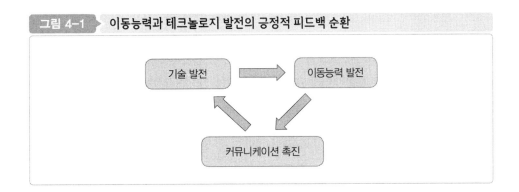

그림 4-1 　이동능력과 테크놀로지 발전의 긍정적 피드백 순환

들 능력을 확장하는 식으로 긍정적 피드백이 지속되기 때문이다. 그렇기는 하지만 이렇게 설명할 때 클라크는 주로 개인의 인지능력에 초점을 맞추지, 사회가 갖는 집합적 인지(즉 정보의 저장이나 탐구 프로세스가 사회 속에서 다른 구성원에게 분산되어 그것들이 적절히 통합·공유되는 상황)의 자기증강 프로세스에는 충분한 주의를 쏟지 않는다.

　만약 새로운 발견이나 발상이 원격지 사이에서 사람들의 왕래를 통해 촉진된 것이라고 한다면, 우리들은 인간의 집합적인 인지발달 역사에서 이동의 테크놀로지가 달성한 역할에 더 주목해야 할 것이다. 19세기에 전신이 발명될 때까지는 멀리 떨어진 사람들이 커뮤니케이션을 하기 위해서는 주로 이동 테크놀로지에 의존하는 수밖에 없었기 때문이다.

　말이나 바퀴 등과 같이 이동을 돕는 기술과 마찬가지로 중요한 것은 멀리 떨어진 지역과 지역을 연결하는 「길(도로)」이다. 이것은 실제로 사람이나 동물이 다니기 쉽도록 지면을 정비하는 것, 어느 장소에서 다른 장소에 도달하기 위한 경로 존재를 알려주는 정보가 있다는 것 또는 물자를 보급하거나 휴식을 취할 수 있는 중계지가 있다는 것 등을 의미한다.

　그 이동이 미지의 황야를 개척해 나가는 것이 아니라 오가는 사람들이 안전하고 확실하게 목적지에 도달할 수 있다고 확신하는 것(물론 완전한 안전성이나 확실성은 달성할 수 없지만 이동을 하는 이점이 리스크보다는 크다는 것이 명백하다는 것)이 중요하다. 이동을 보조하는 기술과 통행을 위한 이동로의 정비는 원격지 간 커뮤니케이션의 「대역폭」과 거래되는 정보 및 생산품의 「용량」을 결정한다.

사람들이 통행하는 길은 많은 사람이 다닐수록 뒷사람들한테는 지나다니기가 쉽다. 사람들은 길을 지나다니면서 더 좋은 경로를 개발하거나 정보를 수집하고, 중계지로서 이용할 수 있는 장소를 발견하고, 장애가 되는 조건을 배제하기(다리를 설치하고, 바위를 제거하는 등) 때문이다. 이런 자발적인 경로개척과 「용량」의 확장하는데 있어서도 긍정적 피드백이 작용했을 것이다.

어느 사회에서 다른 사회로의 이동을 촉진하는 어떤 동기가 존재한다고 치자. 즉 저쪽에는 거리를 넘어설 만큼 갈만한 가치 있는 무언가가 존재한다는 것이다. 그러면 사람들은 그 가치를 쫓아 이동하기 시작한다. 또 두 지역 사회 사이에서 커뮤니케이션이 이루어짐으로써 각각의 사회가 더 풍성해져 새로운 가치 있는 생산품이나 아이디어가 생겨난다. 그러므로 이동의 동기가 더 강화되고 더 한 층 이동이 왕성해진다. 그리고 이동이 활발해지면 또 다시 경로가 정비되어 이동이 더욱 쉬워지는 것이다.

문명 여명기 시절 사람들에게 있어서 원격지와의 커뮤니케이션 「대역폭」은 자연조건에 크게 좌우되었다. 험난한 산, 광대한 사막, 광활하게 흐르는 강이 사이에 있을 때는 통행이 곤란하다. 통행이 어려우면 커뮤니케이션이 원활히 이루어지지 않아 아이디어나 기술 교환도 진행되지 않는다.

또 상대 사회에 매력적인 생산품이 있다거나 또는 반대로 자신들의 사회에 상대 사회가 매력적으로 볼 만한 생산품이 존재해야 하는 것도 중요하다. 그것이 없으면 먼 거리를 이동하고 싶은 강한 동기가 부여되지 않기 때문이다.

문화인류 학자인 제러드 다이아몬드는 이 점에 있어서 유라시아 대륙의 사람들에게 큰 어드밴티지가 있었다고 지적한다. 그는 『총·균·쇠』는 책에서 유라시아 대륙의 문명이 다른 대륙 대부분의 문명을 침략과 유린, 멸망시킨 반면에 그 반대가 일어나지 않았던 것은 왜일까 하는 큰 의문을 세운다. 직접적 요인은 다양한 기술(총 등의 무기, 배나 말 등의 이동수단), 유라시아에서 다른 대륙으로 갖고 간 병원균, 강대한 통치기구, 정보나 지령을 전달하기 위한 문자 등이다.

그렇다면 왜 애초에 유라시아의 문명만 그런 모든 것을 갖고 있었을까 하는 의문을 다이아몬드는 제기한다. 그런데 그 의문에 대해 다이아몬드가 주는 대답은 매우 의외이다. 그는 유라시아 대륙의 동서방향으로 뻗은 지형이 유라시아 문명이 우위를 가진 궁극적 요인이었다고 주장한다.

동서방향으로 뻗은 지형이 왜 유라시아의 우위로 이어질까. 그 설명은 다음과 같다. 문명의 시작에 있어서 중요한 것은 농경과 목축이다. 그리고 농경이나 목축을 시작하기 위한 첫째 조건은 재배화·가축화할 수 있는 야생종이 존재해야 한다는 것이다.

만약 그런 야생종이 근처에 존재하지 않는 지역에서는 그것들이 다른 장소로부터 전파되기를 기다릴 수밖에 없다. 하지만 다른 장소에서 야생종의 재배화·가축화가 진행되었다 하더라도 날씨나 지리적 조건이 그쪽과 이쪽이 달라서 그쪽에서 자란 재배종이나 가축을 이쪽에서 똑같이 키우기 힘들거나 또는 불가능하다.

지구상에는 위도 차이가 클수록 기후조건이 크게 달라진다. 따라서 농경이나 목축은 남북방향으로 전해지기보다 동서방향으로 쉽게 전달되었을 것으로 추측된다. 거기서 다이아몬드는 고고학적 증거나 생물학적 증거에 기초해 다양한 지역에서 재배종이나 가축이 어느 정도의 시차로 확산했는지를 비교했다. 그 결과 실제로 다른 대륙과 비교해 유라시아 대륙에서는 짧은 기간에 넓은 범위로 재배종이나 가축이 전파되었다는 사실을 확인했다. 예를 들면 서남아시아에서 시작된 식량생산은 연간 1.1km 속도로 서쪽으로는 유럽, 동쪽으로는 인더스 계곡까지 전파된 반면에 멕시코에서 아메리카 남서부로는 연간 800m 정도의 속도로밖에 진행되지 않는다. 동일 위도대에 속해 있기 때문에 기후조건이 유사하다는 점이 원격지 사이의 이동과 커뮤니케이션을 촉진했을 것으로 추측된다.

유라시아 대륙에서는 더 넓은 지역, 더 많은 사회 사이에서 농경과 목축에 관련된 기술교환이 이루어졌다. 이 일은 유라시아 대륙 각지에서 농업에 따른 생산성을 향상시키는데 기여했다. 일정 토지로부터 얻을 수 있는 식량의 증가는 대규모 사회의 형성과 직업의 분화, 분업을 가능하게 했다.

수렵채집 사회나 원시적 농경사회에서는 거의 모든 구성원이 식량을 얻기 위해서 노동에 종사해야 했지만, 고도의 농업을 구사한 사회에서는 작물을 재배하는 사람, 가축을 키우는 사람, 특정한 도구를 만드는 사람, 제사를 집행하는 사람 등, 각자가 전문적으로 종사하는 일을 가질 수 있다. 각각이 만드는 생산품이나 기술, 아이디어, 서비스를 서로 제공함으로써 생산효율이 향상된다(예를 들면 철로 만든 괭이는 농업생산성을 크게 향상시켰다). 점차 대규모의 복잡한 구조를 만든 도시나 국가가 형성되고 그것을 통치하는 큰 권력을 가진 수장이나 왕, 신관, 군인 같은 계급도 만들어져 왔다.

사회를 통치하기 위한 기구, 명령이나 정보를 전달·기록하기 위한 서기 시스템이 갖추어졌다. 지배자는 그 권위를 내세우기 위해서 사람들에게 명령해 화려한 장식품이나 거대한 궁전 등을 만들게 했다. 그를 위해서 그들은 원격지로부터 목재, 금속이나 광석, 귀금속 등을 조달해야 했기 때문에 이런 일은 점점 원격지와의 커뮤니케이션을 촉진했다.

유라시아 대륙에서는 수많은 사회가 서로의 기술교환을 통해 높은 생산성, 고도의 기술, 대규모이면서 효율적으로 통제된 정치기구가 만들어졌다. 이런 모든 것들이 유라시아 대륙의 우위를 결정지었다. 여담이지만 이런 것들을 감안하면, 새로운 가치가 있는 아이디어의 창출(이노베이션)을 위해서 수와 다양성, 커뮤니케이션이 관건이라고 여겨진다.

다양한 환경에서 탐구하는 사람들이 많이 있고, 각각이 자유롭게 탐구활동을 하고, 가치가 있는 발견이나 아이디어가 마찰 없이 사람들의 네트워크 속으로 유통될 때 이노베이션은 촉진되는 것이다. 그렇다고 한다면 가능성이 있을 것 같은 소수의 개인에게 집중적으로 자원을 투입하는, 소위 「선택과 집중」은 이노베이션을 일으키기 위한 유망한 정책이 아니다.

4. 모빌리티와 모더니티

　　지금까지 우리는 인류사의 대국적 관점에 서서 초기 인류부터 호모 사피엔스로의 진화 과정, 인간의 인지능력이나 창조성의 발달과정 그리고 문명과 테크놀로지의 발전과정에 있어서 이동이 중요한 역할을 했다는 것을 확인했다.

　　인간의 「진보」는 이동과 함께 이루어졌다. 물론 그것은 항상 빛 속을 지나가는 여정은 아니었다. 새로운 환경을 찾는 사람들의 여정은 때로 이동한 곳의 환경파괴를 불러오기도 하면서 이동해 간 인간을 존망의 위기에 빠뜨리는 일도 있었다.

　　다른 집단 사이의 접촉은 너무나도 자주 처참한 폭력을 동반했다. 하지만 이런 부정적 측면에도 불구하고 결국 인간은 계속해서 이동해 나갔다. 그리고 지금까지 성공적으로 살아남아 번영을 구가했다.

　　이 절에서는 시점을 크게 현대로 옮겨보겠다. 우리들 대부분은 오늘날 먹이를 찾아 초원을 걷는 일도, 교역을 하기 위해서 산이나 사막을 넘어가는 일도, 전인미답의 새로운 장소를 추구하는 일도 없다. 하지만 우리는 일상적으로 예전의 인간과는 비교할 수 없을 정도의 거리를 이동한다. 통학이나 통근을 위해서, 물건을 사기 위해서, 식사를 위해서, 비즈니스를 위해서, 친구나 지인을 만나기 위해서, 관광이나 레저를 위해서 또는 순수히 이동의 즐거움 때문에 우리는 수시로 이동한다. 또 때로는 이사를 위해서 이동하기도 한다. 그리고 이동 테크놀로지의 발달로 인해 우리의 이동거리는 비약적으로 길어지고 있다. 예를 들면 미국인 1일 평균이동 범위는 1800년에 50m 정도였지만, 오늘날에는 무려 50km나 된다고 한다.

　　오늘날 우리는 너무나 「유동적인(mobile)」 환경에서 살고 있다. 인간이 존재하는 모든 곳에는 여러 종류의 「길」이 정비되어 있다. 걷는 사람을 위한, 자동차를 위한, 열차를 위한, 배를 위한, 비행기를 위한 길이 있어서 그곳의 교통을 제어하는 도시규모, 국가규모, 세계규모의 시스템이 있다. 그리고 그 시스템 속에서 사람들이 끊임없이 정체하지 않고 움직인다. 나아가 우리들 사회에는 추상적 의미에서의 「포지션」, 즉 사회적 지위 사이의 이동 그리고 그 이동을 가능하게 하는 추상적 의미의 「길」도 있다.

현대사회의 모빌리티를 인도하는 원리는 무엇일까. 그리고 거기에는 어떤 것을 고려해야 할 과제가 존재하고 있을까. 이것들은 매우 중요한 질문이다. 여기서는 그런 질문들을 생각할 단서로 근대에 일어난 사회적 변화와 그 영향의 일부를 돌아보는 정도로만 머물겠다.

「근대」라는 말이 어떤 시대를 가리키는지는 경우에 따라 다를 수 있지만, 여기서 그 범위를 넓게 잡아서 15세기 이후변화에 주목하기로 하겠다. 현대사회의 모빌리티로 이어지는 중요한 변화가 이미 15세기부터 일어나기 때문이다.

인간사회는 15세기 이후, 여러 가지 극적 전환을 경험한다. 르네상스가 일어나면서 개인으로서의 인간을 우대하는 기운이 생겼다. 인쇄기술이 발명되어 더 많은 사람들이 지식이나 교양을 쌓을 수 있게 되었다. 종교개혁을 통해 「신 앞에서의 평등」이 표면화되면서 카톨릭 교회의 권위는 쇠퇴해 갔다. 30년 전쟁 후, 많은 주권국가로 이루어진 새로운 국제질서가 확립되었다. 모든 인간은 태어나면서 동등한 권리를 가진다는 인식이 퍼져나가 시민혁명이 일어났다.

과학기술이 크게 발전해 자본가의 등장과 맞물려 산업혁명이 일어났다. 이러한 변화는 각각 독립적으로 일어난 것이 아니다. 과학기술, 산업, 경제, 사회제도, 종교, 정치, 국제관계, 예술, 사상, 생활양식, 관습, 커뮤니티 등등이 서로 복잡하게 영향을 주고받으면서 때로는 천천히, 때로는 급격하게 인간이 사는 세계를 바닥에서부터 변화시켰다. 여기서는 그런 다양한 변화를 다 묶어서 「근대화」로 부르겠다.

근대화 움직임이 이동과 어떻게 관련되어 있는지를 살펴보는 것이 이 절의 목적이다. 근대에 일어난 이동에 관한 변화로서 첫 번째는, 더 빠르고 멀리까지 이동하는 것을 가능하게 한 다양한 테크놀로지의 발전이 있었다. 이것은 멀리 떨어진 지역 사이에서의 이동을 더욱 촉진시켰고, 기술을 더욱 발전시켰으며 그리고 더 큰 부(富)를 만드는데 기여했다.

두 번째는 개개인의 권리가 확대됨으로써 사람들이 더 자유롭게 이동할 수 있는 권리를 얻었다. 농업 중심에서 공업 중심으로 산업구조가 전환된 것도 사람들의 이동을 부추겼다. 근대는 이런 변화의 결과로 개인단위의 모빌리티가 (물리적 의미나 제도적 의미 모두) 현저히 증대된 시대로 특징지을 수 있다.

근대화는 여러 전통적 권위의 전복과 개인의 승리를 동반했다. 그것은 예를 들면, 르네상스 시기에 부흥한 인본주의 그리고 이어서 일어난 종교개혁, 시민혁명 등과 같은 사태에서 두드러진다. 인문주의자들은 인간의 존엄을 옹호하고 개인의 풍부한 가능성을 발전시켜야 한다는 의의를 강조했다. 종교개혁은 그때까지 교회가 독점했던 신이라는 먼 존재와의 연계성을 개인에게 개방했다. 이전에는 사람들이 교회를 매개로 간접적으로만 신과 이어질 수 있었다.

하지만 종교개혁은 「신 앞에서의 평등」을 내세워 신을 만인에 대해 똑같이 만날 수 있는 존재로 만들었다. 그렇게 사람들은 교회에 의존하지 않고 개인이 직접적으로 신과 이어지게 된 것이다. 나아가 종교개혁은 교회를 국가로부터 자유롭게 만듦으로써 인민주권 사상을 키우는데도 기여했다.

이때 인쇄기술이 맡았던 역할에 대해서도 주목할 필요가 있다. 종교개혁에 앞선 15세기 중반, 독일의 요하네스 구텐베르크는 활자를 이용한 인쇄기술을 발명했다. 그는 라틴어로 된 성서의 인쇄판을 만들어 독일과 프랑스에 팔러 돌아다녔다.

당초 인쇄는 성서의 「정신성(精神性)」을 훼손한다며 성직자나 성서를 직접 쓰던 사람들로부터 비난을 받았다. 하지만 인쇄기술로 인해 더 많은 사람들이 직접적으로 성서를 읽을 수 있게 되었다.

한편으로 구텐베르크의 인쇄기술은 교회가 신자들에게 팔던 면죄부를 인쇄하는데도 사용되었다. 그리고 그 면죄부야말로 종교개혁을 견인한 마르틴 루터가 교회를 강력히 비난하는 주요 이유 가운데 하나였다.

루터는 교회를 성토하는 의견서 「95개조 조항」을 써서는 30만부를 인쇄해 배

포했다. 또 루터가 독일어로 번역한 성서는 인쇄물을 통해 널리 읽히게 되었다. 루터가 번역한 성서는 그 이후 독일어에도 큰 영향을 끼쳤다고 평가된다.

이 장 앞부분에서 인용한 에라스무스의 『우신예찬』도 당시 수십만 부가 인쇄되어 파격적인 베스트셀러였다고 한다. 이 책은 교회나 성직자에 대한 풍자를 포함하고 있었던 만큼교회에서는 금서로 지정했다. 종교개혁자인 루터는 교회를 강력히 비판했지만 한편으로는 인간의 자유에 대해 부정적이어서, 신의 은총에 의해서만 인간은 구원된다고 믿었다.

그런 점에서 루터는 인문주의자인 에라스무스와 격렬히 대립했다. 전반적으로 인간에 대해 억압적인 기독교와 달리 르네상스 시기에 일어난 그리스·로마의 고전적 문예 재발견 그리고 인문주의의 갑작스러운 태동은 인간의 존엄과 인간의 자유로운 정신 향상을 중시했다.

점차 낡은 권위가 후퇴하는 한편으로, 개인은 새로운 권리나 자유를 인정받아 나갔다. 그리고 그 가운데는 「이동의 자유」가 포함된다. 중세의 봉건적 제도 안에서 사람들은 「영민(영주 지배하의 백성)」이라, 한정된 토지에 묶여서는 영주를 위해서 일하는 존재였다.

그러나 근대에 들어 해방된 개인은 스스로의 재산을 갖고, 스스로의 이익을 추구하면서 활동하게 되었다. 개인은 특정 장소나 일, 지위에 구애받지 않는 「모바일」적 존재가 되어 갔다. 즉 개인이 스스로의 욕구나 관심에 기초해 그리고 그 능력과 의지에 따라 자유로운 이동이 가능했다(적어도 표면상으로는).

이렇게 하여 근대에 있어서는 이동 테크놀로지 발전과 개인의 자유 확대로 인해 「개인적 이동」기회가 늘어났다. 그런데 사람들은 어떤 동기를 갖고 이동하게 될까. 개인의 「이동이 가능해졌다」는 것과 개인이 「실제로 이동하는」 것 사이에는 아직 간극이 있다.

그 간극을 설명할 수 있는 대답은 하나가 아니라 여러 가지이다. 「거기에 길이 있기 때문에」라는 것도 하나의 대답이다. 우리는 아마도 수백만 년 전의 조상 때부터 「이동을 하면 뭔가 좋은 일이 있을 지도 모른다」는 경험치를 (본능 차원에서 또는 사회적 가치관이라는 형태로) 계승하고 있다. 하지만 근대에 들어와서의 더 체계적인 이동 상태를 보면 그런 막연한 기대 이상의 이유가 있다. 물론 그 이유에는 문명화된 이래 인간이 이동을 해 온 이유와 일맥상통하는 점이 있다. 그것은 장소가 다르면 사물의 가치가 바뀐다는 것이고, 사물은 그 가치가 상대적으로 높은 지역으로 이동한다는 원리이다.

앞 절에서 우리는 원격지 사이의 아이디어나 생산물 교환에 초점을 맞췄다. 레바논의 삼나무, 북 카프카스의 광물이나 귀금속은 우루쿠 입장에서는 큰 가치가 있었기 때문에 수 천km나 되는 거리를 이동했던 것이다. 개인이 이동 단위일 때, 가치를 떠맡는 주체도 생산품에서 개인으로 옮겨간다. 개인이 떠맡는 가치란 그 인간이 가진 학식이나 기술 또는 그 인간이 제공할 수 있는 노동력이다.

산업혁명을 달성한 공업국가에서는 공장으로 노동력을 집중시킬 필요가 있었고, 그 때문에 자유로워진(mobile) 개인들이 농촌에서 도시로 이동해 갔다. 이렇게 고도의 공업화를 위해서는 개인의 모빌리티 향상이 필수적이었다.

물론 근대의 특징이라 할 수 있는 개인적 이동 전체가 이렇게만 설명되는 것은 아니다. 예를 들면 관광이라는 이동 형태에서 가치를 떠맡는 것은 관광지로서, 관광지에 큰 가치를 두는 개인이 거기에 끌려서 이동하는 것이다. 또는 난민이나 망명자는 재해나 전쟁, 박해, 탄압 등이 일어난 장소에서 벗어나기 위해서 이동한다.

여기서도 가치를 떠맡는 것은 사람이 아니라 장소이다. 다만 난민·망명자의 경우에는 장소가 부정적인 가치를 갖는다. 이들 이동 형태도 현대의 이동을 파악하는데 중요한 사건이지만, 여기서는 그것을 다루기보다 가치를 떠맡은 사람으로서의 개인의 이동에 초점을 맞추도록 하겠다.

전통적 권위로부터 압박과 속박에서 해방되어 다양한 권리를 획득하게 된 개인은, 실제로는 그렇게 큰 자유를 손에 잡았다고는 할 수 없다. 결국 사람들은 전통적 권위와는 다른 의미에서 새로운 시스템 안에 편입되기 때문이다.

그것은 르네상스 시기 때도 이미 이루어졌다. 그때 사람들은 새롭게 강력한 힘을 획득한 시스템, 예를 들면 「가족」이나 「도시」 안으로 편입되어 갔다.

그런데 사람들은 그런 시스템을 개인 아이덴티티 기반의 「가족 이데올로기」, 「도시 이데올로기」를 신봉해 시스템에 편입되는 것을 적극적으로 환영했다. 가족 이데올로기와 도시 이데올로기는 결국 독립적인 주권국가로 이루어진 새로운 세계질서 속에서 국가 이데올로기로 대체된다.

그러나 봉건적인 시스템이 쇠퇴한 뒤에 등장한 새로운 시스템과 이데올로기 속에서 가장 강고했던 (그리고 오늘날에 이르기까지 계속적으로 강고한) 것은 자본주의 경제 시스템과 이데올로기이다. 교회와 봉건영주, 가족, 도시, 국가 등과 같은 권위가 쇠퇴하는 가운데, 이것들을 자양분 삼아 새로운 시스템이 발달했다. 왜냐면 자본주의 경제는 많은 노동력을 집약할 필요가 있으므로 개인이 장소나 전통적 권위에 종속되지 않는 것이 유리했기 때문이다.

시스템이 효율화되면서 인간은 더 신속히 마찰 없이 시스템 안에서 이동할 수 있게 되었고, 그 결과로 물건과 자본, 정보 그리고 인간으로 이루어진 거대한 흐름이 세계적 규모의 시스템 속에서 유통·순환하게 되었다. 그리고 그런 거대한 흐름이 커지면 커질수록 시스템 관리자는 막대한 이익을 거둘 수 있다.

이렇게 해서 오래된 속박에서 벗어난 사람들은 새로운 시스템 안에 재배치되어 갔다. 사회학자 지그문트 바우만은 이것을 「초기 근대화는 '바꿔 넣기'위해서 '떼어냈다'」고 표현한다. 사람들은 「움직일 수 있게」되었다고 하기보다 「움직이도록 유도되었다」고 해도 무방하다. 근대가 안고 있는 모순 가운데 하나가 여기에 있다. 즉 「자유」라는 미명하에 이루어진 다른 시스템으로의 종속인 것이다. 비슷한 통찰을 우리는 소설가 나쓰메 소세키의 『풀베개』의 다음 문장에서 찾아볼 수 있다.

기차만큼 20세기 문명을 대표하는 것은 없을 것이다. 몇 백 명이나 되는 사람을 같은 상자 같은 곳에 싣고는 요란하게 지나간다. 인정사정없다. 채워진 인간은 모두 다 비슷한 속도로 똑같은 정류장에 머물며, 똑같이 증기의 은혜를 받는다. 사람은 기차를 탄다고 말한다. 나는 쌓인다고 말한다. 사람은 기차로 간다고 말한다. 나는 운반된다고 말한다. 기차만큼 개성을 경멸하는 것도 없다.

현대 문명은 사람들의 개성을 존중한다고 하고 개성을 발달시키는 것을 칭찬하는 한편으로, 개인을 일정한 틀 안에 가둬놓는다. 그리고 그 틀에서 나오려는 것을 엄격히 금지한다. 그것을 상징하는 것이 기차라고 소세키는 생각했다. 좁은 장소에서 얼굴도 모르는 많은 타인들과 함께 갇혀 있으면서, 같은 속도로 같은 장소를 향해 옮겨진다. 하지만 개성을 박탈당한 개인은 그 좁고 닫힌 공간으로부터 나오기를 갈망한다. 거기서 소세키는 근대문명의 위험성을 본다.

나는 기차가 맹렬하게, 분별없이 모든 사람을 화물처럼 여기면서 달리는 모습을 볼 때마다, 객차 안에 갇힌 개인과 개인의 개성에 추호의 주의도 기울이지 않는 저 철차를 비교하면 위험하다. 위험하다, 조심하지 않으면 위험하다고 생각한다. 현대문명은 이렇게 위험해서 코를 찌를 만큼 가득 차 있다. 앞길 캄캄한 어둠속에서 맹목적으로 움직이는 기차는 위험한 표본의 하나이다.

그렇게 틀에 갇힌 개인들의 울분이 한계에 도달했을 때 「제2의 프랑스 혁명」이 일어날 것이라고 소설 속의 「나」는 상상한다. 하지만 「혁명」이라는 말은 현재는 약간 현실감이 떨어진 것처럼 들린다. 『풀베개』 시대에는 그래도 혁명의 개념이 현실적이었다. 실제로 『풀베개』가 쓰인 때는 1906년으로, 그 전년에는 제1차 러시아 혁명이 일어났다. 위에서 인용한 문장은 여행 때 알게 된 젊은 사람이 러일전쟁에 참전하는 것을 역까지 배웅하러 가는 장면이다. 이 장면은 젊은이가 보내진 곳에서 「제2의 프랑스혁명」의 불씨가 피어오르는 것을 「내」가 느꼈음을 암시하는 표현인지도 모른다.

하지만 오늘날 혁명의 개념은 예전만큼 힘을 갖고 있지 않다. 바우만에 따르면 개개인의 울분이 모여서 지배적 시스템을 전복시키려는 형태의 혁명은 근대화

단계가 더 진행된 사회에서는 일어날 것 같지 않다. 왜냐면 혁명이 일어나기 위해서는 시스템의 핵심을 상징하는 장소가 있어야 하는데, 현대의 시스템에는 그것이 없다. 또는 적어도 우리는 그 핵심이 어디에 있는지를 정확히 파악할 수 없다. 이것이 현대사회가 모바일이라는 진짜 의미이다. 「혁명의 시대가 끝났다고 한다면, 그것은 통제 데스크가 설치될 만한 건물의 체제가 만들어지지 않았기 때문이고, 혁명가가 뛰어들어 점거할 만한 체제의 상징이 없어졌기 때문이다」.

20세기가 막을 내리던 시점에서 바우만은 근대화의 현 단계를 특징짓기 위해서 「유동화」라는 말을 사용했다. 유체는 일관된 형태를 유지하지 않고 끊임없이 변화하면서 가볍게 이동한다. 하지만 유체는 자유롭게 형태를 바꾸거나 움직이는 것이 아니라 그 형태나 운동은 유체가 들어있는 용기에 의존한다. 초기 근대에는 개인의 유동화가 발생했지만 그로 인해 사람들은 새롭고 더 강력한 시스템 속으로 흘러들어갔다.

그러나 바우만이 더 강조한 것은 시스템 자체의 유동화였다. 현대사회에 있어서 개인뿐만 아니라 시스템조차도 모바일이 되었다. 이유는 몇 가지 있다. 하나는 이동과 정보통신을 위한 테크놀로지나 사회적 통제를 위한 조직과 제도가 발전했다는 것이다. 이로 인해 관리자는 더 멀리서도 효과적으로 피관리자의 동향을 파악하고 그들에게 영향력을 행사할 수 있게 되었다.

다시 길가메시와 훔바바를 떠올려 보겠다. 우루쿠와 레바논 사이의 약 2,000km 거리는 당시에는 효과적으로 권력을 작동시키기에는 불가능한 거리였다. 하지만 정보통신기술과 이동기술 그리고 통제를 위한 조직과 제도가 발달함에 따라 관리자가 제어할 수 있는 가능거리가 넓고 멀어졌다.

시스템이 유동화된 또 한 가지 이유는 현대에 가장 강대한 힘을 가진 권위의 원천이 자본이라는 점이다. 즉 더 많은 자본을 가진 것이 더 큰 권력을 갖게 되었다. 자본은 그 본성으로 보아 유동적이다. 왕이나 귀족이 아니라도 또 신과의 커넥션이 없어도 자본을 갖고 있으면 누구나 권력을 가질 수 있다. 같은 금액의 화폐는 왕이 갖고 있거나 신하가 갖고 있어도 똑같은 가치와 힘을 갖는다. 그래서 현대에서는 시스템을 담당하는 권위도 활발히 움직이지 한 곳에 머물지 않는다.

현대는 시스템에 편입된 사람들은 혁명을 일으키려고 해도 일으킬 수 없다. 그뿐 아니라 사람들은 자신들이 「편입되고」, 「운반되고」 있다는 사실조차 모른다. 그들은 자신의 의지로 기차(오로지 시스템을 기차로 비유하는 것이 적절하지는 않지만)를 타고 있다고 생각한다. 심지어는 거기에 타는 것이 자신의 능력에 어울린다고 생각하게끔 지배 받는다.

왜냐하면 사람들이 모바일이 되어 시스템의 작용을 보기 힘들어짐에 따라, 어떤 사람이 세계의 어디에 있고, 무엇을 하고 있는지 또는 그 사람이 누구인지는 그 사람 개인의 능력과 선택의 문제로 되어 있기 때문이다. 어떤 때는 개인의 울분이 그냥 개인적인 것으로 치부되지 결코 공공의 것으로 커지지 않는다고 '바우만'은 지적한다.

마찬가지로 영국에서 글을 쓰기 위해서 저임금 일을 찾다가 아마존에 위장취업까지 한 저널리스트 제임스 블러드워스는 「가난한 사람들이 그런 상태에 빠진 것은 그들 자신의 낮은 윤리나 인생의 무책임한 선택 때문이다」라는 메시지가 현대사회에서는 넘쳐난다고 진단한다. 「어떤 인물이 마냥 비참한 일만 계속하더라도 문제되지 않고 받아들여진다. 그러면서 그 인물에게는 그 이상의 능력이 없었을 뿐이라고 판단받게 된다」.

현대사회에서는 원칙적으로 개인에 대해 다양한 자유가 인정된다. 그리고 개인은 다른 사회적 계층 사이의 이동이 가능하다. 하지만 실제로는 시스템에 의해 부과된 엄격한 제약에 묶여 있어서 그렇게 큰 자유를 누릴 수 있는 것은 아니다. 그리고 그것은 가난한 사람에게 더 잘 적용된다.

즉 가난한 사람일수록 부자유스럽고 적은 선택지밖에 주어지지 않는다. 그리고 그들에게 주어지는 선택지는 어떤 것도 그들의 혹독한 생활조건을 해소해 줄 수 있는 것은 아니다. 왜냐면 시스템을 관리하는 것은 부유한 사람이고, 그들이 부유한 것은 주로 가난한 사람들이 존재하기 때문이다.

부유한 사람들이 계속해서 부유하기 위해서는 가난한 사람들이 계속 가난한 상태로 있어야 한다. 그래야 「당신에게는 자유가 주어져 있으므로 당신 같은 경우는 자신이 선택한 결과다」라는 허구를 들이대기가 편리하다. 그렇게 해야 가난한 것은 비난받아야 하고, 부유한 것은 칭찬받아야 한다는 주장을 할 수 있기 때문이다.

여기서 서민이 서민으로서 끝냈을 때 축복 받는 다거나, 노동자 계급의 일을 하는 사람들이 존경 받는 일은 절대로 없다. 대신에 존경 받는 것은 사회적 유동성이라는 불안정한 기어를 단단히 움켜잡고 그 곳에 남은 인간들의 등을 밟고 계급의 계단을 뛰어올라간 사람들이다.

5. ▶ 다음은 무엇이?

르네상스 시기의 인문주의 중심에는 인간에게 자유의지가 있고, 무한한 발달 가능성을 갖고 있다는 이념이 있었다. 철학자 피코 델라 미란돌라는 「인간은 생활을 스스로 선택하고 있으므로, 우주의 질서 속에서 고정된 위치를 계속 차지할 필요 없이 카멜레온처럼 바꿀 수 있는 자유로운 존재」라고 말했다. 또 인문학자 레온 바티스타 알베르티는 「인간의 의지만 있으면 무엇이든 할 수 있다」고 말하기도 했다.

하지만 실제로 인간이 발휘할 수 있는 자유는 상당히 한정적이었다. 근대화 과정에서 전통적 권위가 쇠퇴함에 따라 「유동화」하고 「모바일」이 된 개인 대부분은 새롭게 성립된 다른 다양한 시스템 속으로 편입되었기 때문이다. 그리고 그들은 시스템을 가동시키는 동력으로서의 역할을 담당하게 되었다.

나아가 후기 근대 때는 유동화가 개인이 더 모바일이 된 것 이상의 의미를 갖게 되었다. 더 극적인 변화는 사회를 지배하는 시스템마저도 유동화되었다는 점이다. 그것을 「포스트 파놉티콘(Post Panopticon) 시대」라는 말로 특징짓는다.

파놉티콘이란 18세기 말에 철학자 제리미 밴섬이 고안한 감옥 모델이다. 거기서는 부지 중앙에 감시탑을 두고 그 주변으로 원형 모양의 독방이 배치된다. 감시탑에서는 각 독방 안을 감시할 수 있지만 독방에서는 감시자의 모습이 보이지 않는다. 그로 인해 감시자가 없을 때도 죄수는 감시자의 시선을 의식해야 하는 상황에 놓인다. 작가 미셸 푸코는 이 원리가 근대사회의 권력을 이용하는 원리로서, 도처에서 응용되고 있음을 지적했다.

그러나 포스트 파놉티콘 시대에서 시스템을 지배하는 권위가 오로지 부지 중앙에 솟은 탑 안에 앉아 있는 것만은 아니다. 예전의 좋은 파놉티콘에서는 죄수들이 감시자를 볼 수는 없지만, 감시자가 어디서 그들을 지켜보고 있는지를 알고 있다. 한편 포스트 파놉티콘 시대에는 감시자는 정해진 장소가 없고, 죄수들은 자신들이 감시되고 관리되고 있다는 것을 눈치조차 채지 못한다.

권위는 분산되고, 원격화되고, 자동화되어 어딘지도 모르는 장소에서 또는 아무 것도 아닌 장소에서 또는 모든 장소에서 감시의 눈과 관리의 손을 작동시킨다. 이렇게 시스템을 맡는 권위 또는 시스템 그 자체가 유동화된 것이 후기 근대이다.

앞서의 알베르티는 문학, 건축, 회화, 철학 등 폭넓은 분야에서 뛰어난 능력을 발휘한 인문학자였다. 그에게는 「다음은 무엇?(QUID TUM)」이라는 신조가 있었다. 역사학자 이케가미 슌이치(池上 俊一)에 따르면 이 말은 「아무 것도 완성되지 않는다, 모든 것은 미완 상태에 있으면서 영속적으로 시작되고 지속을 반복할 뿐 불변·부동의 모습은 어디에도 없다」는 것을 의미한다. 이 묘사는 현대사회의 다양한 시스템 그리고 테크놀로지에 대해서도 적용된다.

현대의 테크놀로지 전도사 케빈 켈리는 앞으로의 테크놀로지 트렌드를 결정하는 12가지 추진력 가운데 첫 번째로 「becoming」을 든다. 현대의 테크놀로지 대부분은 무언가 지금과는 다른 것으로 「되어 가는(becoming)」 과정에 있다. 그것들은 항상 다음 버전으로 업데이트, 업그레이드 되어야 할 것들로서만 존재한다. 바꿔 말하면 현대의 테크놀로지는 영원히 미완성으로 존재한다는 것이다.

인터넷 그 자체가 무엇보다 「becoming」을 나타낸다. 1969년, 미 국방성 고등연구기획국(ARPA)의 관리 하에 탄생한 컴퓨터 네트워크 알파넷(ARPANET)이 인터넷의 전신이다. 미국에게 알파넷의 의의는 소련에 의한 핵공격으로 미군의 지휘계통이 다운되는 사태를 피하는 것에 있었다. 그러나 알파(ARPA)에서 활동하는 과학자들에게 알파넷의 최대 이점은 당시 매우 귀중한 자원이었던 컴퓨터 타임을 효율적으로 공유하는 것이었다. 그러나 그것은 이메일을 매개로 개인적인 커뮤니케이션을 하기 위한 용도로도 이미 사용되었다. 1985년에는 전미 과학재단인 NSFNET이 만들어져 알파넷이 거기로 흡수되었다.

이 네트워크는 당초 상업적 이용이 금지되었으나 1988년에는 네트워크가 상업적 이용으로 개방되었다. 1991년에는 과학자 팀 버너스-리가 고안한 마크업 언어 HTML로 링크된 World Wide Web이 인터넷 상에 실현되었다. 1993년에는 개인적 차원의 로컬 네트워크를 통합한 세계 규모의 단일 네트워크가 탄생했다. 이렇게 원래는 미국방성의 연구개발기관 관리 하에 있었던 네트워크가 특정 관리자가 없는, 거대하고 복잡할 뿐만 아니라 무질서한 정보 플랫폼으로 발전했다.

인터넷이 막 생겼을 무렵, 많은 사람이 그 가능성에 대해 회의적이었다. 미국의 방송 네트워크 회사 ABC사의 부사장인 스티브 와이즈와서는, 인터넷은 「90년대 아마추어 무선 같은 것이 될 것」이라고 켈리에게 말했다고 한다. 하지만 인터넷은 곧바로 폭발적으로 보급되었다. 2005년에 「Web 2.0」개념이 제기되자 사람들은 그 아이디어에 열광하면서 인터넷이 정보를 「자유화」, 「민주화」하기를 기대했다. 누구나 쉽게 모든 정보를 구할 수 있을 뿐만 아니라 누구나 자유롭게 세계를 향해 정보를 보낼 수 있게 될 것이다, 개방적이고 평등한 논의의 장이 만들어져 사람들은 서로를 더 잘 이해할 수 있을 것이라고.

실제로 사람들은 인터넷을 이용해 놀랄 만큼 적극적으로 정보를 교환하기 시작했다. 그리고 그것을 지원하는 다양한 서비스, 플랫폼도 제공되었다. 그러나 당초의 기대는 얼마 지나지 않아 어긋나게 되었다. 점점 인터넷으로 유통하는 정보의 대부분이 소수의 거대한 IT기업에게 장악되고, 제어되었기 때문이다.

현재 인터넷에서 가장 강력한 힘을 갖고 있는 것은 구글(Google)이나 아마존 닷컴(Amazon.com), 페이스북(Facebook, 메타로 변경)으로 대표되는 거대 플랫폼 기업들이다. 그들의 공통점은 그들 사업이 타인의 활동, 타인이 생성하는 제품이나 서비스, 콘텐츠에 크게 또는 전면적으로 의존한다는 것이다.

이런 비즈니스가 인터넷에서 가장 힘을 갖게 된 이유는 그것이 가장 큰 규모이기 때문이다. 스스로 콘텐츠를 만들거나, 서비스를 제공하는 데는 그 양에 한계가 있다. 하지만 콘텐츠나 서비스를 제공하는 측과 소비하는 측을 매칭시키는 데 있어서는 그 규모가 무한대이다. 게다가 플랫폼 이용자가 증가하면 할수록 콘텐츠 생산자나 소비자에게 플랫폼을 이용하는 인센티브가 많아진다. 왜냐면 생산자에게 큰 플랫폼 쪽이 자신의 콘텐츠에 대한 수요가 많이 존재한다고 예상되기 때문이다.

소비자에게는 자신이 원하는 콘텐츠를 그 플랫폼에서 찾을 가능성이 높기 때문이다. 또 생산자와 소비자의 매칭에 콘텐츠와 수요를 적절히 평가하는 것이 결정적으로 중요한데, 인터넷에서는 그를 위해 필요한 정보조차도 이용자가 제공한다.

전형적인 것이 아마존닷컴의 추천 시스템이다. 아마존닷컴은 사용자의 열람, 구매, 리뷰 등의 활동에 기초해 어떤 사용자가 어떤 상품에 흥미를 갖고 있는가를 예측해 추천한다. 그리고 여기서도 또 스케일이 모든 것을 말해 준다. 콘텐츠와 이용자 수가 많으면 많을수록 어떤 사람이 어떤 콘텐츠를 원하는지를 나타내는 데이터가 모이게 되고, 그것을 통해 매칭 정확도가 높아지기 때문이다.

자본주의 사회에서는 방치해 두면 자본은 한 곳으로 모이는 경향이 있다. 왜냐면 거기서는 자본이 힘의 원천이고 힘은 다시 더 많은 자본을 끌어당기기 때문이다. 그러나 자본의 과도한 집중은 공정한 경쟁을 저해한다. 그래서 사회에는 자본의 과도한 집중을 방지하기 위해서 다양한 견제장치를 만들어 놓는다.

현대 사회에서는 데이터 및 사람들의 관심이 자본과 똑같은 작용을 한다. 데이터를 많이 갖고 사람들의 관심을 끄는 플랫폼이 큰 힘을 갖는다. 뿐만 아니라 데이터나 사람들의 관심도 그것이 이미 많이 모여 있는 곳으로 점점 몰려드는 경향이 있다. 현대의 경제를 데이터 경제 또는 관심경제(attention economy)로 부르는 이유이다.

이렇게 전 세계 사람들이 자유롭게 콘텐츠를 공개하고 평등하게 정보를 주고받을 수 있는 장이었던 인터넷이 콘텐츠와 정보 유통, 소비를 장악한 일부 거대 플랫폼 기업에 좌지우지되고 있다. 플랫폼 비즈니스의 관건은 어떻게 사람들의 관심이나 욕구를 파악·자극해서 새로운 콘텐츠를 만들어내느냐이다. 또 한편으로 사람들에게 적절한 콘텐츠에 접근하는 방법을 제시하는 것이다. 그렇기 때문에 플랫폼 기업들은 사람들에 대한 데이터, 온라인에서의 행동기록을 탐욕스럽게 수집하고 거기에 기초해 사람들의 행동을 예측한다.

사람들에 관한 데이터는 인터넷 비즈니스 외적으로도 유용하다. 사람들의 데이터와 온라인에서의 행동을 통해 그 사람의 다양한 속성을 추측할 수 있기 때문이다. 예를 들면 특정한 병을 앓고 있거나 또는 미래에 걸릴 가능성, 폭력적 경향을 가질 가능성, 파산할 가능성, 특정 정당을 지지하고 있을 가능성 등이 온라인에서 수집하는 데이터로부터 어느 정도 추측할 수 있다는 것이다.

행동이나 속성을 추측할 뿐만 아니라 그들은 사람들의 행동에 개입해 그것을 자신들에게 유리하도록 바꾸는 것도 가능하다. IT기업은 이런 데이터나 거기에 기초한 추측을 다른 기업에게 파는 것으로도 큰 이익을 얻을 수 있다. 이제 곧 인터넷은 거대 IT기업이 이용자 콘텐츠와 데이터를 낚아서 이익으로 바꾸는 사냥터 또는 콘텐츠와 데이터를 생성시키기 위해서 사람들을 익숙하게 키우는 축사 같은 양상을 띨 것이다. 작가 '쇼샤나 주보프'는 이것을 평가하기를 「감시 자본주의(surveillance capitalism)」라고 표현한다.

대략 1세기 전, 나쓰메 소세키(夏目 漱石)는 기차가 당시의 문명을 상징하는 것이라고 생각했다. 기차는 거대한 존재감과 강력한 마력을 갖고서, 융통성도 없이 많은 승객을 좁은 객차에 싣고는 승객 한 명, 한 명에게 아무런 주의도 기울이지 않고 사전에 정해진 노선 위를 정해진 속도로 질주한다. 그것은 산업혁명과 산업자본주의 그리고 개인적 자유의 확대와 새로운 시스템으로의 종속이라는, 여러 가지 요소가 뒤섞여 있는 것을 나타낸다.

그렇다면 현대 문명을 상징하는 탈 것은 무엇일까. 어쩌면 현대의 탈 것으로 상징하려는 것은 빗나간 시도일 것이다. 현대문명을 상징 지으려면 탈 것이 아니라 우버(Uber) 같은 배차 서비스 쪽이 적합하다. 그것은 눈에 보이는 정해진 형태가 없으며 융통성이 있고 스마트하며, 개인의 상황에 맞춰준다는 의미에서 기차와는 대조적이다.

우버는 자동차나 운전사도 없는 택시회사로서, 세계적으로 많은 나라에서 이용되고 있다. 우버와 계약한 운전사는 스마트폰에 있는 우버 어플을 통해 자신의 비어 있는 시간을 자신의 의지에 따라 제공한다. 우버는 돈을 지불하고 이동하고 싶은 사람과 이동을 제공하고 보수를 얻고 싶은 사람을 매칭한다. 우버는 스스로 물건이나 서비스를 제공하는 것이 아니라 서비스에 대한 접근을 지원한다. 유튜브에 동영상을 올리는 사람들이 구글 사원이 아닌 것과 마찬가지로, 우버 요청으로 승객을 이동시키는 운전사는 우버 사원이 아니다.

우버 같은 비즈니스 형태를 「긱 경제(Gig Economy)」라고 한다. 「긱(Gig)」은 원래 뮤지션이 단발로 계약하는 라이브 공연을 가리키는 말이다. 긱 경제라는 말은 특정한 고용관계를 맺지 않고 자신의 기술에 의존해 당당하고 자유롭게 세계를 돌아다니는 프리랜서 같은 이미지를 떠올리게 한다. 하지만 실태는 그렇게 멋지지 않다. 실제로 우버 일을 청부받아 일해 본 블러드워스는 다음과 같은 말을 했다.

그러나 실제로는 일 대부분이 엄격히 "관리"되고 있었다. 일단 도로에 나가면 요청 받은 수, 요청 받은 일의 종류, 취소 유무가 스스로를 드라이버의 "파트너"라고 불리기 좋아하는 조직에 의해 엄중히 감시 받았다.

우버는 승객의 요구를 신속히 만족시키기 위해서, 요청에 대응할 수 있는 준비된 운전사를 가능한 한 많이 도로 상에 대기시켜 둘 필요가 있다. 그 때문에 우버는 새로운 운전사와 계약하면서 운전사가 요청을 거부할 수 없도록 하는 구조를 만드는데 열심이다.

구체적으로는 요청을 거부하는 일이 많은 운전사에게는 일정 시간 어플을 이용하지 못하도록 하거나, 계정을 정지하는 식의 조치를 취한다. 블러드워스는 「운전사에게 실제로 제공되는 한정적 유연성이라고 해야 어플의 온과 오프를 전환하는 타이밍을 결정하는 것밖에 없었다」고 설명한다.

어플을 켜놓고 있을 때는 요청이 들어오고 대략 15초 이내에 그 일을 할 것인지, 다른 운전사에게 넘길 것인지를 결정해야 한다. 요청의 80% 이상을 받지 않으면 운전사는 「어카운트 스테이터스」를 유지하지 못 한다. 즉 어플을 켜두고 있을 때는 언제든 완전히 우버의 요청을 받아들일 준비가 되어 있어야 하는 것이다.

회사의 감시 외에 승객의 평가도 있다. 승객은 우버를 이용한 뒤 운전사에 대한 별 1개부터 5개까지 주는 평가를 한다. 평가가 내려가면 사무소로 「연수」를 위해 호출되고, 평균 평가가 4.5를 밑도는 상태가 계속되면 어플 사용이 정지되는 경우도 있다. 그런데 저평가가 반드시 운전사의 책임이라고는 할 수 없다.

예를 들면 정체로 인해 도착이 지연된다든가, 승객이 잘못된 픽업 장소를 입력하는 바람에 승객을 제때 태우지 못하는 트러블이 원인인데도 승객은 운전사에게 저평가를 내리는 경우가 있다. 평가가 낮은 운전사 가운데는 승객에게 물이나 과자를 제공하는 식으로 평가를 회복하기 위해 노력하는 사람도 있다.

이렇게 엄격히 관리되고 있는데도 불구하고 운전사들은 피고용자가 아니기 때문에 법률에 의해 보호되는 노동자 권리도 갖지 못한다. 보수는 성과급 방식이고 금액은 우버가 일방적으로 정한다. 최저임금 보장도 없고 산재를 회사가 부담하는 경우도 없다. 대기하는 운전사가 너무 많으면 개별 운전사의 소득은 줄어든다. 하지만 운전사가 아무리 많아도 우버에게는 아무런 손해도 없다. 우버는 승객을 태운 운전사에게 그 대가만 지불하면 되기 때문이다. 운전사의 과잉비용은 개별 운전사에게 전가되는 것이다.

요컨대 긱 이코노미란 자유·독립이라는 미명 하에 노동자를 착취하는 새로운 수법이다. 서비스를 받는 쪽에서는 기본보다 싸고 편리하게 서비스를 받는다는 이점이 있다. 하지만 그 이점은 명확히 누군가가 불안정하고 저임금의 노동에 종사함으로써 얻게 되는 이점이다. 그런 한편 플랫폼을 제공하는 쪽은 막대한 이익을 올린다. 현재 이런 비즈니스가 여러 분야로 확대되고 있어서 「고객은 잔디깎기나 클리닝, 정원손질 등을 스스로 하지 않고 자신의 형편에 맞게 의뢰하면 실시간으로 누군가 싸게 대행해준다」.

켈리는 이런 테크놀로지의 트렌드는 불가피한 것으로 보고, 또 우리들 생활을 더 편리하게 해주는 것이라 환영한다. 『〈인터넷〉다음에 오는 것』의 각 장 마지막에는 미래의 생활 예측이 묘사되어 있다. 「액세싱(ACCESSING)」으로 이름 지어진 장에서는 의복과 탈 것, 미술품, 생활용품, 주태 등 모든 것이 서비스로 제공되기 때문에 소비자는 아무 것도 소유하지 않고 그때그때마다 필요한 서비스에 즉시 접근할 수 있는 생활 방식이 그려진다. 하지만 이런 시스템을 떠받치기 위해서 얼마나 많은 사람들이 겨우겨우 살아가는 수준의 임금으로, 알고리즘과 스마트폰에 의해 엄격히 관리되면서 가혹한 노동에 종사해야 하는지는 그리고 있지 않다.

켈리가 쓴 것과 블러드워스가 쓴 책을 비교해서 읽으면, 우리는 가까운 미래에 프리츠 랑의 영화 『메트로폴리스』같은 사회에서 살아가게 될 것이라는 느낌이 든다. 『메트로폴리스』에서 그려지는 사회에서는 테크놀로지가 고도로 발달해 있지만, 그 혜택을 받을 수 있는 것은 일부 부유한 지배계급 사람들로 한정된다. 같은 사회의 하층부에서는 가난한 사람들이 기계부품 같이 가혹한 노동에 종사 당한다. 그러나 지배계급 대부분은 자신들의 생활이 노동자들의 희생 위에서 존속되고 있다는 사실을 모른다.

『메트로폴리스』속에서는 반복적으로 「머리와 손을 매개하는 것은 마음이 아니면 안 된다」고 하는 슬로건이 나타난다. 거기서는 노동자가 놓인 비참한 상황에 대해 알게 된 한 명의 상층계급 청년이 「마음」으로 「머리(지배자)」와 「손(노동자)」 사이를 중개하려고 노력한다.

현대사회에서는 관리하는 사람과 관리되는 사람 사이에 점점 「마음」이 없는 네트워크와 알고리즘, 소프트웨어, 어플에 의해 중개되고, 그를 통해 관리되는 사람들은 관리자에게 있어서 단순한 데이터, 통계적 숫자에 지나지 않는다. 우버의 공동설립자로 예전 CEO였던 트래비스 칼라닉은 임금에 대해 불만을 제기한 운전사와 논의하다가 운전사에게 「스스로 자신의 결점을 고치지 못하는 사람들이 있다. 그런 사람들은 인생의 모든 것을 다른 사람의 탓으로 돌린다」고 발언했다고 한다.

이렇게 가난한 사람들에 대해 그 가난을 비난하는 주장을 드물지 않게 보게 된다. 그 배경에는 우리들 마음 어느 한 구석에 이 세계는 그다지 불합리하지 않을 것이라는 신념을 갖고 있기 때문이다. 이것은 심리학에서 널리 연구되고 있는 인지 선입관 가운데 하나로서, 「공정세계 신념」이라고 한다. 인간의 세계에는 당연히 공정한 질서가 있어야 한다는 바람을 갖고 있어서, 그로인해 완전히 불합리하고 불행에 빠지는 등의 일은 있어서는 안 된다고 생각한다. 그래서 불행에 빠진 사람을 보면 거기에는 어떤 정당한 이유가 있을 것이라고 추론해 버린다. 「자유롭고」, 「공정」한 이 세상에서 가난은 태만과 천박한 생각, 나쁜 행동의 증거이다. 따라서 가난한 사람들이 스스로의 처지에 대해서 항의하는 것은 전혀 사리에 맞지 않다는 논리인 것이다.

이 추론은 반대로도 적용할 수 있다. 즉 우리들은 성공한 사람이 능력이 있고, 노력하고, 세상을 더 좋게 하는데 공헌하는 등 어떤 이유가 있어서 성공한 것이라고 생각하기 쉽다. 그러나 실제로는 성공한 사람과 그렇지 않은 사람의 큰 차이는 아주 약간의 운의 차이였을 지도 모른다. 현대사회에서 권력의 큰 원천인 자본과 데이터 및 사람들의 관심은 그것이 많이 있는 곳으로 계속해서 집중되는 경향을 갖고 있기 때문이다. 그리고 공정세계 신념은 그런 편중을 정당화하는 역할을 맡는다.

가난이 반드시 의지나 능력의 문제만은 아니다. 약자에게는 실제로 약간의 선택지밖에 주어지지 않고, 또 그 약간의 선택지도 그들을 역경에서 빼내주지 않는다. 하지만 실제로는 칼라닉처럼 약자에 대한 비난을 서슴없이 하는 사람들조차도 그렇게 자유롭지 않을지 모른다. 근대에 들어와 더 큰 자유를 얻은 개인이 새로운 시스템 속에 편입되었던 것처럼, 유동화된 시스템 관리자 또한 더 큰 사회 구조 및 인지와 감성의 메커니즘에 갇혀 있다. 그들 또한 「사회적 유동성이라는 불안정한 레버」에 매달리는데 필사적이기 때문이다.

6. ▶ 지속가능한 발전과 끝없는 불만족

1969년은 인터넷의 전신인 알파넷(ARPANET)이 탄생한 해이다. 그리고 미국이 위신과 막대한 예산을 투입한 아폴로 계획을 통해 인류 최초의 달 착륙이 있었던 해이기도 한다. 그로부터 반세기가 더 지난 현재, 인터넷을 이용해 사상 유례가 없는 대부호로 떠오른 아마존닷컴의 창업자 제프 베조스는 항공우주기업 블루 오리진을 설립해 다시 인류를 달에 보낼 계획을 세우고 있다. 블루 오리진의 최종 목표는 인간이 우주로 이주할 수 있도록 하는 것이다.

인간이 우주를 지향하는 이유는 600만 년 전에 우리들 조상이 아프리카 삼림에서 사반나로 진출한 이후, 인류가 걸어온 것의 자연스러운 연장이고 필연적인 다음 단계로 생각된다. 인류는 끊임없이 새로운 곳을 찾으면서 이동했고, 이동한 곳의 환경을 바꿔가면서 테크놀로지와 문명을 발전시켰다.

테크놀로지의 발전은 인간의 행동능력과 인지능력을 확장했고, 그 확장된 능력은 다시 테크놀로지의 발전을 추진했다. 이리키 아츠시(入來 篤史)는, 인간의 뇌는 성장을 전제로 해서 디자인되어 있다고 말한다. 그뿐만 아니라 아마도 우리들 마음은 성장과 전진, 변화, 발전, 진보, 프런티어 개척, 새로운 것에 대한 도전 등의 아이디어를 바람직하다고 느끼도록 튜닝되어 있다. 그렇게 인간은 아직 보지 못한 더 좋은 장소를 찾아서 계속해서 이동할 것이다.

항상 새로운 장소를 찾지 않고는 그냥 있을 수 없다는 것은 현재 상태가 계속 불만족스럽다는 뜻이기도 하다. 케빌 켈리는 테크놀로지가 인간의 이런 심성에 박차를 가하는 측면이 있다고 분석한다. 테크놀로지는 우리들 마음에 「구멍을 뚫고 있다」고. 테크놀로지가 아무리 발전해서 생활이 개선된다 하더라도 우리는 그 시점의 생활을 기준으로 생각하고 그 이상을 추구한다. 새로운 테크놀로지가 우리를 만족시키지 않고 오히려 더 새로운 갈망을 자극하는 것이다. 그래서 우리는 영원히 만족하지 못한다. 하지만 켈리는 「테크놀로지가 불러오는 끝없는 불만족은 축복」이라고 선언한다. 왜냐면 「그 불만족이야말로 우리의 창조성이나 성장의 계기가 되었다」고 보기 때문이다.

켈리의 주장은 일리가 있다. 사람들의 커지는 욕구가 경제성장과 테크놀로지 발전의 원동력이고, 현재의 경제 시스템 또한 「성장을 전제로 디자인」되었다. 모든 인간이 현재 상태에 만족하게 되면 그 결과는 틀림없이 파괴적인 공황을 불러올 것이기 때문이다. 그런데 우리는 대체 어디까지 성장애 나갈까. 20세기 후반에는 문명의 진보나 경제성장의 한계를 의식한 비관적 주장도 많았다. 지구는 한정되어 있고 닫힌 환경이라 인간이 이런 추세대로 경제활동을 계속하면 멀지 않은 장래에 자원은 고갈되고, 자연환경은 회복할 수 없을 만큼 파괴될 것이다. 그런 경고가 여기저기서 제기되었다. 현대에서도 예를 들면 우리는 기후위기라는 큰 문제에 봉착해 있다. 물론 현재까지를 돌아보면 테크놀로지의 발전과 인간의 자성이 성장 한계를 밀어 올려서 천정을 자극하기까지는 아직 여유가 있을 지도 모른다. 하지만 지구가 언제까지나 인간에게 풍요로움만을 계속 제공할지는 아무도 모른다.

인간은 테크놀로지를 통해 성장한계를 높이고, 테크놀로지를 통해 증대시킨 욕망으로 다시 성장한계를 강요해 왔다. 욕망과 성장의 과당경쟁이 인간을 어떤 결말로 이끌어 갈까. 누구도 확실한 결말을 말하기 힘들 것이다. 낙관적인 사람들은 지금까지 테크놀로지가 여러 가지 문제를 해결해 왔듯이, 인간이 지금 이 대로 성장애 나갈 수 있을 것이라고 말한다.

그렇기는 하지만 테크놀로지가 어떤 박자에 조금 비틀거리기라도 하는 사이에 욕망의 과속으로 인해 충돌할 가능성도 있을 것이다. 또 한 가지 가능성은 인간이 어딘가에서 「끝없는 성장」이라는 생각에 지쳐서, 이 끝 모를 과당경쟁에서 내려오는 경우이다.

고대로부터 철학자, 종교가 대부분은 너무 과도한 욕망이 인간 불행의 원천이라고 지적하며 탐욕에 대해 충고해 왔다. 가장 철저히 욕망의 억제를 설파해온 사상 가운데 하나가 불교일 것이다. 철학자 우에다 시즈테루(上田 閑照)는 인류 발전의 과정이 너무나 급격해서 인간 자신과 환경을 위협하고 있다고 하면서, 그 시작은 인간이 직립해서 걷기 시작한 것이라고 말한다.

직립에 의해 열리게 된 세계를 멀리까지 바라다보면서부터 인간은 세계 속에서 스스로의 중심성을 의식하게 된 것이라고 우에다는 생각한다. 우에다는 좌선이라는 불교의 전통적 실천 속에서 직립에 의해 얻게 된 인간 우위성을 일시적으로 내려놓고 아무 것도 하지 않고, 아무 것도 쫓지 않고, 아무 것도 생각하지 않는 자각적 수행으로서의 의의를 찾아낸다. 그렇게 해서 스스로를 「무(無)로 만든」 다음 다시 일어섰을 때, 세계는 인간을 위한 제작의 대상으로 보지 않는 눈이 회복되어 비로소 인간이 어떻게 할 수 없는 세계가 다시 나타난다고 생각한다.

불교도도 아니고 좌선을 해본 적도 없는 필자는 우에다가 말하는 것을 충분히 이해할 수는 없다. 하지만 거기에는 문명 과당경쟁의 결말 가운데 하나가 보인다고 생각한다. 테크놀로지를 신봉하는 사람들 가운데는 테크놀로지를 통해 인간의 육체나 정신을 개조함으로써 인간을 더 뛰어난 생물로 만드는 것을 받아들여야 한다고 주장하는 사람들이 있다. 그런 사고방식을 「트랜스 휴머니즘」이라고 한다. 하지만 무슨 이유인지 그들은 인간의 욕망을 억제하도록 인간정신을 개조하자고는 말하지 않는다. 사실 불교가 가장 근본적인 트랜스 휴머니즘일지도 모른다.

인간과 테크놀로지의 미래가 어떤 모습으로 바뀔까. 나는 모르겠다. 어떻게 바뀌는 것이 바람직한지에 대해서도 확고한 의견은 없다. 이동이라는 테마로부터 약간 벗어난 느낌이므로 여기서 줄이겠다.

참고문헌

제1장

1. 사단법인 한국자동차산업협회, www.kama.or.kr.

2. 경찰청 통계자료 노인교통사고 현황 등, www.police.go.kr.

3. 국토교통부, www.molit.go.kr 등 공공기관.

4. 김용태·고령운전자의 교통위험에 대한 위험회피 정책에 관한 연구 2019.

5. Bureau of Transportation : World Motor Vehicle Production, Selected Countries, Bureau of Trans portation, United States Department of Transportation. https://www.bts.gov/content/world-motor-vehicle-production-selected-countries.

6. Transportation Research Board : Transportation in an Aging Society A Decade of Experience (2004).

7. Porter, B. E. (Eds.) : Handbook of Traffic Psychology, pp.339-351, Academic Press (2011).

8. Dixon, R. A., et al. : Characteristics of self-reported memory compensation in older adults, Journal of Clinical and Experimental Neuropsychology, 23, 5, pp.650-661 (2001).

9. Fuller, R. : Towards a general theory of driver behaviour, Accident Analysis and Prevention, 37, pp.461-472 (2005).

10. Crisler, M. C., Brooks, J. O., Drouin, N., Schold, D. E., Healy, S. L., Kopera, K. W., McKee, J. A., and Sifrit K. : The DrivingHealth® Inventory as a clinical screening tool-assessment of face validity and acceptance, Occupational Therapy In Health Care, 27, 4, pp.355-371 (2013).

11. Sivak, M. : The information that drivers use : Is it indeed 90% visual?, Perception, 25, 9, pp.1081-1089 (1996).

12. Ramachandran, V. S. : Blind spots, Scientific American, 266, 5, pp.86-91 (1992).

13. Wertheim, T. : Über die indirekte Sehschärfe, Zeitschrift für Psychologie und Physiologie der Sinnesorgane, 7, pp.172-184 (1894).

14. Peli, E. and Peli, D. : Driving with Confidence -A Practical Guide to Driving with Low Vision-, World Scientific (2002).

15. Owsley, C. and McGwin, G. Jr. : Vision and driving. Vision Research, 50, 23, pp.2348-2361 (2010).

16. Szlyk J. P., Pizzimenti C. E., Fishman G. A., Kelsch R., Wetzel L. C., Kagan S., and Ho K. : A comparison of driving in older subjects with and without age-related macular degeneration, Archives of Ophthalmology, 113, 8, pp.1033-1040 (1995).

17. Burg, A. : Vision and Driving : A Report on Research, Human Factors, 13, 1, pp.79-87 (1971).

18. Owsley, C. et al. : Impact of cataract surgery on motor vehicle crash involvement by older adults, Journal of the American Medical Association, 288, 7, pp.841-849 (2002).

19. Wood, J. M., Dique, T., and Toutbeck, R. : The effect of artificial visual impairment on functional visual fields and driving performance, Clinical Vision Sciences, 8, 6, pp.563-575 (1993).

20. Ball, K. K., Roenker, D. L., and Bruni, J. R. : Developmental changes in attention and visual search throughout adulthood. In J. T. Enns (Ed.), Advances in psychology, 69. The development of attention : Research and theory, pp.489-508 (1990).

21. McEvoy, S. P. et al. : Role of mobile phones in motor vehicle crashes resulting in hospital attendance : a case-crossover study, BMJ, 331 (2005).

22. Consiglio, W., et al. : Effect of cellular telephone conversations and other potential interference on reaction time in a braking response, Accident Analysis and Prevention, 35, 4, pp.495-500 (2003).

23. Strayer, D. 1., and Drews, F. A. Profiles in driver distraction : Effects of cell phone conversations on younger and older drivers, Human Factors, 46, 4, pp.640-649 (2004).

24. McCartt, A. T. et al. : Cell Phones and Driving : Review of Research, Traffic Injury Prevention, 7, 2, pp.89-106 (2006).

25. Törnros, J. E. B., Bolling, A. K. : Mobile phone use-Effects handheld and handsfree phones on driving performance, Accident Analysis and Prevention, 37, pp.902-909 (2005).

26. Drews, F. A. et al. : Text messaging during simulated driving, Human Factors, 51, 5, pp.762-770 (2009).

27. Charlton, S. G. : Driving while conversing : Cell phones that distract and passengers who react, Accident Analysis & Prevention, 41, 1, pp.160-173 (2009).

28. Inagami, M., Aoki, H., Iwase, A., Ito, Y., Terasaki, H., and Akamatsu, M. : Effects of simulated superior and inferior visual field loss on vehicle control performance in a driving simulator, The 23rd International Visual Field & Imaging Symposium (IPS2018), May 9-12, Kanazawa, Japan (2018).

29. Iwase, A. et al. : The prevalence of primary open-angle glaucoma in Japanese : The Tajimi Study, Ophthalmology, 111, 9, pp.1641-1648 (2004).

30. Haymes, S. A., LeBlanc, R. P., Nicolela, M. T., Chiasson, L. A., and Chauhan, B. C. : Risk of falls and motor vehicle collisions in glaucoma, Investigative Ophthalmology & Visual Science, 48, 3, pp.1149-1155 (2007).

31. Kwon, M., Huisingh, C., Rhodes, L. A., McGwin, G., Wood, J. M., and Owsley, C. : Association between Glaucoma and At-fault Motor Vehicle Collision Involvement among Older Drivers : A Popu lation-based Study, Ophthalmology, 123, 1, pp.109-116 (2016).

32. Glen, F. C., Smith, N. D., and Crabb, D. P. : Impact of superior and inferior visual field loss on hazard detection in a computer-based driving test, British Journal of Ophthalmology, 99, 5, pp.613-617 (2015).

33. Tanabe S. et al. : The association between primary open-angle glaucoma and motor vehicle collisions, Investigative Ophthalmology & Visual Science, 52, 7, pp.4177-4181 (2011).

34. Ono, T. et al. : Glaucomatous Visual Field Defect Severity and the Prevalence of Motor Vehicle Collisions in Japanese : A Hospital/Clinic-Based Cross-Sectional Study, Journal of Ophthalmology (2015).

35. McGwin, G., Huisingh, C., Jain, S. G., Girkin, C. A., and Owsley, C. : Binocular visual field impairment in glaucoma and at-fault motor vehicle collisions, Journal of Glaucoma, 24, 2, pp.138-143 (2015).

36. Cruz-Neira, C., Sandin, D. J., DeFanti, T. A., Kenyon, R. V., and Hart, J. C. : The CAVE : audio visual experience automatic virtual environment, Communications of the ACM, 35, 6, pp.64-72 (1992).

37. Donges, E. : A Two-Level Model of Driver Steering Behavior, Human Factors, 20, 6, pp.691-707 (1978).

38. Land, M. and Horwood, J. : Which parts of the road guide steering, Nature, 377, 6547, pp.339-340 (1995).

39. Zhou, J. and Peng, H. : Feedforward and Feedback Control of Lane Keeping by the Human Driver, in Proceedings ASME 2007 International Mechanical Engineering Congress and Exposition(IMECE2007) (2007).

40. American Psychiatric Association : DSM-5, Simon & Schuster (2013).

41. Eby, D. W., Molnar, L. J., and Kartje, P. S. (eds) : Maintaining Safe Mobility in an Aging Society. CRC Press (2008).

42. Hird, M. A., et al. : A systematic review and meta-analysis of on-road simulator and cognitive driving assessment in Alzheimer's disease and mild cognitive impairment. Journal of Alzheimer's Disease, 53, 2, pp.713-729 (2016).

43. Marshall, S. C., et al. : Predictors of Driving Ability Following Stroke : A Systematic Review. Top Stroke Rehabil, 14, 1, pp.98-114 (2007).

44. Cooper, P. J., et al. : Vehicle Crash Involvement and Cognitive Deficit in Older Drivers. Journal of Safety Research, 24, 1, pp.9-17 (1993).

45. Dobbs, B. M. : Medical Conditions and Driving : A Review of the Scientific Literature (1960-2000). (Report No. DOT HS 809 690). National Highway Traffic Safety Administration (2005).

46. Dubinsky, R. M., et al. : Practice parameter : risk of driving and Alzheimer's disease (an evidence-based review), Neurology, 54, 12, pp.2205-2211 (2000).

47. Roe, C. M., et al. : Preclinical Alzheimer's disease and longitudinal driving decline. Alzheimer's & Dementia : Translational Research & Clinical Interventions, 3, 1, pp.74-82 (2017).

48. Tillmann, W. A. & Hobbs, G. E. : The accident prone automobile driver : A study of the psychiatr and social background, The American Journal of Psychiatry, 106, 5, pp.321-331 (1949).

49. Hartmann, E. : Driver Vision Requirements. SAE Paper. 700392, pp.629-630 (1970).

50. Dusay, J. M. : Egograms and the "Constancy Hypothesis", Transactional Analysis Bulletin, 2, 3, pp.37-41 (1972).

51. Alexander, G. : Behavioural coaching : The GROW model. In J. Passrnore (Eds.), Excellence in coaching : The industry guide. London : Kogan page, pp.83-94 (2006).

52. Michon, J. A. : A critical view of driver behavior models. What do we know, what

should we do?, Human Behavior and Traffic Safety, Plenum Press (1985).

53. Dingus, T. A., et al. : The 100-Car Naturalistic Driving Study Phase II-Results of the 100-Car Fleld Expenment, DOT HS 810 593, Natlonal Highway Traffic Safety Administration (NHTSA) (2006).

54. SAE : Operational Definitions of Driving Performance Measures and Statistics, J2944_201506 (2015).

55. Fisher, D. L., et al. : Handbook of Driving Simulation for Engineering, Medicine and Psychology, CRC Press (2011).

56. Stoffregen, T., et al. : An Ecological Critique of the Sensory Conflict Theory of Motion Sickness, ECOLOGICAL PSYCHOLOGY, 3, 3, pp.159-194 (1991).

57. Oman, C. M. : Motion sickness : a synthesis and evaluation of the sensory conflict theory, Can. J. Physical. Pharmacology, 68, 2, pp.294-303 (1990).

58. Kennedy, R. S., et al. : Simulator sickness questionnaire : An enhanced method for quantifying simulator sickness, International Journal of Aviation Psychology, 3, 3, pp.203-220 (1993).

59. Aykent, B., et al. : Motion sickness evaluation and comparison for a static driving simulator and a dynamic driving simulator, Proc. IMechE, Part D : Journal of Automobile Engineering, 228, 7, pp818-829 (2014).

60. Papelis, Y., et al. : Study of ESC Assisted Driver Performance Using a Driving Simulator, The National Advanced Driving Simulator Project Report, The university of IOWA, Document ID : N04-003-PR (2004).

61. Lee, J. D. : McGehee, D. v., Brown, T. L., and Reyes, M. L. : Collision Warning Timing, Driver Distraction, and Driver Response to Imminent Rear-End Collision in a High-Fidelity Driving Simulator, Human Factors, 44, 2, pp.314-334 (2002).

62. Ross, S. : The First of Everything : A History of Human Invention, Innovation and Discovery, Michael O'Mara Books Ltd (2019).

63. Baudry de Saunier, Charles Dollfus, Edgar de Geoffroy : Histoire De La Locomotion Terrestre II, La Voiture, Le Cycle, L'Automobile, L'Illustration, Paris (1936).

64. T. Saito, T. Wada, K. Sonoda : Control authority transfer method for automated-to-manual driving via shared authority mode, IEEE Trans. on Intelligent Vehicles, 3, 2, pp.198-207 (2018).

65. A. Löcken, C. Golling, A. Riener : How should automated vehicles interact with

pedestrians? A comparative analysis of interaction concepts in virtual reality, Proc. of AutomotiveU1' 19, pp.262-274 (2019).

66. A. R. Palmeiro, S. van der Kint, L. Vissers, H. Farah, Joost C. F. de Winter, and M. Hagenzieker : Interaction between Pedestrians and Automated Vehicles : A Wizard of Oz Experiment, Transportation Research Part F : Traffic Psychology and Behaviour, 58, pp.1005-1020 (2018).

67. Anderson, J. R : Language, memory, and thought. Mahwah, NJ : Lawrence Erlbaum Associates (1976).

68. Salvucci, D. D. and Taatgen, N. A. : THE MULTITASKING MIND, Oxford University Press (2017).

69. Trafton, J. G., Altmann, E. M., Brock, D. P., and Mintz, F. E. : Preparing to resume an interrupted task : Effects of prospective goal encoding and retrospective rehearsal, International Journal of Human-Computer Studies, 58, 5, pp.583-603 (2003).

70. Hietanen, J. K., Myllyneva, A., Helminen, T. M., and Lyyra, P. : The effects of genuine eye contact on visuospatial and selective attention. Journal of Experimental Psychology : General, 145, 9, pp.1102-1106 (2016).

71. Verberne, F. M. F., Ham, J., and Midden, C. J. H. : Trust in Smart Systems : Sharing Driving Goals and Giving Information to Increase Trustworthiness and Acceptability of Smart Systems in Cars, Human Factors, 54, pp.799-810 (2012).

72. Beggiato, M. and Krems, J. F. : The evolution of mental model, trust and acceptance of adaptive cruise control in relation to initial information, Transportation Research Part F : Traffic Psychology and Behaviour, 18, pp.47-57 (2013).

73. Comte, S. L. : New system : New behavior?, Transportation Research Part F : Traffic Psychology and Behaviour, 3, 2, pp.95-111 (2000).

74. Koedinger, K. R. and Aleven, V. : Exploring the assistance dilemma in experiments with cognitive tutors, Educational Psychology Review, 19, 3, pp.239-264 (2007) .

75. Rushby, J. : Using model checking to help discover mode confusions and other automation surprises, Reliability Engineering and System Safety, 75, 2, pp.167-177 (2002).

76. Polanyi, M. : The Tacit Dimension, University of Chicago Press (1967) /高橋勇夫 訳 : 暗熟知の次元, 筑摩書房 (2003).

77. Metcalfe, J. and Greene, M. J. : Metacognition of agency, Journal of Experimental

Psychology : General, 136, 2, pp.184-199 (2007).

78. Ben-Yaacov, A., Maltz, M., and Shinar, D. : Effects of an in-vehicle collision avoidance warning system on short- and long-term driving performance, Human Factors, 44, 2, pp.335-342 (2002).

79. Lai, F., Hjälmdahl, M., Chorlton, K., and Wiklund, M. : The long-term effect of intelligent speed adaptation on driver behavior, Applied Ergonomics, 41, 2, pp.179-186 (2010).

80. Carroll, J. M. and Olson, J. R. : Mental Models in Human-Computer Interaction, Handbook of Human-Computer Interaction, pp.45-65, Elsevier Science Publishers (1988).

81. Norman, D. A. : The Design of Everyday Things, The MIT Press (1994).

82. Beggiato, M., Pereira, M., Petzoldt, T., and Krems, J. : Learning and development of trust, acceptance and the mental model of ACC, A longitudinal on-road study, Transportation Research Part F : Traffic Psychology and Behaviour, 35, pp.75-84 (2015).

83. Itoh, M. : Toward overtrust-free advanced driver assistance systems, Cognition, Technology & Work, 14, 1, pp.51-60 (2012).

84. Bianchi Piccinini, G. F., Rodrigues, C. M., Leitão, M., and Simões, A. : Reaction to a critical situation during driving with Adaptive Cruise Control for users and non-users of the system, Safety Science, 72, pp.116-126 (2014).

제2장

1. Fried, L. P., Tangen, C. M., Walston, J., et al. : Cardiovascular Health Study Collaborative Research Group. Frailty in older adults : evidence for a phenotype. J Gerontol A Biol Sci Med Sci., 56, 3, M146-156 (2001).

2. Taylor, J. K., Buchan, I. E., and van der Veer, S. N. : Assessing life-space mobility for a more holistic view on wellbeing in geriatric research and clinical practice. Aging Clin Exp Res., 31, 4, pp.439-445 (2019).

3. Webber, S. C., Porter, M. M., and Menec, V. H. : Mobility in older adults : a comprehensive framework. Gerontologist., 50, 4, pp.443-450 (2010).

4. Auais, M., Alvarado, B., Guerra, R., Curcio, C., Freeman, E. E., Ylli, A., Guralnik, J., and Deshpande, N. : Fear of falling and its association with life-space mobility of older adults : a cross-sectional analysis using data from five intcrnational sites. Age Ageing., 46, 3, pp.459-465 (2017).

5. Polku, H., Mikkola, T. M., Rantakokko, M., Portegijs, E., Törmäkangas, T., Rantanen, T., and Viljanen, A. : Self-reported hearing difficulties and changes in life-space mobility among community-dwelling older adults : a Two-year follow-Up study. BMC Geriatr., 15, 121 (2015).

6. Wahl, H. W., Heyl, V., Drapaniotis, P. M., Hörmann, K., Jonas, J. B., Plinkert, P. K., and Rohrschneider, K. : Severe vision and hearing impairment and successful aging : a multidimensional view. Gerontologist., 53, 6, pp.950-962 (2013).

7. Mackey, D. C., Cauley, J. A., Barrett-Connor, M., Schousboe, J. T., Cawthon, P. M., and Cummings, S. R., Osteoporotic Fractures in Men Research Group. : Life-space mobility and mortality in older men : a prospective cohort study., J Am Geriatr Soc., 62, 7, pp.1288-1296 (2014).

8. Portegys, E., Rantakokko, M., Viljanen, A., Sipilä, S., and Rantanen T. : Identification of Older People at Risk of ADL Disability Using the Life-Space Assessment : A Longitudinal Cohort Study., J Am Med Dir Assoc., 17, pp.410-414 (2016).

9. Lo, A. X., Brown, C. J., Sawyer, P., Kennedy, R. E., and Allman RM. : Life-space mobility declines associated with incident falls and fractures., J Am Geriatr Soc., 62, 5, pp.919-923 (2014).

10. Iyer, A. S., Wells, J. M., Bhatt, S. P., Kirkpatrick, D. P., Sawyer, P., Brown, C. J., Allman, R. M., Bakitas, M. A., and Dransfield, M. T. : Life-Space mobility and clinical outcomes in COPD. Int J Chron Obstruct Pulmon Dis., 13, pp.2731-2738 (2018).

11. Mezuk, B. and Rebok, G. W. : Social integration and social support among older adults following driving cessation., J Gerontol B Psychol Sci Soc Sci., 63, 5, S298-303 (2008).

12. Plouffe, L. and Kalache, A. : Towards global age-friendly cities : determining urban features that promote active aging. J Urban Health., 87, 5, pp.733-739 (2010).

13. Ble, A., Volpato, S., Zuliani, G., Guralnik, J. M., Bandinelli, S., Lauretani, F., Bartali, B., Maraldi, C., Fellin, R., and Ferrucci, L. : Executive function correlates with walking speed in older persons : the InCHIANTI study. J Am Geriatr Soc., 53, 3, pp.410-415

(2005).

14. Crowe, M., Andel, R., Wadley, V. G., Okonkwo, O. C., Sawyer, P., and Allman, R. M. : Life-space and cognitive decline in a community-based sample of African American and Caucasian older adults. J Gerontol A Biol Sci Med Sci., 63, 11, pp.1241-1245 (2008).

15. Silberschmidt, S., Kumar, A., Raji, M. M., Markides, K., Ottenbacher, K. J., and Al Snih, S. : Life-Space Mobility and Cognitive Decline Among Mexican Americans Aged 75 Years and Older. J Am Geriatr Soc., 65, 7, pp.1514-1520 (2017).

16. Giannouli, E., Bock, O., and Zijlstra, W. : Cognitive functioning is more closely related to real-life mobility than to laboratory-based mobility parameters. Eur J Ageing., 15, pp.57-65 (2017).

17. Poranen-Clark, T, von Bonsdorff, M. B., Rantakokko, M., Portegijs, E., Eronen, J., Pynnönen, K., Eriksson, J. G., Viljanen, A., and Rantanen, T. : The Temporal Association Between Executive Function and Life-Space Mobility in Old Age. J Gerontol A Biol Sci Med Sci., 73, 6, pp.835-839 (2018).

18. Fathi, R., Bacchetti, P., Haan, M. N., Houston, T. K., Patel, K., and Ritchie, C. S. : Life-Space Assessment Predicts Hospital Readmission in Home-Limited Adults., J Am Geriatr Soc., 65, 5, pp.1004-1011 (2017).

19. Sheppard, K. D., Sawyer, P., Ritchie, C. S., Allman, R. M., and Brown, C. J. : Life-space mobility predicts nursing home admission over 6 years., J Aging Health., 25. 6, pp.907-920 (2013).

20. Brown, C. J., Roth, D. L., Allman, R. M., Sawyer, P., Ritchie, C. S., and Roseman, J. M. : Trajectories of life-space mobility after hospitalization. Ann Intern Med., 150, 6, pp.372-378 (2009).

21. Loyd, C., Beasley, T. M., Miltner, R. S., Clark, D., King, B., and Brown, C. J. : Trajectories of Community Mobility Recovery After Hospitalization in Older Adults. J Am Geriatr Soc., 66, 7, pp.1399-1403 (2018).

22. Portegijs, E., Tsai, L. T., Rantanen, T., and Rantakokko, M. : Moving through Life-Space Areas and Objectively Measured Physical Activity of Older People. PLoS One., 10, 8, e0135308 (2015).

23. Studenski, S., Perera, S., Patel, K., Rosano, C., Faulkner, K., Inzitari, M., Brach, J., Chandler, J., Cawthon, P., Connor, E. B., Nevitt, M., Visser, M., Kritchevsky, S.,

Badinelli, S., Harris, T., Newman, A. B., Cauley, J., Ferrucci, L., and Guralnik, J. : Gait speed and survival in older adults. JAMA., 305, 1, pp.50-58 (2011).

24. Xue, Q. L., Fried, L. P., Glass, T. A., Laffan, A., and Chaves, P. H. : Life-space constriction, development of frailty, and the competing risk of mortality : the Women's Health And Aging Study I. Am J Epidemiol., 167, 2, pp.240-248 (2008).

25. Handy, S. L., Boarnet, M. G., Ewing, R., and Killingsworth, R. E. : How the built environment affects physical activity : views from urban planning. Am J Prev Med., 23, 2, Suppl 1, pp.64-73 (2002).

26. Van Holle, V., Van Cauwenberg, J., Van Dyck, D., Deforche, B., Van de Weghe, N., De and Bourdeaudhuij, I. : Relationship between neighborhood walkability and older adults' physical activity : results from the Belgian Environmental Physical Activity Study in Seniors (BEPAS Seniors). Int J Behav Nutr Phys Act., 11, 110 (2014).

27. Frank, L. D., Schmid, T. L., Sallis, J. F., Chapman, J., and Saelens, B. E. : Linking objectively measured physical activily with objectively measured urban form : findings from SMARTRAQ. Am J Prev Med., 28, 2, Suppl 2, pp.117-125 (2005).

28. Freeman, E. E., Gange, S. J., Munoz, B., and West, S. K. : Driving status and risk of entry into long-term care in older adults, Am J Public Health, 96, 7, pp.1254-1269 (2006).

29. Edwards, J. D., Perkins, M., Ross, L. A., and Reynolds, S. L. : Driving status and three-year mortality among community-dwelling older adults, J Gerontol A Biol Sci Med Sci., 64, 2, pp.300-305 (2009).

30. McKinnon, M. C., Yucel, K., Nazarov, A., and MacQueen, G. M. : A meta-analysis examining clinical predictors of hippocampal volume in patients with major depressive disorder, J Psychiatry Neurosci, 34, 1, pp.41-54 (2009).

31. Guo, Z., Cupples, L. A., Kurz, A., et al. : Head injury and the risk of AD in the MIRAGE study, Neurology, 54, 6, pp.1316-1323 (2000).

32. Lye, T. C. and Shores, E. A. : Traumatic brain injury as a risk factor for Alzheimer's disease : a review, Neuropsychol Rev., 10, 2, pp.115-129 (2000).

33. Wang, H. x., Karp, A., Winblad, B., and Fratiglioni, L. : Late-life engagement in social and leisure activities is associated with a decreased risk of dementia : a longitudinal study from the Kungsholmen project, Am J Epidemiol, 155, 12, pp.1081-1087 (2002).

34. Fabrigoule, C., Letenneur, L., Dartigues, J. F., Zarrouk, M., Commenges, D., and

Barberger-Gateau, P. : Social and leisure activities and risk of dementia : a prospective longitudinal study, J Am Geriatr Soc., 43, 5, pp.485-490 (1995).

35. Scarmeas, N., Levy, G., Tang, M. X., Manly, J., and Stern, Y. : Influence of leisure activity on the incidence of Alzheimer's disease, Neurology, 57, 12, pp.2236-2242 (2001).

36. Wilson, R. S., Mendes De Leon, C. F., Barnes, L. L., et al. : Participation in cognitively stimulating activities and risk of incident Alzheimer disease, JAMA, 287, 6, pp.742-748 (2002).

37. Wilson, R. S., Bennett, D. A., Bienias, J. L., et al. : Cognitive activity and incident AD a population-based sample of older persons, Ncurology, 59, 12, pp.1910-J9J4 (2002).

38. Verghese, J., Lipton, R. B., Katz, M. J., et al. : Leisure activities and the risk of dementia in the elderly, N Engl J Med., 348, 25, pp.2508-2516 (2003) .

39. Fratiglioni, L., Wang, H. X., Ericsson, K., Maytan, M., and Winblad, B. : Influence of social network on occurrence of dementia : a community-based longitudinal study, Lancet, 355, 9212, pp.1315-1319 (2000).

40. Larson, E. B., Wang, L., Bowen, J. D., et al. : Exercise is associated with reduced risk for incident dementia among persons 65 years of age and older, Ann Intern Med., 144, 2, pp.73-81 (2006).

41. Laurin, D., Verreault, R., Lindsay, J., MacPherson, K., Rockwood, K. : Physical activity and risk of cognitive impairment and dementia in elderly persons, Arch Neurol, 58, 3, pp.498-504 (2001).

42. Podewils, L. J., Guallar, E., Kuller, L. H., et al. : Physical activity, APOE genotype, and dementia risk : findings from the Cardiovascular Health Cognition Study, Am J Epidemiol, 161, 7. pp.639-651 (2005).

43. James, B. D., Boyle, P. A., Buchman, A. S., Barnes, L. L., and Bennett, D. A. : Life space and risk of Alzheimer disease, mild cognitive impairment, and cognitive decline in old age, Am J Geriatr Psychiatry, 19, 11, pp.961-969 (2011).

44. Ball, K., Edwards, J. D., Ross, L. A., and McGwin, G, Jr. : Cognitive training decreases motor vehicle collision involvement of older drivers, J Am Geriatr Soc., 58, 11, pp.2107-2113 (2010).

45. Marottoli, R. A., Allore, H., Araujo, K. L., et al. : A randomized trial of a physical

conditioning program to enhance the driving performance of older persons, J Gen Intern Med., 22, 5, pp.590-597 (2007).

46. Marottoli, R. A., Ness, P. H., Araujo, K. L., et al. : A randomized trial of an education program to enhance older driver performance, J Gerontol A Biol Sci Med Sci., 62, 10, pp.1113-1119 (2007).

47. Owsley, C., Stalvey, B. T., Phillips, J. M. : The efficacy of an educational intervention in promoting self-regulation among high-risk older drivers, Accid Anal Prev., 35, 3, pp.393-400 (2003).

48. Bedard, M., Porter, M. M., Marshall, S., et al. : The combination of two training approaches to improve older adults' driving safety, Traffic Inj Prev., 9, 1, pp.70-76 (2008).

49. Eby, D. W., Molnar, L. J., Shope, J. T., Vivoda, J. M., and Fordyce, T. A. : Improving older driver knowledge and self-awareness through self-assessment : the driving decisions workbook, J Safety Res., 34, 4, pp.371-381 (2003).

50. Roenker, D. L., Cissell, G. M., Ball, K. K., Wadley, V. G., and Edwards, J. D. : Speed-of-processing and driving simulator training result in improved driving performance, Hum Factors., 45, 2, pp.218-233 (2003).

51. Unsworth, C. A. and Baker, A. : Driver rehabilitation : a systematic review of the types and effectiveness of interventions used by occupational therapists to improve on-road fitness-to-drive, Accid Anal Prev., 71, pp.106-114 (2014).

52. Korner-Bitensky, N., Kua, A., von Zweck, C., and Van Benthem, K. Older driver retraining : an updated systematic review of evidence of effectiveness, J Safety Res., 40, 2, pp.105-111 (2009).

53. Classen, S., Monahan, M., Auten, B., and Yarney, A. : Evidence-based review of interventions for medically at-risk older drivers, Am J Occup Ther., 68, 4, e107-114 (2014).

54. Siren, A. and Meng, A. : Cognitive screening of older drivers does not produce safety benefits, Accident Analysis and Prevention, 45, pp.634-638 (2012).

55. Chihuri, S., Mielenz, T. J., DiMaggio, C. J., Betz, M. E., DiGuiseppi, C., Jones, V. C., and Li, G. : Driving cessation and health outcomes in older adults, Journal of the American Geriatric Society, 64, 2, pp.332-341 (2016).

56. Saito, M., Kondo, N., Kondo, K., Ojima, T., and Hirai, H. : Gender differences on the

impacts of social exclusion on mortality among older Japanese : AGES cohort study, Social Science and Medicine, 75, 5, pp.940-945 (2012).

57. Carrasco-Garrido, P., Lopez de Andres, A., Hernandez Barrera, V., Jiménez-Trujillo, I., and Jiménez-Garcia, R. : National trends (2003-2009) and factors related to psychotropic medication use in community-dwelling elderly population, International psychogeriatrics / IPA, 25, 2, pp.328-338 (2013).

58. Egan, M., Moride, Y., Wolfson, C., and Monette, J. : Long-term continuous use of benzodiazepines by older adults in Quebec : prevalence, incidence and risk factors, J Am Geriatr Soc, 48, 7, pp.811-816 (2000).

59. Green, A. R., Reifler, L. M., Boyd, C. M., Weffald, L. A., and Bayliss, E. A. : Medication Profiles of Patients with Cognitive Impairment and High Anticholinergic Burden, Drugs & aging, 35, 3, pp.223-232 (2018).

60. Mc Donald. K., Trick, L., Boyle, J. : Sedation and antilistamines : an update. Review of inter-drug differences using proportional impairment ratios. Hum Psychophormacol 23, 7. pp.555-570 (2008).

61. Stewart, S. A. : The effects of benzodiazepines on cognition, The Journal of clinical psychiatry, 66 Suppl 2, 11, pp.9-13 (2005).

62. Verster, J. C. and Roth, T. : Predicting psychopharmacological drug effects on actual driving performance (SDLP) from psychometric tests measuring driving-related skills, Psychopharmacology, 220, 2, pp.293-301 (2012).

63. Hill, L. L., Lauzon, V. L., Winbrock, E. L., Li, G., Chihuri, S., and Lee, K. C. : Depression, antidepressants and driving safety, Inj Epidemiol, 4, 1, p.10 (2017).

64. Orriols, L., Queinec, R., Philip, P., et al. : Risk of injurious road traffic crash after prescription of antidepressants, The Journal of clinical psychiatry, 73, 8, pp.1088-1094 (2012).

65. Cameron, D.H. and Rapoport, M. J. : Antidepressants and Driving in Older Adults : A Systematic Review, Can J Aging, 35 Suppl 1, pp.7-14 (2016).

66. Barbone, F., McMahon, A. D., Davey, P. G., et al. : Association of road-traffic accidents with benzodiazepine use, Lancet, 352, 9137, pp.1331-1336 (1998).

67. Hemmelgarn, B., Suissa, S., Huang, A., Boivin, J. F., and Pinard, G. : Benzodiazepine use and the risk of motor vehicle crash in the elderly, JAMA, 278, 1, pp.27-31 (1997).

68. Chang, C. M., Wu, E. C., Chen, C. Y., et al. : Psychotropic drugs and risk of motor

vehicle aceidents : a population-based case-control study, British journal of clinical pharmacology, 75, 4 pp.1125-1133 (2013).

69. Ramaekers, J. G. : Drugs and Driving Research in Medicinal Drug Development, Trends Pharmacol. Sci., 38, 4, pp.319-321 (2017).

70. Ramaekers, J. G. : Antidepressants and driver impairment : empirical evidence from a standard on-the-road test, The Journal of clinical psychiatry, 64, 1, pp.20-29 (2003).

71. Vermeeren, A. : Residual effects of hypnotics : epidemiology and clinical implications, CNS drugs, 18, 5, pp.297-328 (2004).

72. Verster, J. C., Veldhuijzen, D.S., and Volkerts, E. R. : Residual effects of sleep medication on driving ability, Sleep medicine reviews, 8, 4, pp.309-325 (2004).

73. Roth, T., Eklov, S.D., Drake, C. L., and Verster, J. C. : Meta-analysis of on-the-road experimental studies of hypnotics : effects of time after intake, dose, and half-life, Traffic injury prevention, 15, 5, Pp.439-445 (2014).

74. van der Sluiszen, N., Vermeeren, A., Jongen, S., Vinckenbosch, F., and Ramaekers, J. G. : Influence of Long-Term Benzodiazepine use on Neurocognitive Skills Related to Driving Performance in Patient Populations : A Review, Phannacopsychiatry, 50, 5, pp.189-196 (2017).

75. Poceta, J. S. : Zolpidem ingestion, automatisms, and sleep driving : a clinical and legal case series, J Clin Sleep Med, 7, 6, pp.632-638 (2011).

76. Perrier, J., Bertran, F., Marie, S., et al. : Impaired driving performance associated with effect of time duration in patients with primary insomnia, Sleep, 37, 9, pp.1565-1573 (2014).

77. Leufkens, T. R., Ramaekers, J. G., de Weerd, A. W., Riedel, W. J., and Vermeeren, A. : Residual effects of zopiclone 7.5mg on highway driving performance in insomnia patients and healthy controls : a placebo controlled crossover study, Psychopharmacology, 231, 14, pp.2785-2798 (2014).

78. Leufkens, T. R., Ramackers, J. G., de Weerd, A. W., Riedel, W. J., and Vermeeren, A. : On-the-road driving performance and driving-related skills in older untreated insomnia patients and chronic users of hypnotics, Psychopharmacology, 231, 14, pp .2851-2865 (2014).

79. van Laar, M. W., Volkerts, E. R., and van Willigenburg, A. P. : Therapeutic effects and

effects on actual driving performance of chronically administered buspirone and diazepam in anxious outpa tients, Journal of clinical psychopharmacology, 12, 2, pp.86-95 (1992).

80. Mets, M. A., de Vries, J. M., de Senerpont Domis, L. M., Volkerts, E. R., Olivier, B., and Verster, J. C. : Next-day effects of ramelteon (8mg), zopiclone (7.5mg), and placebo on highway driving performance, memory functioning, psychomotor performance, and mood in healthy adult subjects, Sleep, 34, 10, pp.1327-1334 (2011).

81. Vermeeren, A., Sun, H., Vuurman, E. F., et al. : On-the-Road Driving Performance the Morning after Bedtime Use of Suvorexant 20 and 40mg : A Study in Non-Elderly Healthy Volunteers, Sleep, 38, 11, pp.1803-1813 (2015).

82. Ravera, S., Monteiro, S. P., de Gier, J. J., et al. : A European approach to categorizing medicines for fitness to drive : outcomes of the DRUID project, Br J Clin Pharmacol, 74, 6, pp.920-931 (2012).

83. Orriols, L., Delorme, B., Gadegbeku, B., et al. : Prescription medicines and the risk of road traffic crashes : a French registry-based study, PLoS medicine, 7, 11, e1000366 (2010).

84. Papakostas, G. I. : Cognitive symptoms in patients with major depressive disorder and their implications for clinical practice, The Journal of clinical psychiatry, 75, 1, pp.8-14 (2014).

85. Bourne, C., Aydemir, Ö., Balanzá-Martínez, V., et al. : Neuropsychological testing of cognitive impairment in euthymic bipolar disorder : an individual patient data meta-analysis, Acta psychiatrica Scandinavica, 128, 3, pp.149-162 (2013).

86. Green, M. F. : Cognitive impairment and functional outcome in schizophrenia and bipolar disorder, The Journal of clinical psychiatry, 67 Suppl 9, pp.3-8, discussion 36-42 (2006).

87. van der Voort, T. Y., Seldenrijk, A., van Meijel, B., et al. : Functional versus syndromal recovery in patients with major depressive disorder and bipolar disorder, The Journal of clinical psychiatry, 76, 6, e809-814 (2015).

88. Chen, V. C., Yang, Y. H., Lee, C. P., et al. : Risks of road injuries in patients with bipolar disorder and associations with drug treatments : A population-based matched cohort study, J Affect Disord, 226, pp.124-131 (2018).

89. Vaa, T. : Impairments, diseases, age and their relative risks of accident involvement

: Results from meta-analysis, TOI report., pp.1-48 (2003).

90. Hetland, A. J., Carr, D. B., Wallendorf, M. J., and Barco, P. P. : Potentially driver-impairing (PDI) medication use in medically impaired adults referred for driving evaluation, Ann Pharmacother, 48, 4, pp.476-482 (2014).

91. Brunnauer, A., Buschert, V., Fric, M., et al. : Driving performance and psychomotor function in depressed patients treated with agomelatine or venlafaxine, Pharmacopsychiatry, 48, 2, pp.65-71 (2015).

92. Segmiller, F. M., Hermisson, I., Riedel, M., et al. : Driving ability according to German guidelines in stabilized bipolar I and II outpatients receiving lithium or lamotrigine, J Clin Pharmacol, 53, 4, pp.459-462 (2013).

93. Brunnauer, A., Laux, G., David, I., Fric, M., Hermisson, I., and Moller, H. J. : The impact of reboxe tine and mirtazapine on driving simulator performance and psychomotor function in depressed patients, The Journal of clinical psychiatry, 69, 12, pp.1880-1886 (2008).

94. Brunnauer, A., Laux, G., Geiger, E., Soyka, M., and Moller, H. J. : Antidepressants and driving ability : results from a clinical study, The Journal of clinical psychiatry, 67, 11, pp.1776-1781 (2006).

95. Richet, F., Marais, J., Serre, C., and Panconi, E. : Effects of milnacipran on driving vigilance, Int J Psychiatry Clin Pract, 8, 2, pp.109-115 (2004).

96. Grabe, H. J., Wolf, T., Grätz, S., and Laux, G. : The influence of polypharmacological antidepressive treatment on central nervous information processing of depressed patients : implications for fitness to drive, Neuropsychobiology, 37, 4, pp.200-204 (1998).

97. van der Sluiszen, N., Wingen, M., Vermeeren, A., Vinckenbosch, F., Jongen, S., and Ramaekers, J. G. : Driving Performance of Depressed Patients who are Untreated or Receive Long-Term Antidepressant (SSRI/SNRI) Treatment, Pharmacopsychiatry, 50, 5, pp.182-188 (2017).

98. Babulal, G. M., Chen, S., Williams, M. M., et al. : Depression and Alzheimer's Disease Biomarkers Predict Driving Decline, J Alzheimers Dis, 66, 3, pp.1213-1221 (2018).

99. Agency DVL. : Assessing fitness to drive-a guide for medical professionals (2016).

100. Olafsson, E., Ludvigsson, P., Gudmundsson, G., Hesdorffer, D., Kjartansson, O., and Hauser, W. A. : Incidence of unprovoked seizures and epilepsy in Iceland and

assessment of the epilepsy syndrome classification : a prospective study, Lancet Neurol., 4, 10, pp.627-634 (2005).

101. Zhao, S., Chen, K., Su, Y., Hua, W., Yang, J., Chen, S., Liang, Z., Xu, W., and Zhang, S. : High incidence of ventricular arrhythmias in patients with left ventricular enlargement and moderate left ventricular dysfunction, Clin. Cardiol., 39, 12, pp.703-708 (2016).

102. Gopalan, K. T., Lee, J., Ikeda, S., and Burch, C. M. : Cerebral blood flow velocity during repeatedly induced ventricular fibrillation, J. Clin. Anesth., 11, 4, pp.290-295 (1999).

103. Amarenco, P., Lavallée, P. C., Labreuche, J., Albers, G. W., Bornstein, N. M., Canhão, P., Caplan, L. R., Donnan, G. A., Ferro, J. M., Hennerici, M. G., Molina, C., Rothwell, P. M., Sissani, L., Školoudík, D., Steg, P. G., Touboul, P. J., Uchiyama, S., Vicaut, É., and Wong, L.K. ; TlAregistry.org Investigators : One-Year Risk of Stroke after Transient Ischemic Attack or Minor Stroke, N. Engl. J. Med., 374, 16, pp.1533-1542 (2016).

104. Bowers, A. R., Mandel, A. J., Goldstein, R. B., and Peli, E. : Driving with Hemianopia, Il : Lane Position and Steering in a Driving Simulator, Invest. Ophthalmol. Vis. Sci., 51, 12, pp.6605-6613(2010).

105. Thalwitzer, F. : Epileptikir als Autofahrer, Munch Med Wochenschr, 37, 1818 (1906).

106. Dobbs, B. M. : Medical Conditions and Driving : A Review of the Scientific Literature (1960-2000), https://one.nhtsa .gov/people/injury/resear:1/Medical_Condition_Driving/pages/Sec7-DofNS.htm.

107. Lamberts, R. J., Blom, M. T., Wassenaar, M., Bardai, A., Leijten, F. S., de Haan, G. J., Sander, J. W., Thijs, R. D., and Tan, H. L. : Sudden cardiac arrest in people with epilepsy in the community : Circumstances and risk factors, Neurology, 85, 3, pp.212-218 (2015).

108. American Diabetes Association Position Statement : Diabetes and Driving, Diabetes Care, 36, Supplement 1, S80-S85 (2013).

109. Tefft, B. C. : Prevalence of motor vehicle crashes involving drowsy drivers, united states, 1999-2008, Accident; analysis and prevention, Accid Anal Prev., 45, pp.180-186 (2012).

110. Sagaspe, P., Taillard, J., Bayon, V., Lagarde, E., Moore, N., Boussuge, J., Chaumet, G., Bioulac, B., and Philip, P. : Sleepiness, near-misses and driving accidents among a

representative population of french drivers, J Sleep Res, 19, 4, pp.578-584 (2010).

111. Connor, J., Norton, R., Ameratunga, S., Robinson, E., Civil, I., Dunn, R., Bailey, J., and Jackson, R. : Driver sleepiness and risk of serious injury to car occupants : Population based case control study, BMJ (Clinical research ed), 324, 7346, pp.1125-1128 (2002).

112. Bioulac, S., Micoulaud-Franchi, J. -A., Arnaud, M., Sagaspe, P., Moore, N., Salvo, F., and Philip, P. : Risk of motor vehicle accidents related to sleepiness at the wheel : A systematic review and meta-analysis, Sleep, 40, 10 (2017).

113. Peppard, P. E., Young, T., Barnet, J. H., Palta, M., Hagen, E. W., and Hla, K. M. : Increased prevalence of sleep-disordered breathing in adults, Am J Epidemiol, 177, 9, pp.1006-1014 (2013).

114. Tregear, S., Reston, J., Schoelles, K., and Phillips, B. : Obstructive sleep apnea and risk of motor vehicle crash : Systematic review and meta-analysis, J Clin Sleep Med, 5, 6, pp.573-581 (2009).

115. Gieteling, E. W., Bakker, M. S., Hoekema, A., Maurits, N, M., Brouwer, W. H., and van der Hoeven, J. H. : Impaired driving simulation in patients with periodic limb movement disorder and patients with obstructive sleep apnea syndrome, Sleep Med, 13, 5, pp.517-523 (2012).

116. Tregear, S., Reston, J., Schoelles, K., and Phillips, B. : Continuous positive airway pressure reduces risk of motor vehicle crash among drivers with obstructive sleep apnea : Systematic review and meta-analysis, Sleep, 33, 10, pp.1373-1380 (2010).

117. Aldrich, M. S. : Automobile accidents in patients with sleep disorders, Sleep, 12, 6, 487-494 (1989) .

118. Philip, P., Sagaspe, P., Lagarde, E., Leger, D., Ohayon, M. M., Bioulac, B., Boussuge, J., and Taillard, J. : Sleep disorders and accidental risk in a large group of regular registered highway drivers, Sleep Med, 11, 10, pp.973-979 (2010).

119. Findley, L., Unverzagt, M., Guchu, R., Fabrizio, M., Buckner, J., and Suratt, P. : Vigilance and automobile accidents in patients with sleep apnea or narcolepsy, Chest, 108, 3, pp.619-624 (1995).

120. Tzeng, N. S., Hsing, S. C., Chung, C. H., Chang, H. A., Kao, Y. C., Mao, W. C., Yang, C. C. H., Kuo, T. B. J., Chen, T. Y., and Chien, W. C. : The risk of hospitalization for motor vehicle accident injury in narcolepsy and the benefits of stimulant use : A

nationwide cohort study in Taiwan, J Clin Sleep Med, 15, 6, pp.881-889 (2019).

121. Wheaton, A. G., Shults, R. A., Chapman, D. P., Ford, E. S., and Croft, J. B. : Drowsy driving and risk behaviors-10 states and Puerto Rico, 2011-2012, Morbidity and mortality weekly report (MMWR), 63, 26, pp.557-562 (2014).

122. Gottlieb, D. J., Ellenbogen, J. M., Bianchi, M. T., and Czeisler, C. A : Sleep deficiency and motor vehicle crash risk in the general population : A prospective cohort study, BMC Medicine, 16, 1, 44 (2018).

123. Ftouni, S., Sletten, T. L., Howard, M., Anderson, C., Lenné, M. G., Lockley, S. W., and Rajaratnam, S. M. W. : Objective and subjective measures of sleepiness, and their associations with on-road driving events in shift workers, J Sleep Res, 22, 1, pp.58-69 (2013).

124. Vermeeren, A., Sun, H., Vuurman, E. F. P. M., Jongen, S., Van Leeuwen, C. J., Van Oers, A. C. M., Palcza, J., Li, X., Laethem, T., Heirman, I., Bautmans, A., Troyer, M. D., Wrishko, R., and McCrea, J. : On-the-road driving performance the morning after bedtime use of suvorexant 20 and 40mg : A study in non-elderly healthy volunteers, Sleep, 38, 11, pp.1803-1813 (2015).

125. Yaffe, K., Laffan, A. M., Harrison, S. L., Redline, S., Spira, A. P., Ensrud, K. E., Ancoli-Israel, S., and Stone, K. L. : Sleep-disordered breathing, hypoxia, and risk of mild cognitive impairment and dementia in older women, JAMA, 306, 6, pp.613-619 (2011).

126. Leng, Y., McEvoy, C. T., Allen, I. E., and Yaffe, K. : Association of sleep-disordered breathing with cognitive function and risk of cognitive impairment : A systematic review and meta-analysis, JAMA Neurology, 74, 10, pp.1237-1245 (2017).

127. Osorio, R. S., Pirraglia, E., Agüera-Ortiz, L. F., During, E. H., Sacks, H., Ayappa, I., Walsleben, J., Mooney, A., Hussain, A., Glodzik, L., Frangione, B., Martínez-Martín, P., and de Leon, M. J. : Greater risk of alzheimer's disease in older adults with insomnia, J Ame Geriat Soc, 59, 3, pp.559-562 (2011).

128. Vermeeren, A., Sun, H., Vuurman, E. F. P. M., Jongen, S., Van Leeuwen, C. J., Van Oers, A. C. M., Palcza, J., Li, X., Laethem, T., Heirman, I., Bautmans, A., Troyer, M. D., Wrishko, R., and McCrea, J. : On-the-road driving performance the morning after bedtime use of suvorexant 20 and 40mg : A study in non-elderly healthy volunteers, Sleep, 38, 11, pp.1803-1813 (2015).

129. Yaffe, K., Laffan, A. M., Harrison, S. L., Redline, S., Spira, A. P., Ensrud, K. E., Ancoli-Israel, S., and Stone, K. L. : Sleep-disordered breathing, hypoxia, and risk of mild cognitive impairment and dementia in older women, JAMA, 306, 6, pp.613-619 (2011).

130. Leng, Y., McEvoy, C. T., Allen, I. E., and Yaffe, K. : Association of sleep-disordered breathing with cognitive function and risk of cognitive impairment : A systematic review and meta-analysis, JAMA Neurology, 74, 10, pp.1237-1245 (2017).

131. Osorio, R. S., Pirraglia, E., Agüera-Ortiz, L. F., During, E. H., Sacks, H., Ayappa, I., Walsleben, J., Mooney, A., Hussain, A., Glodzik, L., Frangione, B., Martínez-Martín, P., and de Leon, M. J. : Greater risk of alzheimer's disease in older adults with insomnia, J Ame Geriat Soe, 59, 3, pp.559-562 (2011).

제3장

1. Fuller, R. Towards a general theory of driver behaviour, Accident Analysis and Prevention, 37, 3, pp.461-472 (2005).

2. Kahneman, D. : Attention and Effort, Prentice-Hall (1973).

3. Fredrickson, B. L. : Positivity. Oneworld Publications (2010).

4. Ryff, C. D., Love, G. D., Urry, H. L., Muller, D., Rosenkranz, M. A., Friedman, E. M., Davidson, R. J., and Singer, B. : Psychological well-being and ill-being : do they have distinct or mirrored biological correlates?, Psychotherapy and Psychosomatics, 75, 2, pp.85-95 (2006).

5. Linville, P. W. : Seif-complexity and affective extremity : Don't put all of your eggs in one cognitive bascket, Social Cognition, 3, 1, pp. 94-120 (1985).

6. Taylor, S. E. and Brown, J. D. : Illusion and well-being : A social psychological perspective on mental health, Psychological Bulletin, 103, 2, pp 193-210 (1988).

7. Rusbult, C. E., Martz, J. M., and Agnew, C. R. : The investment model scale : Measuring commitment level, satisfaction level, quality of alternatives, and investment size, Personal Relationships, 5, 4, pp. 357-391 (1998).

8. Rafaeli-Mor, E. and Steinberg, J. : Self-complexity and well-being : A review and research synthesis, Personality and Social Psychology Review, 6, 1, pp.31-58 (2002).

9. Ryan, R. M., and Deci, E. L. : On happiness and human potentials : A review of research on hedonic and eudaimonic well-being, Annual Review of Psychology, 52, 1, pp.141-166 (2001).

10. Peterson, C., Park, N., and Seligman, M. E. P. : Orientations to happiness and life satisfaction : The full life versus the emply life, Journal of Happiness Studies, 6, pp.25-41 (2005).

11. Ryff, C. D., and Singer, B. : The contours of positive human health, Psychological Inquiry, 9, 1 pp.1-28 (1998).

12. Rogers, C. R. : Client-centered therapy, Boston : Houghton Mifflin (1951).

13. King, L. A., and Napa, C. K. : What Makes a Life Good?, Journal of Personality and Social Psychology, 75, 1, pp.156-165 (1998).

14. McConnell, A. R., Renaud, J. M., Dean, K. K., Green, S. P., Lamoreaux, M. J., Hall, C. E., and Rydell, R. J. : Whose self is it anyway? Self-aspect control moderates the relation between self-complexity and well-being, Journal of Experimental Social Psychology, 41, 1, pp.1-18 (2005).

15. Ryff, C. D. : Beyond ponce de leon and life satisfaction : New directions in quest of successful ageing, International Journal of Behavioral Development, 12, 1, pp.35-55 (1989).

16. Diener, E., and Emmons, R. A. : The independence of positive and negative affect, Journal of Personality and Social Psychology, 47, 5, pp.1105-1117 (1984).

17. Bradburn, N. M. : The structure of psychological well-being, Aldine (1969).

18. Liang, J. : Dimensions of the life satisfaction index A : A structural formulation, Journal of Gerontology, 39, 5, pp.613-622 (1984).

19. Liang, J. : A structural integration of the affect balance scale and the life satisfaction Index A, Journal of Gerontology, 40, 6, pp.552-561 (1985).

20. Lawton, M. P. : The philadelphia geriatric center morale scale : A revision, Journal of Gerontology, 30, 1, pp.85-89 (1975).

21. Allport, G. W. : Pattern and growth in personality, Holt, Rinehart and Winston (1961)/今田 惠 監 訳 足野 命、入谷敏男, 今田 寛訳 : 人格心理学、誠信書房 (1968).

22. Ryff. C. D. : Happiness is everything, or is it? Explorations on the meaning of psychologieal well-being. Journal of Personality and Social Psychology, 57, 6, pp.1069-1081 (1989).

23. Astin, A W., S. A. Parrott, W. S. Korn and L. J. Sax : American Freshman : Thirty-year Trends 1966-1996 (Higher Education Research Institute, UCLA, Los An-geles) (1997).

24. Dweck, C. S., Chiu C., and Hong Y. : Implicit theories and their role in judgments and reactions : A world from two perspectives, Psychological Inquiry, 6, 4, pp.267-285 (1995).

25. McAdams, D. P. : The redemptive self : Stories Americans live by, Oxford University Press (2006).

26. Bauer, J. J., McAdams, D. P., and Sakaeda, A. R. : Interpreting the good life : Growth memories in the lives of mature, happy people, Journal of Personality and Social Psychology, 88, 1, pp.203-217 (2005).

27. Fredrickson, Barbara L. : The role of positive emotions in positive psychology. The broaden-and-build theory of positive emotions, Am Psychol., 56, 3, pp.218-226 (2001).

28. Hershfieid, H. E., Scheibe, S., Sims, T. L., and Carstensen, L. L. : When Feeling Bad Can Be Good : Mixed Emotions Benefit Physical Health Across Adulthood, Social psychological and personality science, 4, 1, pp.54-61 (2013).

29. Ryan, Richard M. and Deci, Edward L. : Self-determination theory and the facilitation of intrinsic taotivation, social development, and well-being, American Psychologist, 55, 1, pp.68-78 (2000).

30. Chen, J. : Flow in Games (and Everything Else), Communications of the ACM, 50, 4, pp.31-34 (2007).

제4장

1. Harvati, K., Röding, C., Bosman, A. M., Karakostis, F. A., Grün, R., Stringer, C., Karkanas, P., Thompson, N. C., Koutoulidis, V., Moulopoulos, L. A., Gorgoulis, V. G., and Kouloukoussa, M. : Apidima Cave fossils provide carliest evidence of Homo sapiens in Eurasia, Nature 571, pp.500-504 (2019).

2. Hunt, T. L. and Lipo, C. P. : The Statues That Walked : Unraveling the Mystery of Easter Island, Free Press (2011).

3. Dangerfield, W. : The Mystery of Easter Island : New findings rekindle old debates

about when the first people arrived and why their civilization collapsed, SMITHSONIANI.COM, MARCH 31, 2007. https://www.snalthsonianmag. com/travel/the-mystery-of-easter-issland-151285298/

4. Jarman, C. : The truth about Easter Island : a sustainable society has been falsely blamed for its own demise, The Conversation, Octber 13, 2017. https://theconversation.com/the-truth-about-eastier-island-a-sustainable-society-has-been-falsely- blamed-for-its-ovm-demise-85563.

5. Iriki, A. and Taoka, M. : Triadic (ecological, neural, cognitive) niche construction : a scenario of human brain evolution extrapolating tool use and language from the control of reaching actions, Philosophical Transaction of Royal Society B, 367, pp.10-23 (2012).

6. Thompson, B. : Humanists and Reformers : A History of the Renaissance and Reformation, hardcover edition, William B. Eerdmans (1996).

7. Zuboff, S. : The Age of Surveillance Capitalism : The Fight for a Human Future at the New Frontier of Power, Profile Books (2019).

교통약자&시니어 안전운전 실천론

사람과 자동차

초 판 인 쇄 | 2023년 1월 5일
초 판 발 행 | 2023년 1월 10일

감　　수 | 은정표(교통환경신문 편집 발행인)
편　　성 | GB기획센터
발 행 인 | 김길현
발 행 처 | (주) 골든벨
등　　록 | 제 1987-000018호
I S B N | 979-11-5806-600-0
가　　격 | 29,000원

표지 및 디자인 | 조경미 · 엄해정 · 남동우
웹매니지먼트 | 안재명 · 서수진 · 김경희
공급관리 | 오민석 · 정복순 · 김봉식

제작 진행 | 최병석
오프 마케팅 | 우병춘 · 이대권 · 이강연
회계관리 | 김경아

(우)04316 서울특별시 용산구 원효로 245(원효로 1가 53-1) 골든벨 빌딩 5∼6F
• TEL : 도서 주문 및 발송 02-713-4135 / 회계 경리 02-713-4137
　　　 편집·디자인 02-713-7452 / 해외 오퍼 및 광고 02-713-7453
• FAX : 02-718-5510　　• http : //www.gbbook.co.kr　　• E-mail : 7134135@naver.com